NEUE WEGE IM TENNIS

von Christian Scherer
und Sandro Costa

Drill-, Komplex- und Cardio-Training

NEUER SPORTVERLAG

Grundlagen

Trainingsformen

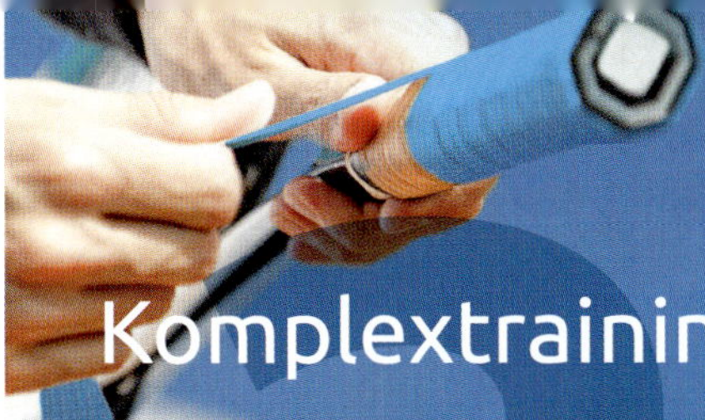

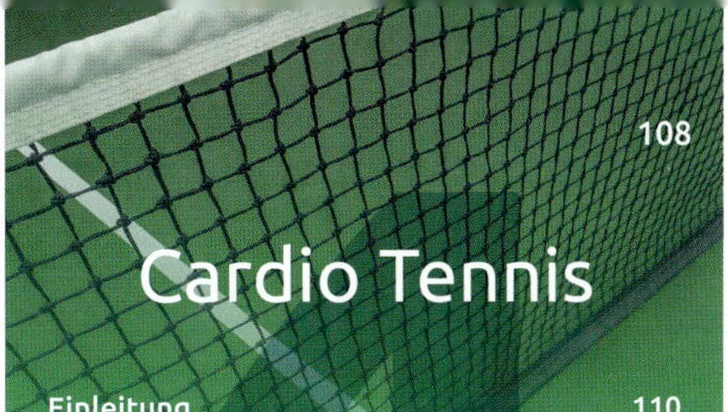

Stimmen zum Buch

Ich möchte Sandro Costa und Christian Scherer zu ihrem neuen Buch gratulieren. Wir kennen uns schon seit mehr als zwanzig Jahren. In der Vergangenheit haben wir zusammen Turniere gespielt und sind derzeit für das gleiche Team (Bundesliga Herren 30) in Deutschland tätig. Ich kann dieses Buch allen Spielern verschiedenster Leistungsklassen empfehlen – von Anfängern bis hin zu aufstrebenden Profisportlern. Die in diesem Buch enthaltenen Übungen sowie das Fachwissen können für jedes Leistungsniveau dieses wunderbaren Sports angewendet werden. Mein Name ist Sascha Bajin und ich arbeite momentan mit der Spielerin Naomi Osaka (derzeit Nummer 22 der WTA-Rangliste). Die vorgestellten Komplextrainingsformen sind vor allem auch für aufstrebende Profispielerinnen und -spieler der ATP und WTA Tour entwickelt worden. Dennoch sind sie vereinfacht und leicht verständlich erklärt, sodass sie Tennisspielern verschiedenster Leistungsklassen schnell und effektiv helfen können, ihre Ziele zu erreichen. All zu oft stellen Tennisspieler und Trainer viele Dinge zu kompliziert dar. Ein wesentlicher Vorteil dieses Buches ist jedoch, die Einfachheit. Sandro und Christian haben alle grundlegenden Elemente im modernen Tennis erfasst und in klare und verständliche Trainingstechniken umgesetzt, die Tennisspieler dazu anspornen, besser zu werden.

Sascha Bajin
WTA Touring Coach Naomi Osaka
Former WTA Touring Coach Caroline Wozniacki
Former WTA Touring Coach Sloane Stehpens
Former WTA Touring Coach Serena Williams

Der Tatsache geschuldet, dass sich die Sportart Tennis in den letzten Jahren rasant verändert hat, dass die körperliche und tennisspezifische Fitness, die Ball- und Schlägergeschwindigkeit sowie das Material immer mehr an Bedeutung gewonnen haben und gewinnen werden, stellt dieses Buch (inkl. Videoclips) eine optimale Möglichkeit für alle Spieler, Eltern und Trainer dar, die Zukunft ihrer Schützlinge verantwortungsbewusst und erfolgreich zu unterstützen.
Nach langjähriger Erfahrung im internationalen Tenniszirkus (ITF/WTA/ATP) kann ich allen Tennisinteressierten diese sehr anschaulich gestaltete Form von Trainingsempfehlungen nur intensiv ans Herz legen.
Ich wünsche Ihnen allen viel Erfolg beim Umsetzen der optimal ausgewählten Trainingsformen.

Nic Marschand
DOSB-Dipl. Trainer
DTB-A Trainer
M. Stich/B. Rittner/C. Porwik/D. Dier/O. Gross
tenniscoMpany

Einleitung

Positive Resonanzen zum Buch **Tennis Drills – Trainingsformen für alle Leistungsstufen** haben uns klar gezeigt, wie groß das Interesse an Informationen für eine vielseitige Trainingsgestaltung ist. Sicherlich auch schon länger bekannt ist die Wichtigkeit des kompetenten Trainers für einen Tennisverein. In verschiedenen Tätigkeitsfeldern des Clubs spielt der Trainer heutzutage eine Schlüsselposition und sollte dementsprechend „on court" und „off court" immer gut informiert und ausgebildet sein.

Zum einen soll das vorliegende Buch als eine zusätzliche Informationsgrundlage für ein abwechslungsreiches Training verstanden werden. Wir haben bekannte und neue Themen für die tägliche Trainingspraxis in einer möglichst pragmatischen Art und Weise eingebaut. Zudem befassen wir uns mit der Frage der Zielgruppen im Tennissport. Alle im Buch beschriebenen Trainingsformen beruhen auf langjähriger Trainingserfahrung und sind in der Praxis erarbeitet und erprobt worden. Zur Veranschaulichung und zum besseren Verständnis ist eine Verknüpfung von Print- und Online-Medien durch ergänzende Videos mit QR-Codes geschaffen worden.

Der erste Teil des Buches bietet einen allgemeinen Informationsrahmen über das Beanspruchungsprofil des Tennissports, möglicher verschiedener Zielgruppen und den Traineranforderungen an ein effektives Training. In den darauffolgenden Kapiteln werden das klassische Tennistraining, Komplextraining und Cardio-Tennis in Theorie und Praxis vertieft. In diesen Themenschwerpunkten geht es vor allem darum, die theoretischen Informationen möglichst handlungsbezogen auf dem Platz zu interpretieren. Die Trainingsformen werden in typischen Spielsituationen (Grundlinienspiel, Verteidigung etc.) grafisch dargestellt und beschrieben. Sämtliche Übungs- und Spielformen sind durch die wiederholte Ausführung von Techniken und dem Bewältigen von Spielsituationen gekennzeichnet. Die jeweiligen Trainingsziele werden beschrieben und kennzeichnen den Trainingsschwerpunkt. Unter der Beschreibung wird der organisatorische Ablauf der Trainingsform erklärt und es werden für jede Trainingsform mögliche Variationen angegeben. Zudem erhält man wichtige Informationen über die Anzahl der Spieler, Gesamtdauer und zusätzliche Hinweise und Tipps. In Fragen der Effektivität der Trainingsformen ist zudem die Organisation und Pausengestaltung während des Trainings bedeutsam.

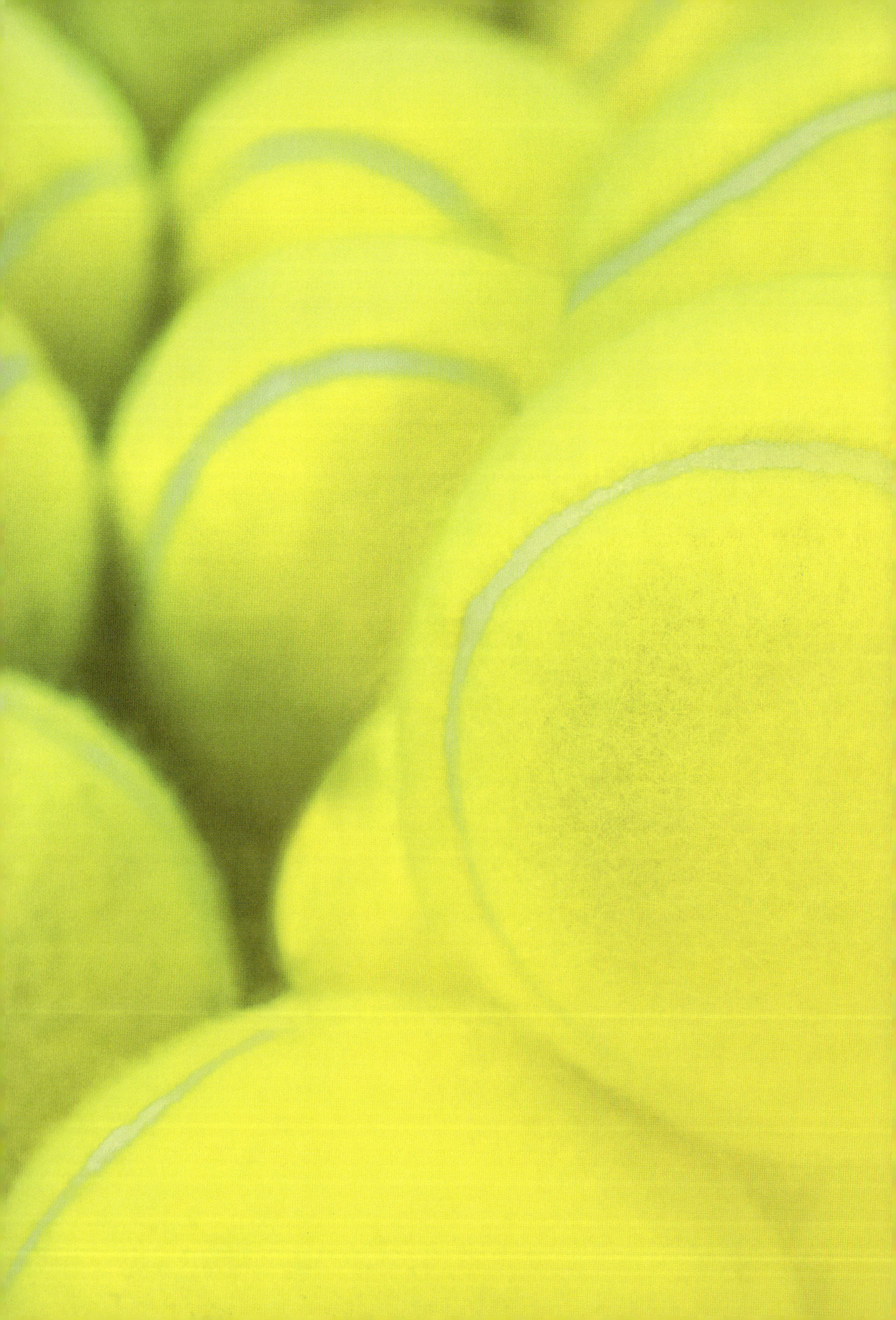

KAPITEL

Grundlagen

1

Beanspruchungsprofil Tennis

Es gibt nur sehr wenige Sportarten, die durch eine so hohe Anzahl von Einflussfaktoren geprägt sind wie der Tennissport. Das Anforderungsprofil für Tennis besteht aus einem komplexen Zusammenspiel wichtiger Leistungskomponenten, die unter Zeit-, Raum-, Komplexitäts- und Präzisionsdruck abzurufen sind. Keiner der einzelnen Faktoren darf für das Erreichen eines hohen Leistungsniveaus nur unterdurchschnittlich ausgeprägt sein.[1] Ferner wird das moderne Tennis zunehmend von den athletischen und koordinativen Fähigkeiten und Fertigkeiten der Spieler bestimmt. Unter koordinativen Fähigkeiten versteht man, genetische Leistungsvoraussetzungen, die durch ein sportliches Training entwickelt werden können. An dieser Stelle ist zwischen den konditionellen und koordinativen Fähigkeiten zu differenzieren. Unter dem Begriff Fertigkeiten verstehen wir Bewegungsabläufe, die durch stetiges Üben ausgebildet und gefestigt werden. Eine Unterscheidung findet in elementaren und sportlichen Fertigkeiten statt. In der folgenden Abbildung haben wir sämtliche Fähigkeiten wie auch Fertigkeiten zusammengefasst und illustriert.

Um ein möglichst detailliertes Bild über die Sportart Tennis zu bekommen, sind die wichtigsten Merkmale eindeutig und klar zu definieren. Zweifelsfrei sind die folgenden Eigenschaften auch wesentlich für die Kapitel *Trainingsformen, Komplextraining, Cardio-Tennis* und stets zu beachten.

- Rückschlagspiel unter Zeit-, Raum-, Komplexitäts- und Präzisionsdruck
- intervallförmige Belastungen mit kurzen intensiven Belastungen und anschließenden Pausen
- kurze Pausen zwischen den Punkten (10–20 Sekunden)
- längere Pausen beim Seitenwechsel (60–90 Sekunden)
- 50–70 % der Energiebereitstellung erfolgt anaerob-alaktazid

Konditionelle Fähigkeiten	Koordinative Fähigkeiten	Elementare Fertigkeiten	Sportliche Fertigkeiten
Kraftfähigkeiten	Differenzierungsfähigkeit	Laufen, Gehen	Sprintlauf
Ausdauerfähigkeiten	Orientierungsfähigkeit	Springen	Hochsprung, Weitsprung
Schnelligkeit	Reaktionsfähigkeit	Werfen	Diskuswurf
Beweglichkeit	Kopplungsfähigkeit	Fangen	Fußball fangen
	Rhythmisierungsfähigkeit	Schlagen	Tennisball schlagen
	Umstellungsfähigkeit		
	Gleichgewichtsfähigkeit		

Abbildung 1: Fähigkeiten und Fertigkeiten im Überblick (aus Präsentation Uni-Oldenburg Einführung in die Bewegungswissenschaft SS 2007 und eigene Bearbeitung der elementaren und sportlichen Fertigkeiten)

[1]Vgl. Ferrauti, A. (2014): Handbuch für Tennistraining. Aachen: M&M, S. 15.

- Sportspiel mit keiner Zeitbegrenzung für die Gesamtdauer eines Matches
- Nettospielzeit beträgt auf Sandplätzen 20–30 % und auf Hartplätzen 10–15 % der Bruttospielzeit
- über 70 % der Punkte in der Weltklasse enden nach den ersten 4 Schlägen
- Qualitätssteigerung des Aufschlages bzgl. der Aufschlaggeschwindigkeiten (bis zu 263 km/h bei Männern und 211 km/h bei Frauen), Asse, Platzierung und Genauigkeit
- ca. 3 m Laufstrecke pro Schlag und 8–15 m pro Punkt
- 2,5–3 Schläge und vier Richtungswechsel pro Punkt
- Bewegungsradius von 2–4 m im Bereich der Grundlinie
- Grundlinienspiel wird schneller und aggressiver
- Spieler gehen mehr in den Platz hinein

Die verschiedenen Zielgruppen

„Nicht der Mensch hat sich dem Sport anzupassen, vielmehr müssen Bewegung, Turnen, Spiel, Tanz und Sport dem Menschen angepasst werden"

Prof. Dr. Kapustin

Gegenwärtig ist das internationale Tennis wieder in aller Munde. Auch in Deutschland findet Tennis durch die Erfolge von Angelique Kerber und Alex Zverev neuerdings wieder mehr Aufmerksamkeit und Interesse. Der DTB e. V. ist mit 1,4 Mio. Mitgliedern immer noch der größte Tennisverband der Welt. Auch Turnierfelder sind durch neue Wertungssysteme wie beispielsweise LK-Turniere wieder zahlreicher besetzt und die Medenspiele erfreuen sich weiterhin höchster Beliebtheit.

Trotzdem sieht sich der Tennissport mittlerweile einer starken Konkurrenz in Sachen Sport- und Freizeitangeboten gegenüber. Ein verändertes Freizeit- und Sportverhalten und der demografische Wandel haben veränderte Bedingungen auch im Tennisumfeld geschaffen und somit Auswirkungen auf die Sportart. In diesem Umfeld sind Tennisschulen respektive Tennistrainer zunehmend als Dienstleister in verschiedenen Funktionen gefordert, sich an den zunehmend anspruchsvollen Erwartungen und Bedürfnissen der Kunden und Mitglieder stärker zu orientieren. Das heißt mit anderen Worten, ausschließlich nur Tennistraining anzubieten ist als Angebot nicht mehr zeitgemäß und unzureichend. Denn als Sportart ist Tennis für eine Vielzahl von

Zielgruppen und deren Bedürfnisse interessant. So gesehen ist es von zentraler Bedeutung, sich über die verschiedenen Zielgruppen und deren Präferenzen im Klaren zu sein und sich daran zu orientieren.

Prof. Dr. Kapustin definiert Zielgruppenorientierung wie folgt: *„Zielgruppenorientierung bedeutet für den Anbieter, dass er sein Produkt für den Kunden so attraktiv gestalten muss, dass dieser es annimmt, danach verlangt und es erwerben bzw. nutzen möchte."*

Insofern ist es sinnvoll und zweckmäßig, eine Definition der einzelnen Zielgruppen nach bestimmten Kriterien vorzunehmen. Die Bestimmung der verschiedenen Tenniszielgruppen kann durch soziodemografische und psychografische Merkmale wie das Alter, Einkommen, Geschlecht, Schulbildung, Spielstärke, Berufsgruppe oder auch dem Familienstand vorgenommen werden. Außerdem sind die Beweggründe (Motive), also warum und in welcher Form die Sportart ausgeübt wird, wesentlich für die Zielgruppenbestimmung. Auch hinsichtlich des Trainingsangebotes ist eine klare Segmentierung der Zielgruppen vorteilhaft, um damit ein perfekt zugeschnittenes Angebotsportfolio erstellen zu können.

Die im Buch beschriebenen Themen und neuen Wege des Tennis in Form von neuen Trainingsformen, Komplex- und Cardiotraining sind dabei hilfreich, diesen definierten Zielgruppen einen zusätzlichen Mehrwert im Angebotsportfolio zu bieten und das Produkt „Tennis" wieder attraktiver zu gestalten. Wir haben nunmehr versucht, sieben relevante Zielgruppen zu identifizieren und zu beschreiben, welche primär zuerst durch das Kriterium Alter zu unterscheiden sind.

→ Generation Preschool

Kommen wir nun zu den verschiedenen Zielgruppen. Der Altersbereich zwischen 4–6 Jahren stellt unser Erachtens die erste Zielgruppe für den Tennissport dar. Diese Phase ist auch bekannt als das Kindergarten- oder Vorschulalter. Grundsätzlich ist den Kindern ein natürlicher Bewegungsdrang angeboren. Kinder sollen sich ganzheitlich entdecken und sich als gesunde, produktive und kompetente Mitglieder der Gesellschaft entwickeln können. Hier hat die Bewegung eine äußerst wichtige Funktion für die physische und psychosoziale Entwicklung. Leider wird in der heutigen Zeit dieses Bedürfnis nach Bewegung der Kinder mehr und mehr unterdrückt. Um dieser Entwicklung entgegenzuwirken, ist schon im Vorschulalter mit der Bewegungsförderung zu beginnen. In diesem Altersabschnitt sind das freie und kreative Spielen zu fördern, wobei Spaß und vielfältige Bewegungserfahrungen im Vordergrund stehen. Die sport-

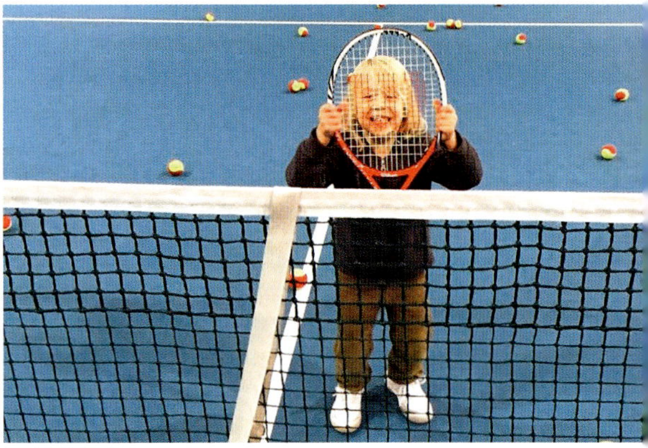

liche Bewegung, u. a. spielerischer Umgang mit Bällen, ist und bleibt dabei ein unverzichtbarer Bestandteil. Durch ballspezifische Sportarten werden motorische und geistige Fähigkeiten gestärkt und die soziale Entwicklung des Kindes in der Gruppe kann gefördert werden. Die Erfahrungen, die hier gemacht werden, bestimmen auch die weitere Entwicklung in sozialer, persönlicher und sportmotorischer Sicht. An diesem

Punkt nimmt auch der Trainer eine tragende Rolle ein. Der Coach sollte das freie und kreative Spielen der Kinder fördern, indem Spaß, Abwechslung und Vielseitigkeit in der Trainingsgestaltung hervorzuheben sind. Es kommt darauf an, die Kinder nicht zu früh zu Spezialisten einer Sportart „zu züchten", sondern motorisch bestmöglich breit auszubilden (Prinzip der Vielseitigkeit). Auch andere Konzepte wie die Idee der Ballschule Heidelberg gehen in diesem Altersabschnitt mit der Miniballschule einen vielseitigen und kreativen Ausbildungsweg für die Kinder. Dadurch wird auch die Gesamtentwicklung eines Kindes positiv unterstützt.

→ Generation Youngsters

In der heutigen Zeit sind durch einen ansteigenden Medienkonsum, schlechte Ernährung oder auch weniger Spielmöglichkeiten im Freien negative Konsequenzen im Verhalten der Kinder in Schule und Alltag zu sehen. Konzentrationsschwäche oder die mangelhafte Entwicklung der Kreativität des Kindes sind u. a. Folge dieser Entwicklung. Ich möchte an dieser Stelle daran erinnern, dass auch für die **„Youngsters"** als zweite Zielgruppe die bereits beschriebenen Vorzüge eines ballsportorientierten Trainings gelten. Im Altersabschnitt von 7 -14 Jahren sollten Kinder und Jugendliche durch das Training Lust an der Bewegung, Spiel und Sport erleben und sich zudem in der Gemeinschaft Gleichaltriger bewähren und wohlfühlen. Zudem sollte nicht vergessen werden, dass der Coach (neue Bezugsperson) es in der Hand hat, durch die Art der Kommunikation und seinem Verhalten im Umgang mit Kindern, ein Umfeld zu schaffen, welches auf Vertrauen, Motivation, Spaß und Sympathie gegründet ist. Ist dies der Fall, so kann eine gewisse Form der Bindung an die Sportart, das Training, den Club und den Trainer entstehen. In dieser Altersklasse treten auch bereits psychologische Tugenden zum Vorschein. Durch ein gut durchdachtes und strukturiertes Training können wichtige Eigenschaften wie Selbstdisziplin, Lernbereitschaft, Konzentration oder auch Durchsetzungsvermögen des Kindes unterstützt und gefördert werden. Insofern kann die Tennisstunde als eine relevante pädagogische Maßnahme dienen. Im Übrigen wird in dieser Altersphase begonnen, das technische Fundament zu legen, da die Phase zwischen dem 6. und 13. Lebensjahr als das beste „motorische Lernalter" angesehen wird.[2] Genau in diesem Altersbereich greift das Play-&-Stay-Konzept, das bereits seit Jahren erfolgreich im internationalen und nationalen Tennissport angewandt wird. Die Sportart Tennis wird im Hinblick auf die verschiedenen Zielgruppen variabel und variantenreich gestaltet. Die Kinder können mit den richtigen Schlägern auf einem altersgemäß adäquaten Platz mit den richtigen Bällen trainieren und somit das Motto „Spielend Tennis lernen" leichter umsetzen.

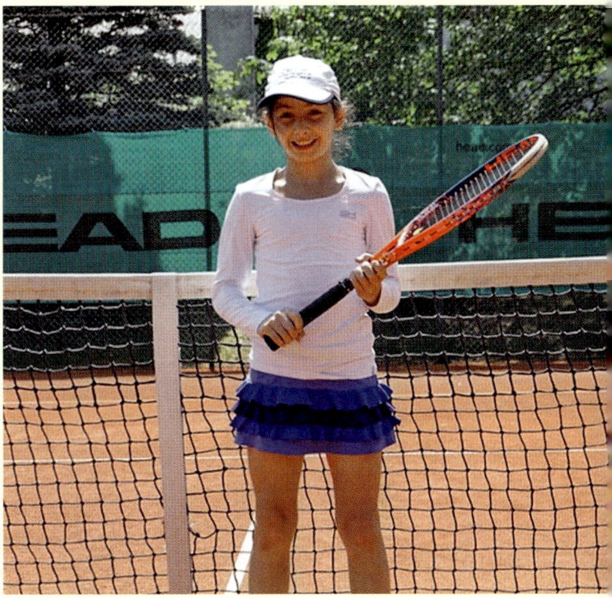

[2]Vgl. Grosser, Schönborn: Training im Kinder und Jugendtennis. S. 29.

→ Generation Juniors

Kommen wir nun zur Jugend als Zielgruppe des Tennissports. Mit der Jugend beginnt ein kritisches Alter und es entscheidet sich oft, ob man einer Sportart treu bleibt, wechselt oder das Sporttreiben ganz aufgibt. Auf der Suche nach einer eigenen Identität sind neben dem Sport auch zunehmend andere Dinge wichtig. Gewissermaßen streben die **„Juniors"** auf ihrem Weg zu Selbstbestimmung, Selbstbestätigung, Erfolg und Anerkennung auch nach Freiräumen „on court" und „off court". An diesem Punkt ist der Trainer gefordert, menschlich (Fairness, Geduld, Motivation etc.) und fachlich zu überzeugen und eine Balance aus Nähe und Distanz zu den Jugendlichen zu halten. In dieser Phase entscheidet sich der „mündige" Jugendliche (15-18 Jahre) mehr und mehr aus freien Stücken für ein sportliches Training bzw. für eine spezielle Sportart. Das heißt aber auch, dass die Entscheidungshoheit bzw. der Elternwunsch für die sportliche Betätigung eines Jugendlichen immer mehr in den Hintergrund rückt. Zunehmend sind das Vertrauensverhältnis zum Trainer, Atmosphäre im Training oder Erfolgserlebnisse als treibende Kräfte für die Entscheidung zu sehen.

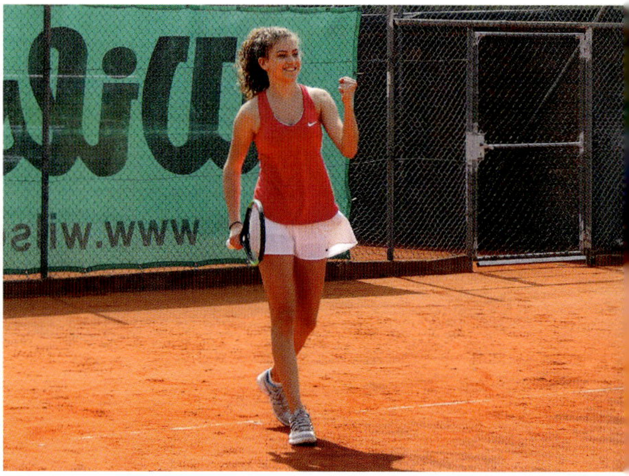

Gleichwohl ist anzumerken, dass durch die altersbedingt zunehmende schulische und zeitliche Beanspruchung Faktoren wie der Spaß durch den Sport in der Gemeinschaft und ein positiver Umgang mit Wettbewerb (Training und/oder Medenspiele) zu betonen sind. Tennis sollte für die Mehrzahl der Jugendlichen als ein sportlicher Ausgleich zur Schule verstanden werden. Überdies besteht die Möglichkeit für die Jugendlichen, über den Sport eine gewisse positive und sportliche Grundeinstellung (Sinnstiftung und Identität) für ein erfülltes Leben zu erlernen.

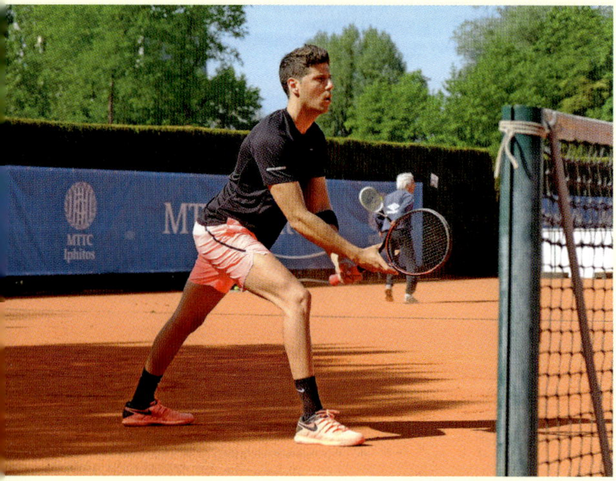

→ Generation Young Grown und Generation 30+ (Averager)

Im Kindes- und Jugendalter sollte das Hauptmotiv der sportlichen Betätigung darin liegen, die Zielgruppen langfristig an sportliche Aktivitäten zu gewöhnen, zu binden und negativen Folgen von gesellschaftlichen Entwicklungen entgegenzuwirken. Nun konzentrieren wir uns auf die Zielgruppen der „Young Grown" (ca. 19–26 Jahre) und „Averager" (Generation 30+). Auch bei diesen beiden Peer-Groups sind neben der Aufrechterhaltung und dem Aufbau von Gesundheit und Fitness, Reduzierung von Übergewicht und der Abbau von Risikofaktoren, wie beispielsweise

Stress, als Motive für das sportliche Training zu sehen. Prof. Dr. Beckmann sagt dazu in seinem Plädoyer zur Gesundheitsförderung und Krankheitsprävention: „Insbesondere durch Bewegungsmangel, zusammen mit inadäquater Ernährung und beruflicher und schulischer Belastung, kommt es vermehrt zu so genannten Zivilisationskrankheiten." Darüber hinaus sollte der Life-Time-Aspekt des Tennissports für diese beiden Zielgruppen von zunehmender Bedeutung sein. Tennis kann sowohl im Kindes-, Erwachsenen- als auch im Seniorenalter aktiv betrieben werden. Dies stellt einen eindeutigen Mehrwert zu vielen anderen Sportarten dar. Auch für Familien bzw. Frauen mit Kindern ist Tennis sicherlich ein interessanter Sport. Zum einen können Eltern ihre Kinder zum Tennistraining in die Obhut des Trainers geben und erhalten somit mehr Freiräume für eigene sportliche oder andere Aktivitäten. Zum anderen besteht auch die Möglichkeit, zusammen mit der Familie den gleichen Sport auszuüben. Leider wird noch zu wenig die Chance genutzt, durch Kinderbetreuungsangebote auch sportmotivierten Frauen Tennis tagsüber zu ermöglichen oder auch Familien über Kinder-Trainingsgruppen für den Tennissport zu begeistern. Letztendlich sind für beide Zielgruppen sehr ähnliche Motive und Beweggründe zu entdecken und werden in Abbildung 2 deutlich illustriert. Gewisse Unterschiede finden sich in der Priorisierung und Gewichtung der Aspekte.

→ Generation 40+ (Best Ager)

Durch den demografischen Wandel ist ein Großteil der Bevölkerung in Deutschland heutzutage über 40 Jahre alt. Auch die medizinische Entwicklung, höheres Gesundheitsbewusstsein, bessere Bildung und ein gesicherter Lebensstand haben zu einer gefühlt „jüngeren Gesellschaft" geführt. Als die an sich bevölkerungsstärkste und kaufkräftigste Zielgruppe in Deutschland spielt die **Generation 40+** auch für den Tennissport eine maßgebliche Rolle. Die sogenannten **„Best Agers"** sind in den meisten Fällen gesund und zeichnen sich durch eine hohe Konsumfreudigkeit und Kaufkraft aus. Diese Menschen, die sich in der mittleren Lebensphase befinden, besitzen eine positives Lebensgefühl und fühlen sich jünger als sie faktisch sind. Dieser Personenkreis kann sich den Sport leisten und nimmt sich dementsprechend wieder mehr Zeit für eine Vielzahl von sportlichen Betätigungen. Das Leben nach der Arbeit hat quantitativ und qualitativ wieder einen höheren Stellenwert. Der Life-Time-Aspekt des Tennissports spielt auch eine nicht unwesentliche Rolle. Man betrachtet den Sport als

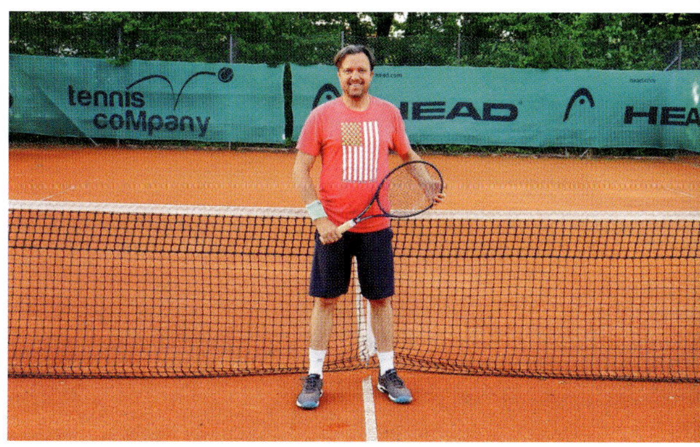

einen Ausgleich zum Berufsalltag und möchte dabei Spaß und Entspannung zugleich finden. Die Erwartungen und Ansprüche beschränken sich dabei nicht nur auf das Training, sondern zunehmend auch auf das begleitende Zusatzangebot wie eine gepflegte Gastronomie, exklusiver Wellnessbereich oder Fitnessbereich.

Zum Training von Körper und Geist betreiben viele **„Best Agers"** auch eine Vielzahl von verschiedenen Sportarten gleichzeitig. Die Motive und Beweggründe ändern sich aber nur gering bezüglich der Gewichtung und Schwerpunkte zu anderen Zielgruppen.

Preschool < 6 Jahre	**Youngsters** 7-14 Jahre	**Juniors** 15-18 Jahre	**Young Grown** 19-26 Jahre
Verbesserung der Ballkoordination und grundlegender Ballfertigkeiten Gesellschaftlich negativen Entwicklungen (z. B. Bewegungsmangel oder Übergewicht) entgegenwirken Natürlichen Bewegungsdrang fördern	Verbesserung der Ballkoordination und grundlegender Ballfertigkeiten Gesellschaftlich negativen Entwicklungen (z. B. Bewegungsmangel oder Übergewicht) entgegenwirken Förderung der körperlichen und geistigen Entwicklung	Spaß durch Gemeinschaft und Wettbewerb → Spielfreude und Wetteifer/ Leistung Verbesserung und Ausbau der sportlichen Fähigkeiten und Fertigkeiten → Tennis fördert die Fähigkeit, sowohl als Einzelkämpfer wie auch als Teamplayer zu agieren	Spaß durch Gemeinschaft und Wettbewerb → Spielfreude und Wetteifer/Leistung Leistungsgedanke und Streben nach Erfolg (v. a. im Leistungstennis) Monetäre Gründe (v. a. im Leistungssport)
Ausbildung eines vielseitigen und großen Bewegungsschatzes Förderung der körperlichen und geistigen Entwicklung Spieltrieb und Bewegungsdrang der Kinder wird gefördert	Spaß durch Gemeinschaft und Wettbewerb → Spielfreude und Wetteifer/ Leistung Erfahrungen durch den Tennissport sammeln z. B. von Regeln und Fair Play, Lernbereitschaft, Konzentration und Motivation Wettbewerb und Kommunikation mit Gleichaltrigen in der Gruppe	Gesundheits- und Fitnessmotiv, z. B. Prävention von Bewegungsmangel Erfahrungen durch den Tennissport sammeln, z. B. Lernen der Einhaltung von Regeln und Fair Play, Lernbereitschaft, Konzentration und Motivation Bedürfnis nach einem sportlichen Ausgleich zur Schule	Verbesserung und Ausbau der sportlichen Fähigkeiten und Fertigkeiten Gesundheit und Fitness (z. B. Abnehmen und Schönheit) Tennis als Ausgleich zum Berufsalltag (geistig, sozial und körperlich)
Förderung von Spaß und Spiel Stärkung der Körperkoordination und Selbsterfahrung Spielen lernen und Erfahrung von neuen Dingen beim Sport	Trainer als neue Bezugsperson neben Eltern Ausprobieren und eigenes Entdecken durch sportliches Training Ausbildung des peripheren und zentralen Nervensystems (=Förderung der Synapsenbildung)	Wunsch nach Selbsterfahrung und Erfolg durch den Sport (Identität und Selbstwertgefühl)	Junge Eltern können Kinder in die Obhut des Trainers geben (zeitlicher Aspekt) Tennis als gemeinsames Erlebnis (Familiensport)
Ausbildung des peripheren und zentralen Nervensystems (= Förderung der Synapsenbildung) Förderung von Körper- und Raumwahrnehmung und Entwicklung eines guten Körpergefühls	Entwicklung relevanter psychologischer Tugenden (z. B. Willenskraft, Frustrationstoleranz, Fähigkeit zur Selbstkritik, Selbstdisziplin, Aufbau von Selbstvertrauen, Durchsetzungsvermögen, Kontrolle von Emotionen und Gefühlen, Wunsch nach Selbsterfahrung)	Schulung und Ausbau relevanter psychologischer Tugenden, z. B. Willenskraft, Frustrationstoleranz, Durchsetzungsvermögen, Fähigkeit zur Selbstkritik und Selbstdisziplin, Aufbau von Selbstvertrauen, Kontrolle von Emotionen und Gefühlen	

Averager 27-40 Jahre	**Best Ager** 41-60 Jahre	**Generation** 60+
Spaß durch Gemeinschaft (sozialer Aspekt) und Wettbewerb Leistungsgedanke und Streben nach Erfolg (v. a. im Leistungstennis) Monetäre Gründe (v. a. im Leistungssport)	Spaß durch Gemeinschaft und Wettbewerb Ganzkörpertraining und geistiger Ausgleich Gesundheit und Fitness (z. B. Abnehmen und Schönheit) Abbau von Risikofaktoren wie Stress und Übergewicht	Spaß durch Gemeinschaft und Wettbewerb Ganzkörpertraining
Verbesserung und Ausbau der sportlichen Fähigkeiten und Fertigkeiten Ambiente und das begleitende Angebot (z. B. gute und gepflegte Gastronomie, Wellnessbereich etc.) Tennis als Ausgleich zum Berufsalltag (geistig, sozial und körperlich)	Ambiente und das begleitende Angebot (z. B. gute und gepflegte Gastronomie, Wellnessbereich etc.) Sportliches wie auch geistiges und soziales Betätigungsfeld	Ambiente und das begleitende Angebot (z. B. gute und gepflegte Gastronomie, Wellnessbereich etc.) Gesundheit und Fitness (d. h. Prävention von Bewegungsmangel, Herz- und Kreislaufförderung, Muskel- und Haltungstraining)
Eltern können Kinder in die Obhut des Trainers geben (zeitlicher Aspekt) Gesundheit und Fitness (z. B. Abnehmen und Schönheit) Neue Sportart ausprobieren Abbau von Risikofaktoren wie Stress und Übergewicht	Eltern können Kinder in die Obhut des Trainers geben (zeitlicher Aspekt und neue Bezugsperson für das Kind) Tennis ist ein soziales Betätigungsfeld (z. B. Ausübung eines Ehrenamtes)	Tennis dient zum Erhalt der sportlichen und geistigen Leistungsfähigkeit Tennis ist ein soziales Betätigungsfeld (z. B. Ausübung eines Ehrenamtes)
Lifetime-Aspekt, d. h. Tennis ist ein Sport, der auch sinnvoll im hohen Alter mit den Kindern und Enkeln, der Ehefrau/dem Ehemann (der Partnerin/dem Partner) oder dem anderem Geschlecht, d. h. geschlechts- und generationsübergreifend, ausgeführt und gespielt werden kann	Lifetime-Aspekt Neue Sportart ausprobieren	Lifetime-Aspekt, d. h. Tennis ist ein Sport, der auch sinnvoll im hohen Alter gespielt werden kann

Abbildung 2:
Motive und Beweggründe, Tennis zu spielen

→ Generation 60+ (Senioren)

Der demografische Wandel spiegelt sich auch in diesem Personenkreis wider. Der Anteil der älteren Anhängerschaft in vielen Sportarten wird folglich weiter zunehmen. Dies wird auch durch den Bevölkerungsaufbau für Deutschland in Abbildung 3 deutlich dargestellt. Zudem muss man sich vor Augen führen, dass es neben dem faktischen (kalendarischen) Alter auch ein biologisches und somit das bereits beschriebene „gefühlte" Alter gibt. Für unsere Einteilung definieren wir „Senioren" erst ab der Erlangung des sechzigsten Lebensjahres. Ab diesem Zeitpunkt sind der Erhalt der körperlichen, geistigen und psychischen Leistungsfähigkeit sehr maßgebende Prämissen. Sport, Bewegung und ein gesunder Lebensstil sind somit wichtige Hilfsmittel für ein weiterhin selbstbestimmtes Leben mit körperlicher und geistiger Fitness. Wir müssen natürlich auch berücksichtigen, dass neben den gesundheitlichen Gründen ebenso der Wunsch nach Gemeinschaft für die **„S-Klasse"** ein wichtiger Grund sein kann, weiterhin Sport zu treiben. Ohne Frage wollen die tennisspielenden Senioren so lange wie nur möglich am sportlich sozialen Leben teilnehmen. Dabei sind das Ambiente und begleitende Angebot (Gastronomieangebot, Wellnessbereich etc.) für das körperliche, geistige und soziale Wohlbefinden der Senioren ebenso mitentscheidend. Auch hier überschneiden sich einige Motive und Gründe dieser Zielgruppe, warum Tennis gespielt wird, mit den Motiven anderer Zielgruppen.

Mitgliedsverband	**bis 6 Jahre**		**7 - 14 Jahre**		**15 bis 18 Jahre**		**19 - 26 Jahre**	
	männl.	**weibl.**	**männl.**	**weibl.**	**männl.**	**weibl.**	**männl.**	**weibl.**
Baden	625	452	9.231	6.231	5.302	3.966	5.392	4.003
Bayern	1.604	1.248	26.920	20.413	15.766	12.670	18.298	14.647
Berlin-Brandenburg	361	297	3.983	2.801	2.196	1.582	1.495	1.048
Hamburg	247	167	4.112	3.174	1.985	1.777	1.462	1.218
Hessen	1.097	721	13.483	9.576	6.205	4.983	5.397	4.202
Mecklenburg-Vorpommern	40	38	488	351	254	186	129	135
Mittelrhein	593	395	7.691	5.478	3.800	3.126	3.154	2.257
Niederrhein	866	654	8.600	6.332	4.159	3.391	3.317	2.596
Niedersachsen	1.004	721	12.272	8.501	6.135	4.955	5.116	3.854
Nordwest	82	59	1.042	576	511	421	386	198
Rheinland-Pfalz	496	365	6.970	4.882	3.803	3.288	4.100	3.056
Saarland	173	159	1.534	1.269	926	775	1.215	1.011
Sachsen *			1.289	945	740	540	5.586	2.855
Sachsen-Anhalt	45	37	538	401	240	237	190	132
Schleswig-Holstein	365	209	4.849	3.280	2.329	1.899	1.608	1.128
Thüringen	37	14	455	394	269	241	199	140
Westfalen	800	608	11.231	7.917	6.358	5.178	6.221	4.746
Württemberg	1.033	776	14.166	10.341	7.774	5.851	7.817	6.119
Insgesamt 2017	**9.468**	**6.920**	**128.854**	**92.862**	**68.752**	**55.066**	**71.082**	**53.345**
Insgesamt 2016	**8.965**	**6.798**	**129.857**	**92.517**	**71.158**	**56.530**	**70.616**	**53.101**
Veränderungen	**503**	**122**	**-1.003**	**345**	**-2.406**	**-1.464**	**466**	**244**

* beim TV Sachsen Meldung Erwachsene ohne Aufteilung der Altersgruppen
Bei Rückfragen zu den gemeldeten Zahlen wenden Sie sich bitte direkt an den betr. Tennisverband.

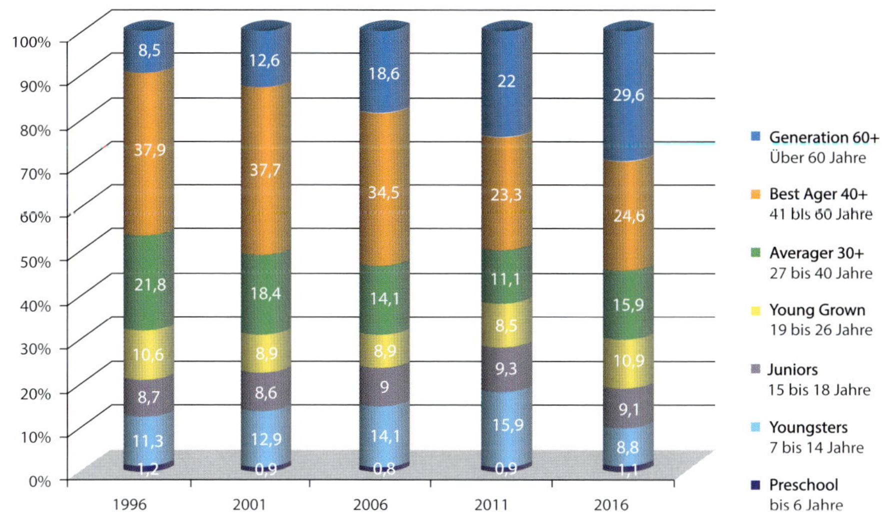

Abbildung 4: Altersstruktur der Mitglieder DTB (in % an Gesamtmitgliedszahl) und deren Zielgruppeneinordnung (aus Bestanderhebung DTB 2016, DOSB 2011 und Befragung Tennisvereine (S. Vogt 2006) und eigene Bearbeitung der definierten Zielgruppen)

27 - 40 Jahre		41 - 60 Jahre		über 60 Jahre		Gesamt		Insgesamt	Veränd. zu 2016
männl.	weibl.	männl.	weibl.	männl.	weibl.	männl.	weibl.	2017	in %
8.033	5.008	19.400	13.341	20.894	10.966	68.877	43.967	**112.844**	-0,88
22.564	14.356	50.819	34.878	44.444	20.310	180.415	118.522	**298.937**	-0,80
2.617	1.821	7.365	5.266	6.266	3.745	24.283	16.560	**40.843**	1,27
1.836	1.409	5.441	4.785	4.524	3.016	19.607	15.546	**35.153**	1,14
7.970	5.332	21.321	15.445	20.541	11.127	76.014	51.386	**127.400**	-0,16
312	158	362	260	1.193	511	2.778	1.639	**4.417**	1,92
4.454	2.964	13.898	10.131	11.869	6.634	45.459	30.985	**76.444**	0,58
5.423	3.519	16.823	12.415	16.034	9.413	55.222	38.320	**93.542**	-0,72
7.775	5.066	21.957	15.328	23.577	12.669	77.836	51.094	**128.930**	-1,03
514	314	1.426	1.131	2.215	1.246	6.176	3.945	**10.121**	-7,34
5.919	3.892	13.544	9.084	14.343	6.767	49.175	31.334	**80.509**	-1,26
1.674	1.140	3.869	2.704	3.846	1.940	13.237	8.998	**22.235**	-0,17
						7.615	4.340	**11.955**	0,50
427	251	1.249	650	843	280	3.532	1.988	**5.520**	-0,13
2.024	1.406	6.943	5.309	7.680	4.221	25.798	17.452	**43.250**	-1,42
513	249	1.256	684	788	311	3.517	2.033	**5.550**	-0,86
8.527	5.247	22.366	14.903	22.079	11.445	77.582	50.044	**127.626**	-0,34
12.413	8.044	30.454	21.000	26.007	14.915	99.664	67.046	**166.710**	-0,90
92.995	**60.176**	**238.493**	**167.314**	**227.143**	**119.516**	**836.787**	**555.199**	**1.391.986**	
92.996	**59.165**	**243.063**	**171.942**	**224.899**	**119.014**	**841.554**	**559.067**	**1.400.621**	
-1	**1.011**	**-4.570**	**-4.628**	**2.244**	**502**	**-4.767**	**-3.868**	**-8.635**	**-0,62**

Abbildung 3: Bestandserhebung Deutscher Tennis Bund e.V. nach Mitgliedszahlen und Altersgruppen 2017

Anforderungen an den Trainer für das Training mit verschiedenen Zielgruppen

Die Erwartungen an ein Training können sich von Zielgruppe zu Zielgruppe auf verschiedene Art und Weise unterscheiden. Deswegen wollen wir in diesem Kapitel mögliche Rollenerwartungen an den Trainer beschreiben. Als Trainer oder Coach geht es nun darum, zu überprüfen und zu wissen, welche voneinander abweichenden Ziele und Erwartungen es gibt und wie wichtig diese innerhalb der Zielgruppen sind. Im Hinblick darauf sind folgende Basisfaktoren hier dargestellt:

a) Beachtung der verschiedenen Motive der Zielgruppe
- Leistungsstreben und Spaß
- Kreativität und Bewegungsdrang
- Sinnstiftung und Identität
- Geselligkeit und Teamgeist
- Gesundheit und Fitness etc.

b) Zielgruppengerechte Kommunikation und Trainingsgestaltung

c) Organisation und Sicherheit (Demonstration, Zuspiel etc.)

d) Wahl der methodischen Konzeption
- Spielorientiert vs. technikorientiertes Vorgehen
- Ganzheits- oder Teilmethode
- Deduktives oder induktives Verfahren
- Spielerisch impliziertes Lernen

e) Langfristige Orientierung des Trainings
- Erziehungsorientierung
- Technikorientierung (Technikgefühl, Technikinventar, Technikpräzision, Technikstabilität)
- Spielorientierung (Spielfähigkeit, Spielfreude, Spielverhalten, Leistung und Erfolg)
- Lifetime-Aspekt des Tennissports

Rechts oben:
Technikdemonstration des Trainers im Unterricht.

Rechts mitte:
Auch für die Zielgruppe der Senioren (60+) ist Tennis ein hervorragender Sport.

Rechts unten:
Kommunikation und Spaß wird auch beim Coaching von Profis groß geschrieben: Profi-Coach Christopher Kas mit Spielerin Mona Barthel.

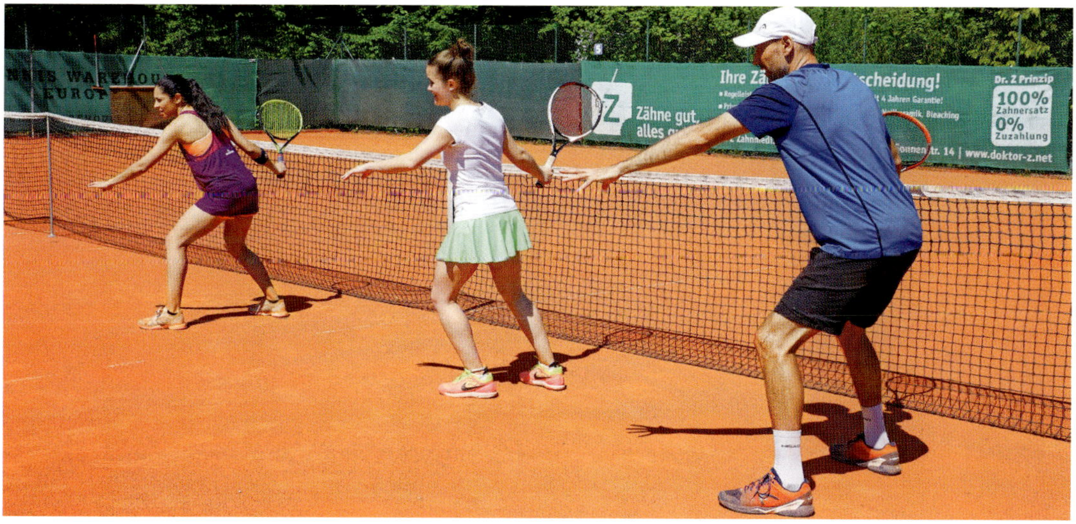
Zähne gut,
Dr. Z Prinzip
100%
Zahnersatz
0%
Zuzahlung
www.doktor-z.net

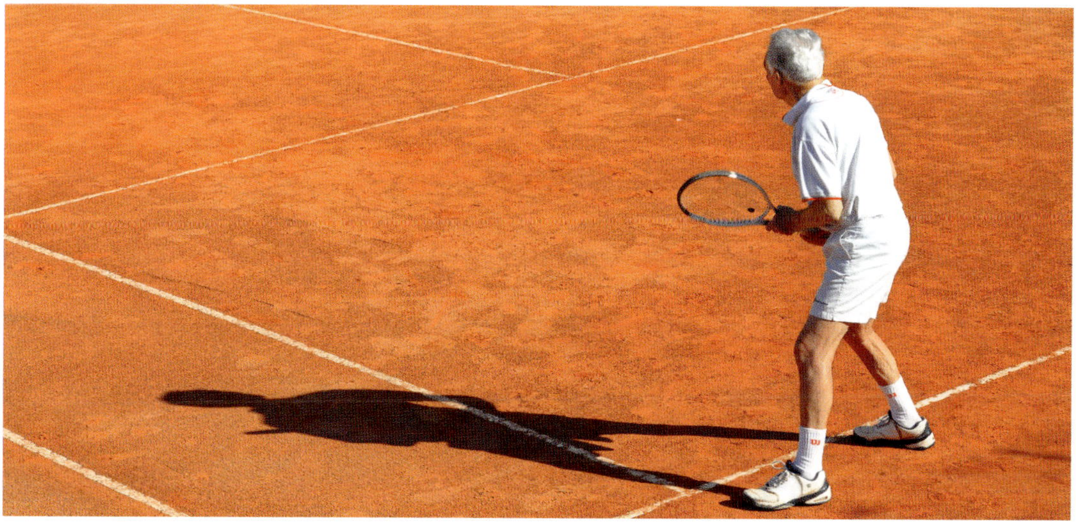

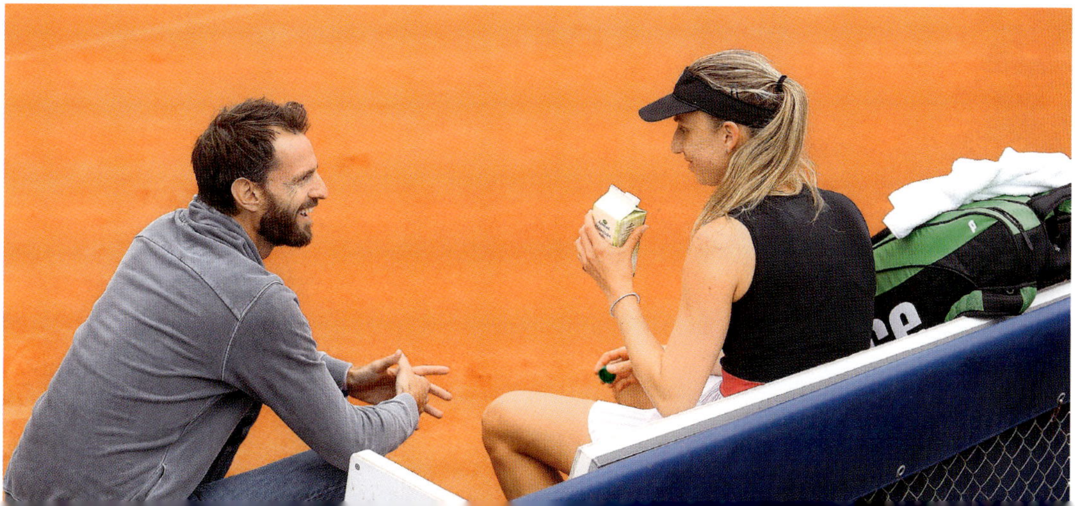

KAPITEL

Trainingsformen

2

Allgemeine Beschreibung und Einleitung der Trainingsformen (Übungs- und Spielformen)

In diesem Kapitel beschäftigen wir uns mit einer Vielzahl von Trainingsformen, die einen Mehrwert für den Trainer darstellen und somit zu neuen Ideen für das eigene Training anregen sollen. Zunächst werden die vier typischen Spielkonstellationen im Tennis – bekanntermaßen Spieleröffnung, Grundliniensituation, Angriffssituation und Netzspiel – ausführlich und pragmatisch in verschiedenen Trainingsformen geschildert. Vorab sind einige neue Beispiele eines spielorientierten Warm-ups auf dem Platz dargestellt. Bitte beachten Sie, dass auch eine Vielzahl der Trainingsformen für alle Bereiche des Play-&-Stay-Konzeptes verwendet werden kann.

Tennis spielt sich immer in einer gewissen Art und Weise unter Zeit-, Raum-, Komplexitäts- und Präzisionsdruck ab. Dabei sollte man sich in erster Linie darauf konzentrieren, durch Anwendung der geeigneten Trainingsformen eine Art von Handlungssicherheit beim Spieler im Umgang mit verschiedenen Situationen zu erreichen. Daher sind Spielmuster für kurze (vier bis sechs Schläge) und lange Ballwechsel (sechs bis zehn Schläge) für alle vier Spielsituationen zu entwickeln. Der Trainer kann die hier dargestellten Trainingsformen sowohl im sportlich ambitionierten wie auch im breitensport orientierten Clubtraining einsetzen. Die Bandbreite der Zielgruppen reicht von der Generation Youngsters bis zur Generation 60+.

Praxisteil Warm-up

Im Aufwärmkapitel werden Sie einige Ideen und Vorschläge für ein effizientes Warm-up erhalten. Ein lockeres und motivierendes Aufwärmen „on court" ist durch Spaß, Spiel und Variation gekennzeichnet. Die von uns dargestellten Beispiele berücksichtigen dies und dienen als Abwechslung und Variation des täglichen „Intros" in das Training. Zunächst steht dabei ein allgemeines Aufwärmprogramm im Vordergrund. Danach sollte stets ein tennisspezifisches Warm-up mit folgenden Schwerpunkten folgen:

- Ballkoordinative Aspekte
- Gelenkmobilisierung
- Richtungswechsel mit tiefem Körperschwerpunkt
- Lauf-ABC und kurze Sprints

Trocken-Trio

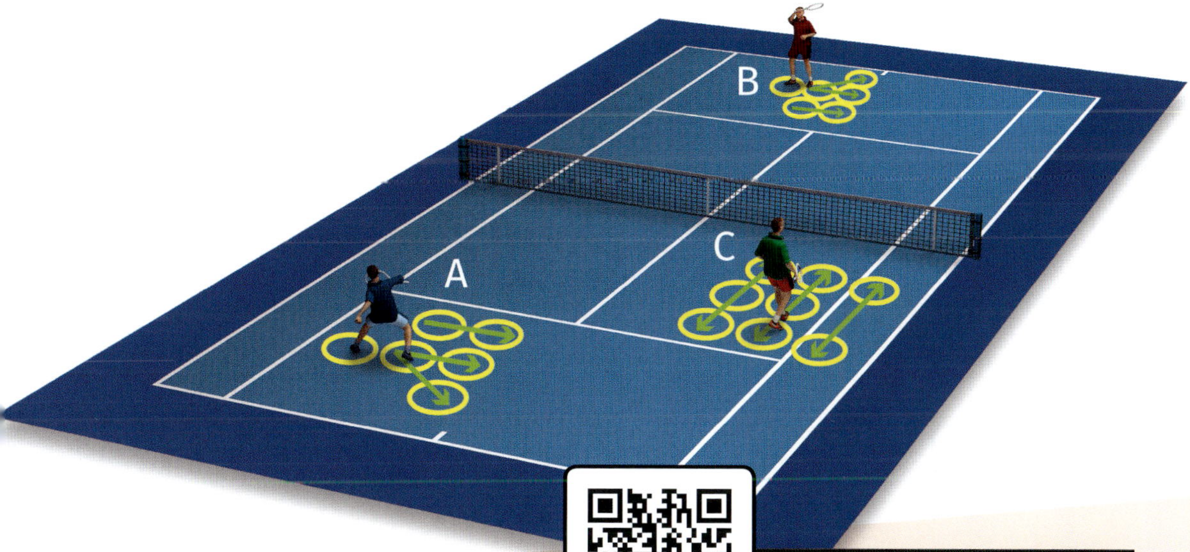

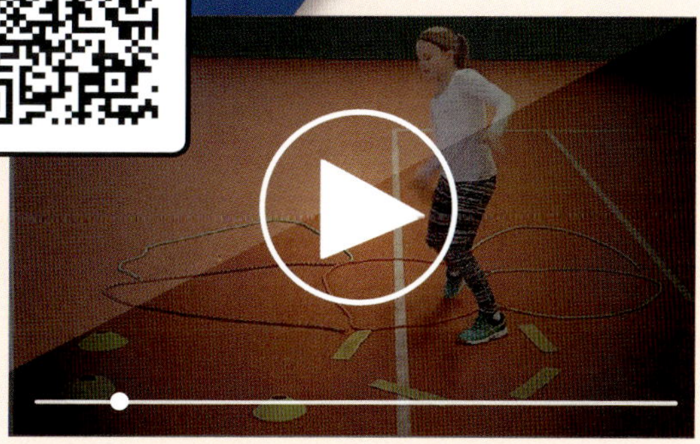

Trainingsziele: Verbesserung der Schlag- und Bewegungskoordination bei Schlägen an der Grundlinie, Differenzierungsfähigkeit bzgl. der verschiedenen Schlagstellungen bei Grundschlägen erreichen.

Beschreibung: Der Spieler A hat die Aufgabe, RH-Trockentraining in sechs verschiedenen Bereichen zu trainieren. Die Bereiche können durch Ringe, Seile oder andere Hilfsmittel gekennzeichnet werden. Hierbei trainiert der Spieler verschiedene Möglichkeiten der RH-Schlagstellung. Parallel dazu absolviert der Spieler B das Trockentraining für die Vorhand. Der Akteur C hat mit dem Mix aus VH und RH die schwierigste Variante mit Station drei.

Anzahl der Spieler: 3–6

Gesamtdauer: ca. 10–15 Minuten

Hinweise und Tipps:
- Nach Ablauf einer gewissen Zeitspanne (z. B. ein bis zwei Minuten) werden die Stationen im Uhrzeigersinn gewechselt.
- Trainer gibt Hinweise und Korrekturen zur Technik und Beinarbeit.

Variationen:
- Übungsform kann auch abwechselnd von zwei Spielern pro Station absolviert werden.
- Nach einer gewissen Wiederholungsanzahl (z. B. dreimal 12 Wiederholungen mit Pause) werden die Stationen im Uhrzeigersinn gewechselt.

Volleyball-Tennis

Trainingsziele: Sicherheit und Präzision im Netzspiel, Verbesserung von Schlag- und Bewegungskoordination bei Schlägen am Netz, Verbesserung der Raumaufteilung und Orientierungsfähigkeit beim Spiel am Netz.

Beschreibung: Die Spieler A bis D decken das gesamte T-Feld auf der jeweiligen Seite als Spielfeld ab. Dabei bilden die Spieler A und B sowie C und D jeweils ein Team. Der Ball darf maximal einmal nach dem Anspiel aufspringen und muss einmal zum Partner gespielt werden. Danach ist der Ball über das Netz zu spielen. Es sind nur Bälle erlaubt, die nach oben und mit Gefühl gespielt werden. Zuerst wird miteinander gespielt. Danach wird ein Wettbewerb bis sieben Punkte ausgespielt.

Anzahl der Spieler: 4

Gesamtdauer: ca. 5–10 Minuten

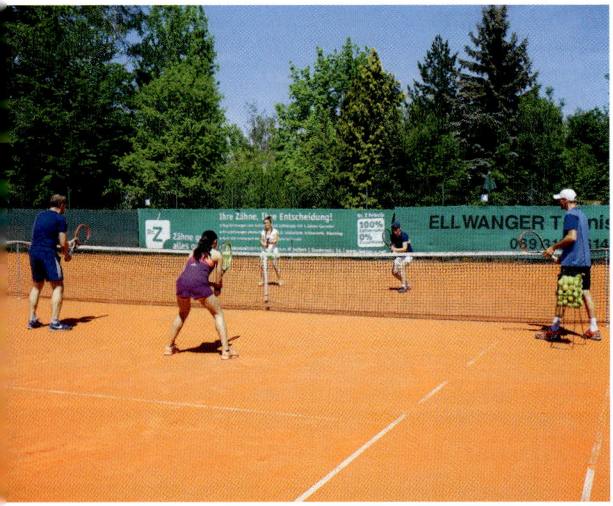

Hinweise und Tipps:

- Trainer kann auch selbst als Spieler agieren (bei drei Spielern).
- Zuspiel bzw. faires Anspiel erfolgt durch die Spieler selbst.
- Anspiel wechselt nach jedem Punkt zum anderen Team.

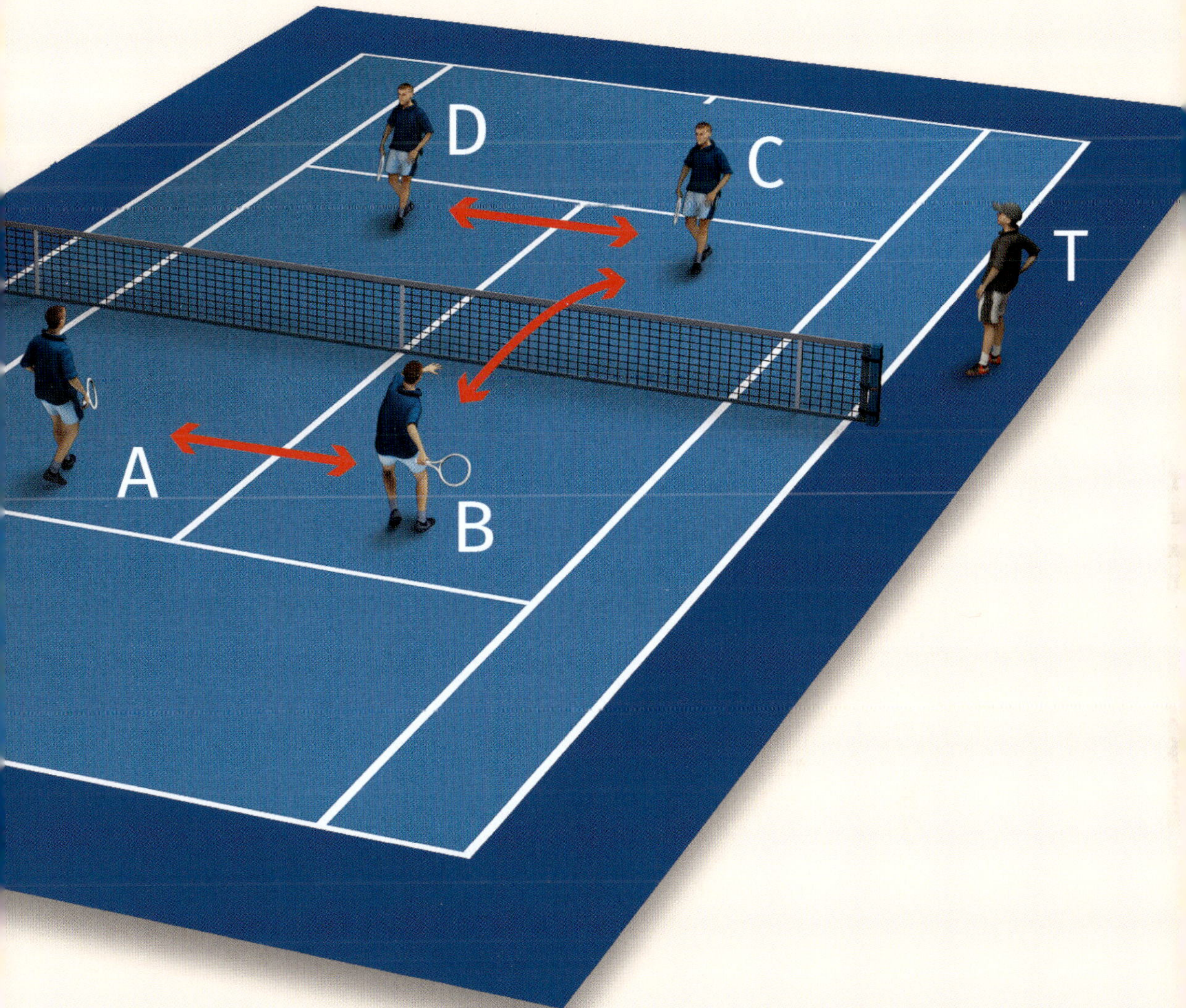

Variationen:

- Trainingsform wird ohne Bodenkontakt gespielt.
- Trainingsform darf auch mit aggressiven Schlägen gespielt werden.
- Ball darf auch direkt ins andere Feld gespielt werden.
- Anspiel erfolgt immer durch den Trainer.
- Trainer kann unterschiedlich (Höhe, Spieler etc.) zuspielen.

Pingpong x 3

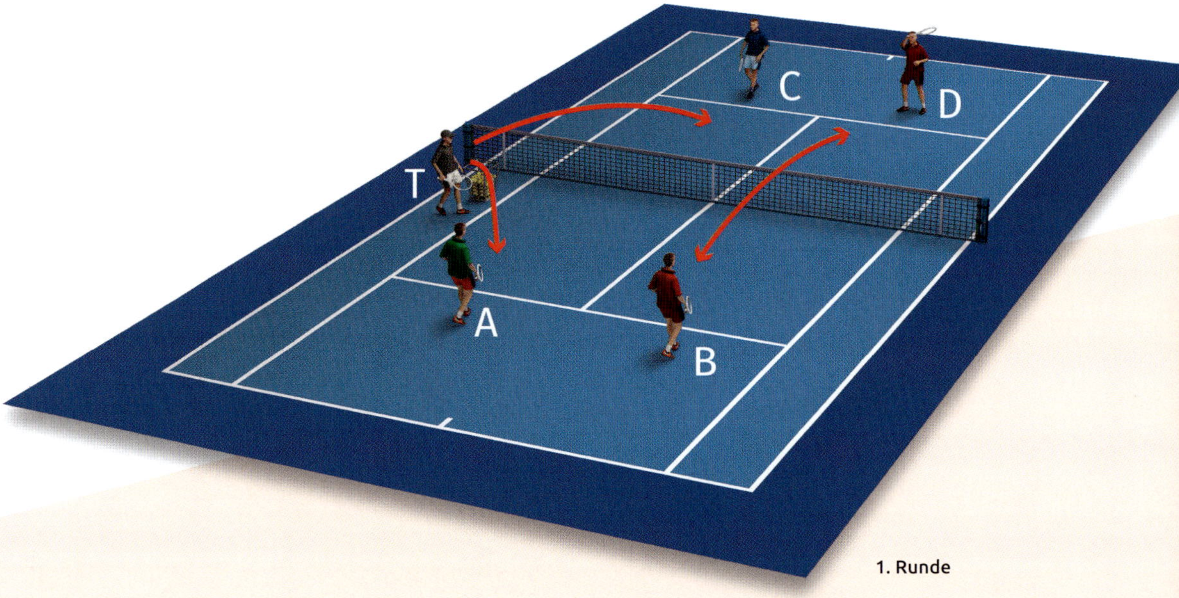

1. Runde

Trainingsziele: Schulung der Wahrnehmung, Orientierungs- und Reaktionsfähigkeit, Optimierung der Spielfeldverteidigung, Harmonisierung des Partnerspiels.

Beschreibung: Der Trainer agiert in diesen drei Spielformen ausschließlich als Zuspieler. Die drei Spiele werden als Gesamtspiel angesehen und somit werden alle erzielten Punkte der Spiele addiert. Jedes einzelne Spiel geht bis sieben Punkte und Gewinner ist das Team, welches am Ende die meisten Punkte erzielt hat. Die Spieler A bis D spielen als Zweier-Teams Punkte im Einzelfeld aus. Der ankommende Ball darf entweder aus der Luft oder mit einem davor einmaligen Bodenkontakt gespielt werden. Vorgabe für jede der drei Spielformen ist, dass der Ball einmal im eigenen Feld aufspringen (= Pingpong) muss, bevor der Ball in das gegnerische Feld gelangt. Nach jedem ausgespielten Punkt spielt der Trainer einen neuen Ball an, wobei dieses Zuspiel auf beide Seiten erfolgen kann.

In der **1. Runde** spielen die beiden Teams von der T-Linie die Punkte aus. Hierbei werden auch alle Punkte als Mannschaft ausgespielt. Jeder Ball kann als Smash, VH oder RH gespielt werden, wobei die definierten Vorgaben eingehalten werden müssen. Es wird bis sieben Punkte gespielt. Spielfeld sind beide T-Felder ohne das Doppelfeld.

In der **2. Runde** spielen die beiden Teams wiederum von der T-Linie die Punkte aus. Aber nun werden alle Punkte als Einzelspieler ausgespielt. Jeder Akteur spielt mindestens einen Punkt (= min. 1) und maximal zwei Punkte (= max. 2). Somit darf jeder Spieler, falls ein Punkt erzielt wird, zusätzlich einen zweiten Punkt spielen, ansonsten kommt der nächsten Spieler des Teams

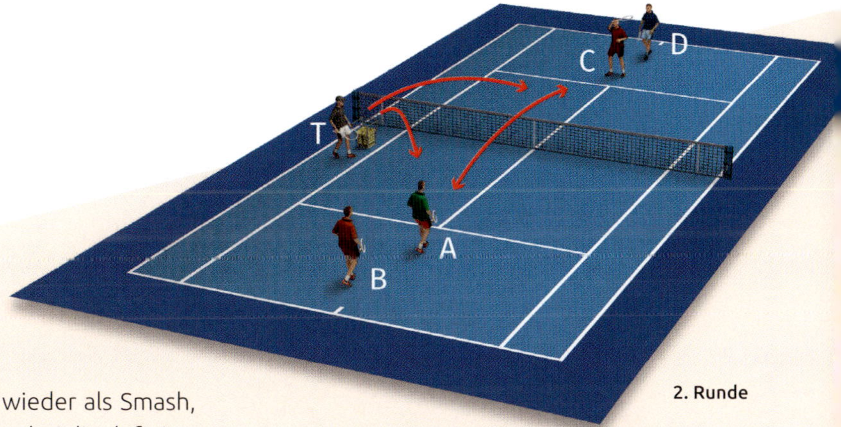

2. Runde

an die Reihe. Jeder Ball kann wieder als Smash, VH oder RH gespielt werden, wobei die definierten Vorgaben eingehalten werden müssen. Es wird bis sieben Punkte gespielt. Spielfeld sind beide T-Felder ohne das Doppelfeld.

In der **finalen Runde** spielen die beiden Teams auf das ganze Einzelfeld die Punkte aus. Es werden wieder alle Punkte im Team ausgespielt. Jeder Ball kann wiederum als Smash, VH oder RH gespielt werden, wobei die definierten Vorgaben eingehalten werden müssen. Es werden Punkte bis sieben gespielt. Die Doppelaufstellung ist beliebig. Es sollte immer ein Spieler an der T-Linie, ein zweiter Spieler an der Grundlinie starten. Hierbei kann die Aufstellung nach einer gewissen Anzahl von Punkten im Team gewechselt werden.

finale Runde

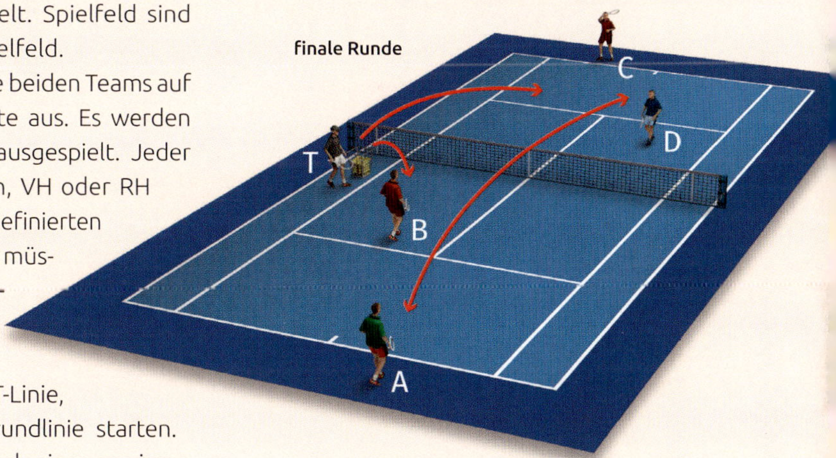

Anzahl der Spieler: 4

Gesamtdauer: ca. 10–15 Minuten

Hinweise und Tipps:

- Vorgabe für jede der drei Spielformen ist, dass der Ball einmal im eigenen Feld aufspringen muss, bevor der Ball in das gegnerische Feld gelangt.
- Der ankommende Ball darf entweder aus der Luft oder mit einem davor einmaligen Bodenkontakt gespielt werden.
- Spielfeld ist das Einzelfeld.
- Trainer variiert das Zuspiel bzgl. Höhe, Länge und Drall.

Variationen:

- Spielform erfolgt ausschließlich im Doppelfeld auf beiden Seiten.
- Jedes gewonnene Einzelspiel zählt einen Bigpoint.
- Die dritte Runde zählt zwei Bigpoints.

Kleiner/großer Wechsel

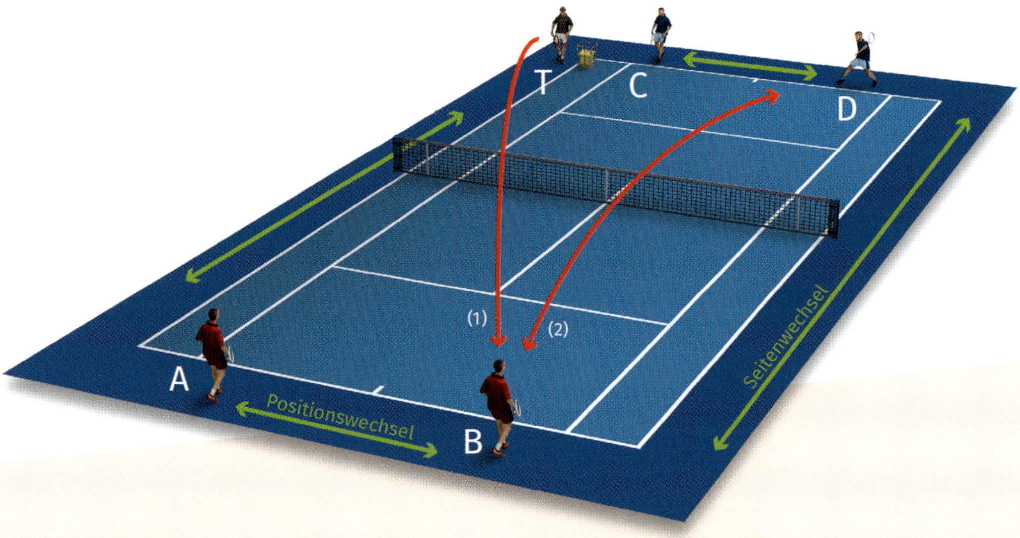

Trainingsziele: Gleichmäßiges und rhythmisches Spiel aus dem Grundlinienbereich. Ziel ist eine Regelmäßigkeit hinsichtlich Platzierung, Tempo und Flughöhe, Sicherheit und Präzision beim Grundlinienspiel zu erlangen.

Beschreibung: Der Trainer ist Zuspieler. Die Spieler A bis D spielen auf Rhythmus und Länge mit einem Ball im Einzelfeld. Falls beispielsweise der Spieler A den Ball verschlägt (Aus oder Netz) müssen alle Spieler mit Sidesteps einen Positionswechsel auf der gleichen Platzhälfte mit dem Spielpartner absolvieren. Das Zuspiel erfolgt immer durch den Trainer. Bei insgesamt drei Fehlern ruft der Trainer „großer Wechsel" und die Spieler müssen innerhalb von fünf Sekunden die Platzseite wechseln.

Anzahl der Spieler: 4

Gesamtdauer: ca. 8–12 Minuten

Hinweise und Tipps:
- Trainerzuspiel kann bzgl. Richtung, Drall und Höhe variiert werden.
- Trainer gibt Hinweise und Korrekturen zur Technik und Beinarbeit.
- Adäquate Geschwindigkeit und Distanzregulierung (Übungsform wird auf Rhythmus gespielt).
- Bälle die im Doppelfeld landen, werden gespielt.

Variationen:
- Die Spieler A und B spielen cross und Spieler C und D müssen longline spielen (wechselseitig).
- Alle Spieler müssen mit einem Crossover und einem Sidestep einen Positionswechsel auf der gleichen Platzhälfte mit dem Spielpartner absolvieren.
- Falls der Ball vor der T-Linie aufspringt, gilt dies als Fehler.
- Ein Spielerpaar steht am Netz und spielt Volleys.
- Beide Spielerpaare spielen die Übung von der Midcourt-GL bzw. von der T-Linie aus.

Spieleröffnung (Aufschlag und Return)

Beschäftigen wir uns nun mit einem guten Start in den Ballwechsel. Nicht nur Aufschlag und Return sind für den guten Start nötig, sondern auch das Hineinkommen – oder anders ausgedrückt: der wirksame Übergang in die entsprechende Grundliniensituation. Es ist erwiesen, dass mehr als 50 % aller Ballwechsel bereits nach zwei Schlägen entschieden sind. Zudem sind mehr als sieben von zehn Punkten innerhalb der ersten vier Schläge im Herren- und Damentennis entschieden. Das Muster A + R tritt bei fast 100 % aller Punkte ein. Man kann somit Folgendes feststellen: Erhöht man die Qualität der Spieleröffnung, so können längere Ballwechsel vermieden, Druck auf den Gegner erhöht und dem Spiel der eigene Stempel aufgedrückt werden.

Als erste Konsequenz können wir für das Training feststellen, dass abgesehen von A + R der Fokus klar auf den ersten und zweiten Schlag danach gelegt werden sollte. In diesem Zusammenhang sind das Spielverhalten, d. h. Beinarbeit, Positionierung und Vorbereitung, nach A + R mitentscheidend. Als weiteres Ergebnis ist festzuhalten, dass die Trainingshäufigkeiten und der Umfang für den Trainingsbereich A + R + Folgeschlag (1 + 2) zu erhöhen sind und zudem die Akzentuierung dieses Musters während des Trainings (d. h. Anfang, Mitte und/oder Ende) gut zu überlegen ist. Diese Ergebnisse sollten im Training durch eine frühzeitige Ausbildung und Automatisierung dieses Ausführungsmusters berücksichtigt werden. Somit können in diesem Bereich auch Qualitätssteigerungen für den jeweiligen Spieler erreicht werden.

Die in diesem Abschnitt vorgestellten Trainingsformen gehen somit auf das Spielmuster A + R + Folgeschlag (1 + 2) thematisch ein. Wir möchten an dieser Stelle noch anmerken, dass alle weiteren Schläge des Ballwechsels in der Kategorie Grundliniensituation geschildert werden. Für das Spielmuster A + R + Folgeschlag (1 + 2) spielen verschiedene Parameter eine Rolle. Für den Aufschlag sind vor allem Geschwindigkeit, Präzision und Variation von hoher Bedeutung.

Wird die Konzentration im Training auf diese Einflussgrößen gelegt, so ist auch eine höhere Ausführungsqualität des Aufschlages zu erreichen. Der Returnspieler hat stets zwei Optionen, den Aufschlag des Gegners zu beantworten. Der Ballwechsel bzw. der Schlag nach dem Aufschlag kann sozusagen entweder neutral oder offensiv gestaltet werden. Rein technisch und taktisch sind die Beachtung eines kompakten Ausholens (Oberkörperdrehung, angepasste Schlagbewegung), dem Entgegengehen zum Ball (frühe Treffpunkte suchen, Gewichtsverlagerung zum Ball hin) und das Üben von verschiedenen Returnpositionen ausschlaggebend für die weitere Gestaltung des Ballwechsels.

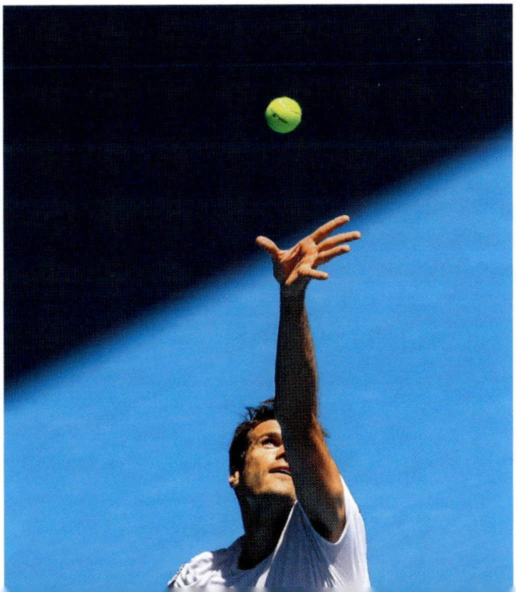

Die Spieleröffnung ist auch im Profisport entscheidend. Hier sieht man die ehemalige Nr. 2 der Welt Tommy Haas beim Aufschlag.

Hol den Aufschlag

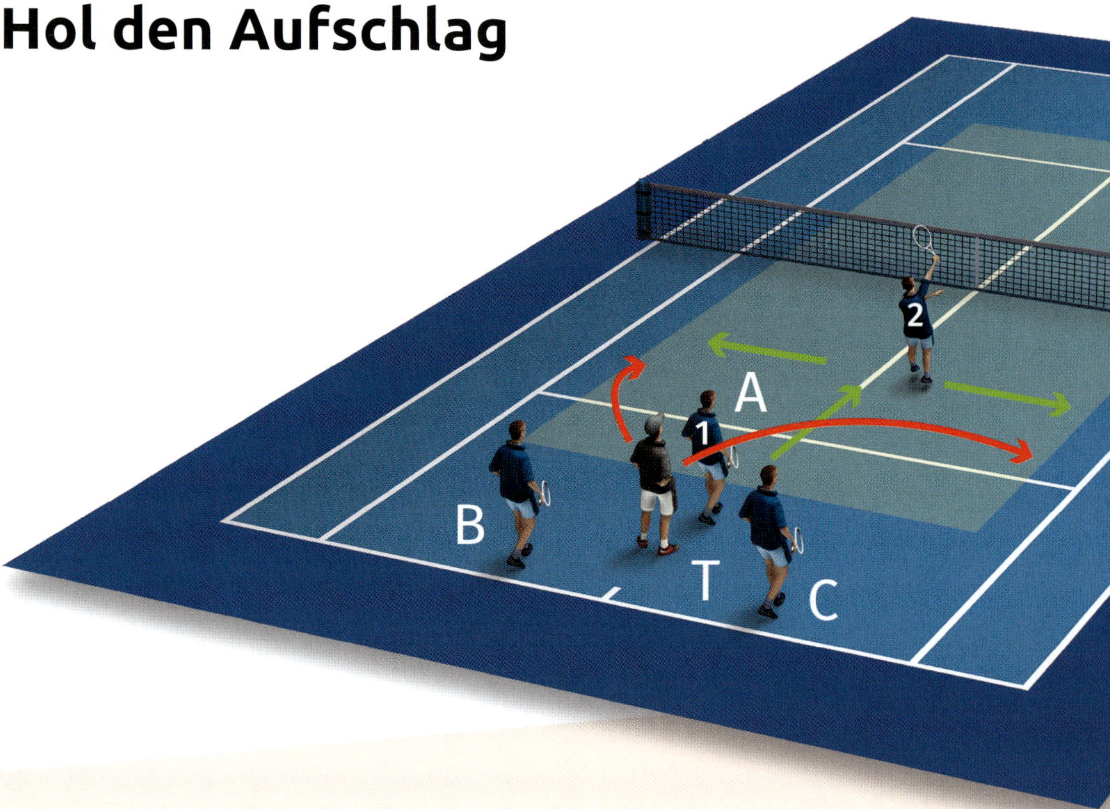

Trainingsziele: Festigung des Schlagmusters für den Aufschlag, Erhöhung der Schlagsicherheit, Stabilisierung und Qualitätsverbesserung beim Aufschlag.

Beschreibung: Die Spieler A bis C stehen in einer Reihe hinter der Midcourt-Grundlinie. Der Trainer steht genau hinter dem Spieler A und wirft einen Ball in Richtung Netz. Der Spieler muss mit dem Schläger (in der Schlaghand) zum Ball laufen und diesen mit der linken Hand fangen. Der Ball darf auch öfter wie einmal aufspringen. Danach stellt sich dieser Spieler in die Aufschlagposition und wirft sich diesen Ball selbst an und schlägt auf. Danach muss sich der Spieler mit Sidesteps (ein bis zwei) seitlich aus dem Feld bewegen und in Richtung der Ausgangsposition (Midcourt-Grundlinie) laufen. Der Trainer entscheidet selbst, in welche Richtung, Länge bzw. Distanz der Ball geworfen wird. Der Spieler muss immer dort aufschlagen, wo er den Ball erlaufen und gefangen hat.

Anzahl der Spieler: 3–4

Gesamtdauer: ca. 8–12 Minuten

Hinweise und Tipps:
- Vorübungen vor dem Lauf absolvieren, z. B. Splitsteps.
- Trainer achtet auf Ausführungsqualität des Aufschlages.

Variationen:
- Aufschlag auf unterschiedliche Zielbereiche.
- Unterschiedliche Aufschläge werden gespielt.
- Übungsform wird von der GL gestartet.

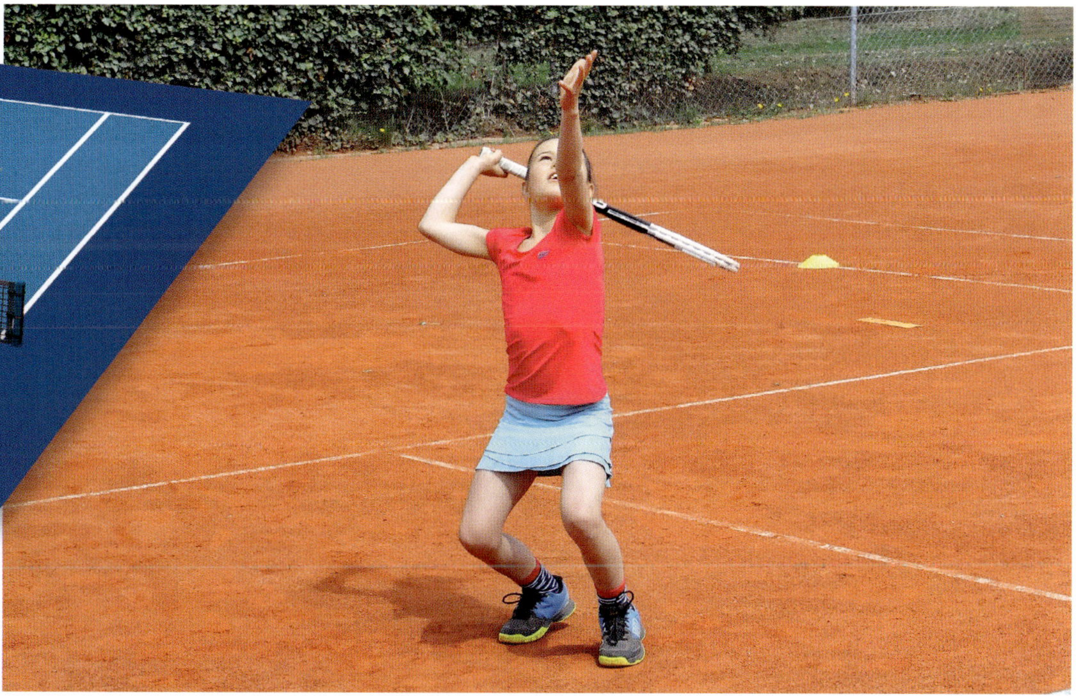

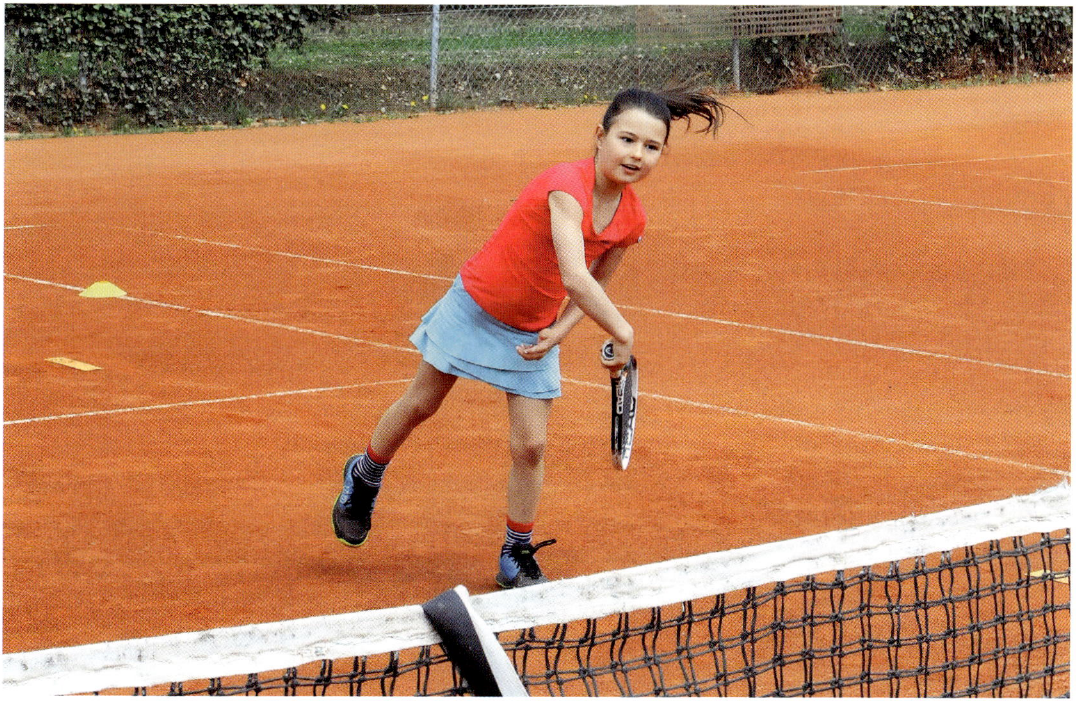

Der Aufschlag ist eine der schwierigsten Techniken im Tennis, da es sich um einen äußerst komplexen Bewegungsablauf handelt. Deswegen sollte dieser Bewegungsablauf so früh wie möglich trainiert werden.

Methodische Übungsreihe für den Aufschlag

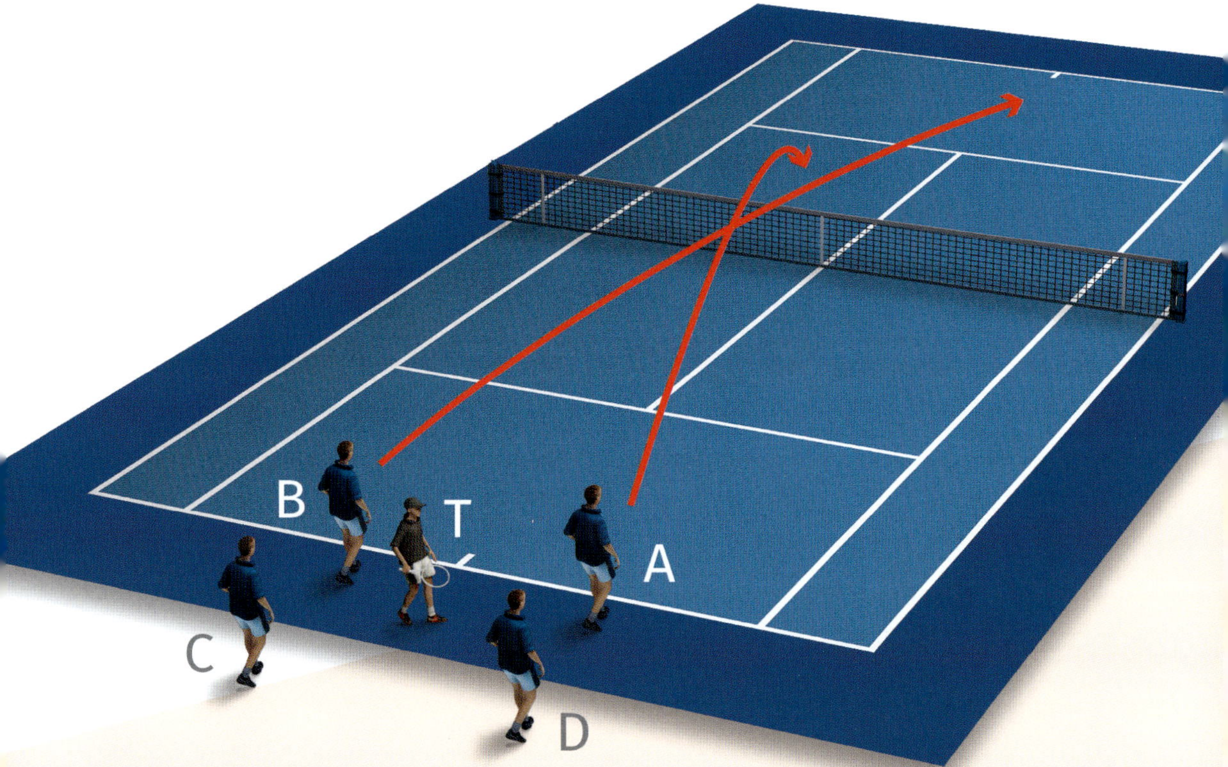

Trainingsziele: Festigung des Aufschlag-Schlagmusters, Erhöhung der Schlagsicherheit, Stabilisierung und Qualitätsverbesserung beim Aufschlag, Schulung der Differenzierungsfähigkeit der Spieler.

Beschreibung: In dieser Übungsreihe dürfen die Spieler unterschiedliche Aufgaben zum Thema Aufschlag erfüllen. Der Trainer wirft den ersten beiden Spielern (A und B) jeweils einen Ball zu. Nach jeder Übungsausführung bekommen die Spieler einen neuen Ball zugeworfen und müssen somit ihre Ausgangsposition nicht verlassen. Nach vier Versuchen kommen die nächsten Spieler (C und D) an die Reihe.

Folgende Zielvorgaben gelten für die Spieler:

a) Wurf über das Netz bzw. in die Weite mit Kernwurf.
b) Werfen in das jeweilige Aufschlagfeld (Kernwurf) mit Positionswechsel (mit Punkten).
c) Ballwurf d.h. Werfen und Fangen, der Schläger dient hierbei als Stütze („Spazierstock") und berührt mit dem Schlägerkopf den Boden.
d) Ballwurf auf die Zeitung oder den Schläger.
e) Pendelbewegung mit Ballwurf (ohne Kehre) und mit dem Schläger.
f) Pendelbewegung mit Ballwurf (in die Kehre) und mit dem Schläger.
g) Werfen und Schlagen des Balles mit der flachen Hand (komplette Aufschlagbewegung erfolgt).

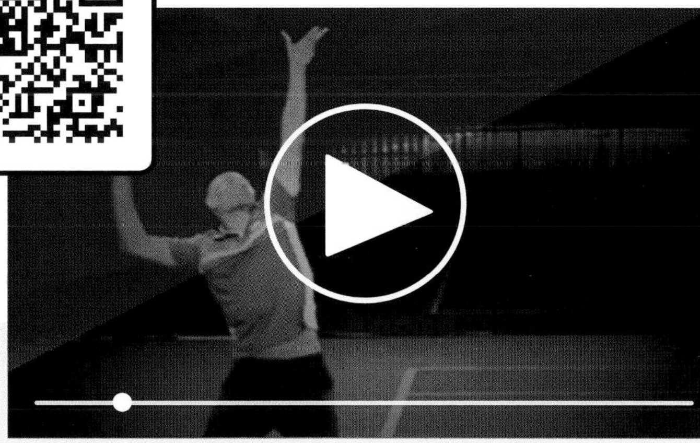

h) Werfen und Fangen des Balles mit der Hand (komplette Aufschlagbewegung erfolgt)
i) Abwerfen des Ballwurfballes, d. h. man hat zwei Bälle und versucht, den angeworfenen Ball (linke Hand = Nichtschlaghand) mit einem zweiten Ball (rechter Hand = Schlaghand) mit einem Kernwurf zu treffen.
j) Komplette Aufschlagschwungbewegung mit Schläger (Achter-Bewegung).
k) Komplette Aufschlagschwungbewegung mit sehr hohem Ballwurf und kompletter Ausschwungphase, d. h. Hauptaktion mit kompletter Streckung wird durchgeführt und nach dem Ausschwung wird versucht, den angeworfenen Ball (springt einmal auf) auf dem Schläger auszubalancieren („wie auf dem Tablett serviert").
l) Kompletter Aufschlag in der Trockenbewegung mit Abspringen ins Feld.
m) Kompletter Aufschlag in der Trockenbewegung mit Abspringen ins Feld und Splitstep in die Recovery-Position.
n) Aufschlagen von unterschiedlichen Positionen.

Anzahl der Spieler: 4–6

Gesamtdauer: ca. 15–20 Minuten

Hinweise und Tipps:
- Trainer achtet auf die Ausführungsqualität und gibt Hinweise und Korrekturen zur Aufschlagtechnik.
- Trainer achtet auf Sicherheit und Organisation.
- Übungen können stets durch zwei oder auch vier Spieler nebeneinander absolviert werden.
- Übungen können auch mit kürzeren Distanzen ausgeführt werden.
- Mit Zielbereichen arbeiten.

Variationen:
- Übungsreihe wird als Wettbewerb gespielt (Treffer plus Ausführungsqualität wird durch den Trainer belohnt).
- Übungen können auch mit der Nicht-Schlaghand ausgeführt werden.
- Übungsreihe ist auch anwendbar für das Klein-und Großfeld.

Aufschlag-Quadathlon

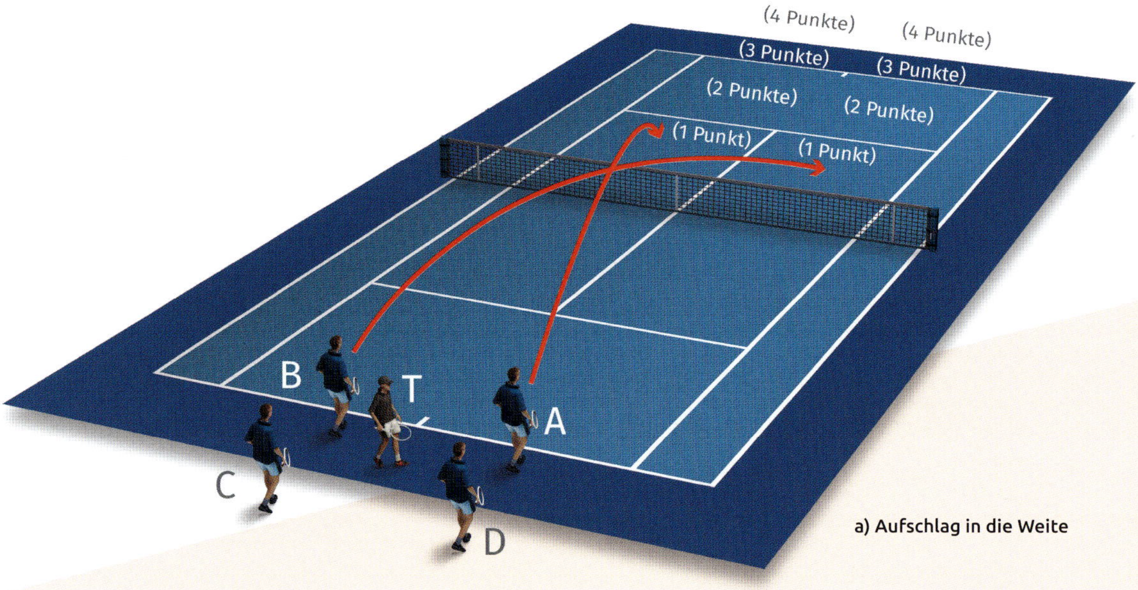

a) Aufschlag in die Weite

Trainingsziele: Festigung des Aufschlag-Schlagmusters, Erhöhung der Schlagsicherheit, Stabilisierung und Qualitätsverbesserung beim Aufschlag, Schulung der Differenzierungsfähigkeit der Spieler.

Beschreibung: Die beiden Spieler A und B stehen auf der jeweiligen Aufschlagposition und der Trainer wirft den Spielern jeweils einen Ball zu. Nach jedem Aufschlag bekommen die Spieler einen neuen Ball zugeworfen und müssen somit die Aufschlagposition nicht verlassen. Nach vier Aufschlägen kommen die nächsten beiden Spieler (C und D) an die Reihe. Folgende Zielvorgaben gelten für die Aufschläger:

a) **Aufschlag in die Weite**, d. h. Ziel ist es, den Aufschlag so weit wie möglich über das Netz zu schlagen.
b) **Tischtennis-Serve**, d. h. Ziel ist es, den Aufschlag mit Bodenkontakt (auf der eigenen Seite) über das Netz zu befördern.
c) **Kombi-Serve**, d. h. es wird stets im Wechsel (Aufschlag in die Weite und als Tischtennis-Serve) aufgeschlagen.
d) **Aufschlag in die Koordinationsleiter** und ins richtige Aufschlagfeld.

Anzahl der Spieler: 4

Gesamtdauer: ca. 15–20 Minuten

Hinweise und Tipps:
- Vorübungen für den Aufschlag (Aufschlagschwung, Ballwurf oder Kernwurf etc.) sind vor Beginn der Übungen auszuführen.
- Als zusätzliches Warm-up müssen die Spieler mit Fokus auf Sicherheit, Platzierung und Bewegungsrhythmus aufschlagen.
- Trainer achtet auf die Ausführungsqualität und gibt Hinweise und Korrekturen zur Bewegungsausführung.
- Bei jeder Zielvorgabe muss das richtige Aufschlagfeld bzw. die Richtung anvisiert werden.

b) Tischtennis-Serve

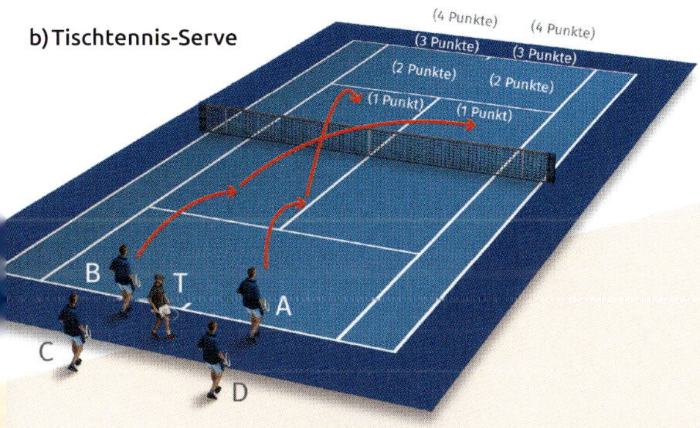

c) Kombi-Serve

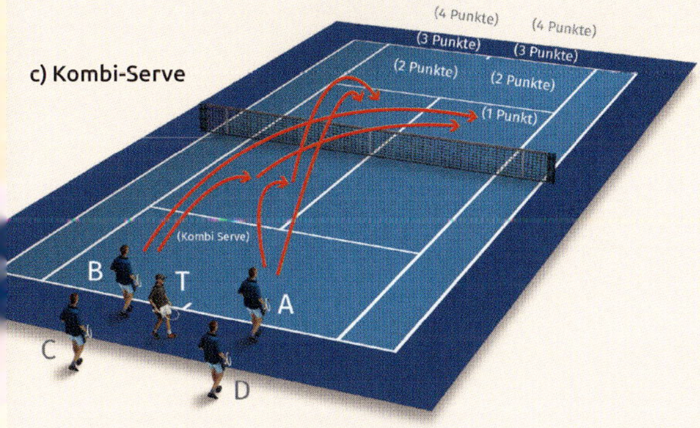

d) Aufschlag in die Koordinationsleiter und ins richtige Aufschlagfeld.

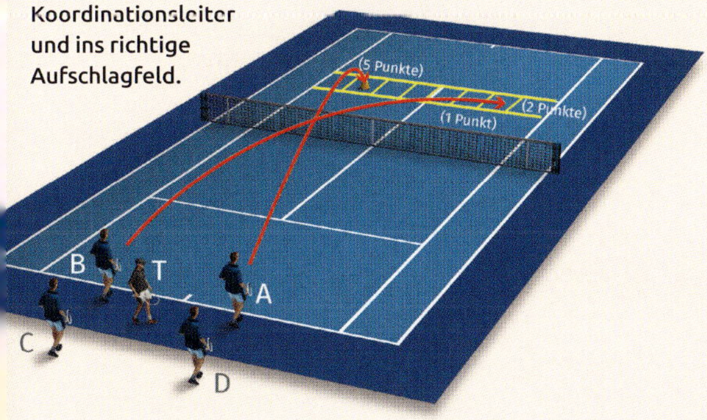

Variationen:

- Die Übungsabfolge wird als Wettbewerb gespielt, d. h. für die Zielvorgaben gelten folgende Spielregeln:

a) **Aufschlag in die Weite**, d. h. Ziel ist es, den Aufschlag so weit wie möglich über das Netz zu schlagen.

- Der Spieler erhält einen Punkt, falls er über das Netz und in das richtige Feld trifft.
- Der Spieler erhält zwei Punkte, falls er über die T-Linie und in das richtige Feld aufschlägt.
- Der Spieler erhält drei Punkte, falls er über die Grundlinie und in die korrekte Richtung aufschlägt.
- Der Spieler erhält vier Punkte, falls er an den Zaun/Plane und in die korrekte Richtung aufschlägt.

b) **Tischtennis-Serve**, d. h. Ziel ist es, den Aufschlag mit Bodenkontakt (auf der eigenen Seite) über das Netz zu befördern.

- Der Spieler erhält einen Punkt, falls der Ball über das Netz kommt und im richtigen Feld landet.
- Der Spieler erhält zwei Punkte, falls der Ball über das Netz kommt und hinter dem T-Feld landet.
- Der Spieler erhält drei Punkte, falls der Ball über das Netz kommt und hinter der Grundlinie landet.

c) **Kombi-Serve**, d. h. es wird stets im Wechsel (Aufschlag in die Weite und Tischtennis-Serve) agiert und versucht, die jeweiligen Vorgaben (siehe a) und b)) zu erreichen.

d) **Aufschlag in die Koordinationsleiter** und in das richtige Aufschlagfeld.

- Der Spieler erhält einen Punkt, falls der Ball in das richtige Aufschlagfeld geschlagen wird.
- Der Spieler erhält zwei Punkte, falls der Ball in ein Quadrat der Koordinationsleiter (richtiges Aufschlagfeld) gespielt wird.
- Trifft ein Spieler das richtige Quadrat, so wird in dieses Quadrat zusätzlich eine Pylone als Ziel aufgestellt.
- Der Spieler erhält fünf Punkte, falls er eine Pylone in der Koordinationsleiter im richtigen Aufschlagfeld treffen sollte.

Steady-Return-Drill

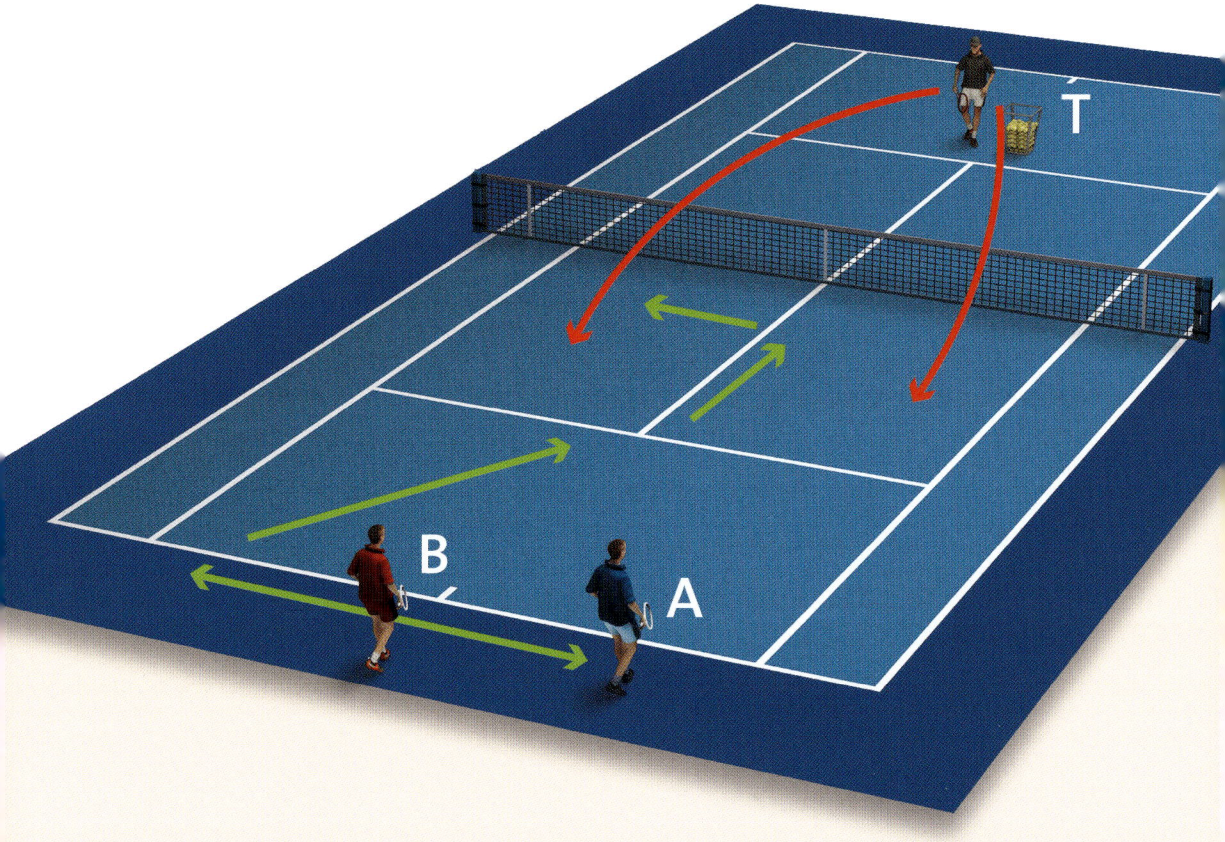

Trainingsziele: Differenzierungsfähigkeit der Return-Technik, Verbesserung von Wahrnehmung und Antizipation beim Return, Verbesserung der tennisspezifischen Laufschnelligkeit, Verbesserung von Start- und Beschleunigungsfähigkeit.

Beschreibung: Der Trainer fungiert in dieser Übungsform als Aufschläger und Zuspieler. Der Spieler A spielt zwei Returns von der Einstandseite (=Returnposition) hinter der Grundlinie. Darauffolgend startet der gleiche Spieler einen vertikalen Sprint mit anschließender offener Schlagstellung (über den linken Fuß rutschen) auf die gegenüberliegende Doppelseitenlinie. Nun folgen der dritte und vierte Return auf der Vorteilsseite. Danach wiederholt sich der Vorgang bis insgesamt acht Returns gespielt worden sind. Die Rückschläge Nummer fünf und sechs müssen wiederum von der Einstandseite gespielt werden, wobei abermals vorab der vertikale Sprint zur Doppelseitenlinie (über den rechten Fuß rutschen) mit offener Schlagstellung ausgeführt werden muss. Der Übergang ans Netz (= Transformation) wird durch einen aktiven Splitstep im Bereich der Grundlinie gestartet. Der Spieler rückt nun mit einem langen Angriffsball (nach halblangen Trainerzuspiel) auf die Netzposition auf. Abschließend werden zwei Volleys mit Vorwärtsbewegung gespielt.

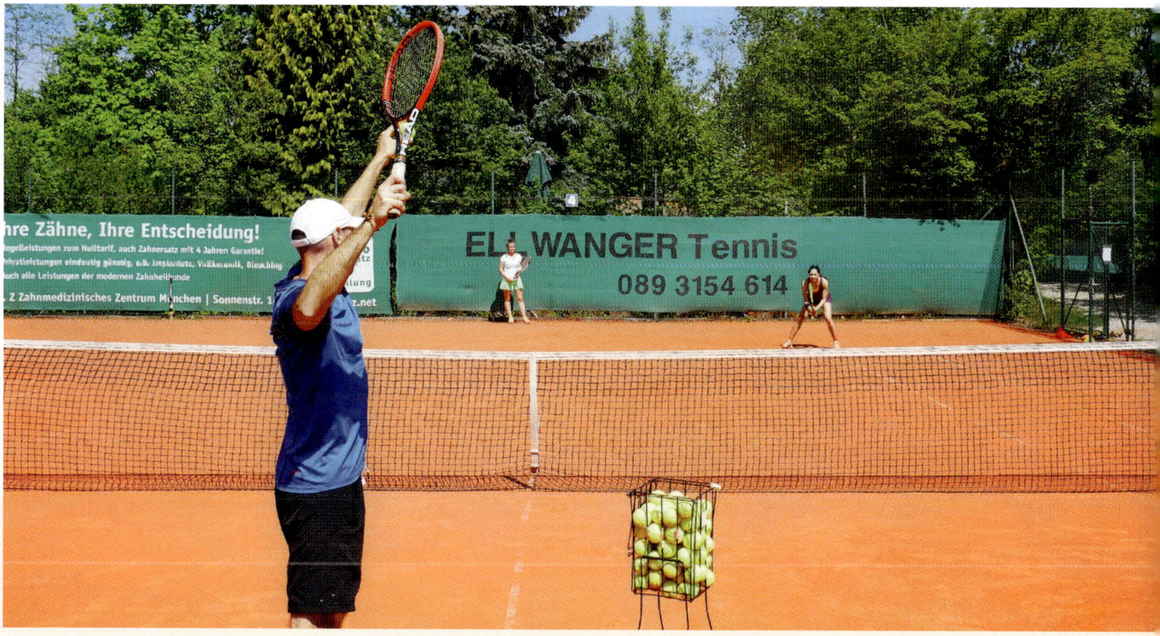

Anzahl der Spieler: 3–4

Gesamtdauer: ca. 8–12 Minuten

Hinweise und Tipps:

- Returnspieler versuchen jeden Aufschlag zu spielen, unabhängig davon, ob der Aufschlag im Feld landet.
- Returns werden cross gespielt.
- Koordination von Laufarbeit und Schlagablauf.

Variationen:

- Übungsform kann ausschließlich mit ersten Aufschlägen, nur zweiten Aufschlägen oder in Kombination gespielt werden.
- Jeder Aufschlag nach außen wird cross returniert.
- Jeder Aufschlag nach innen wird longline returniert.
- Zielflächen für Aufschlag und Return können eingebaut werden.
- Angriffsball wird als Topspin-Volley gespielt (Transformation).
- Abschluss der Übung mit einem Smash.
- Angriffsball und Volleys mit Richtungsvorgabe spielen.
- Beim Rutschen mit offener Schlagstellung kann auch eine Schlagbewegung ohne Ball imitiert werden.

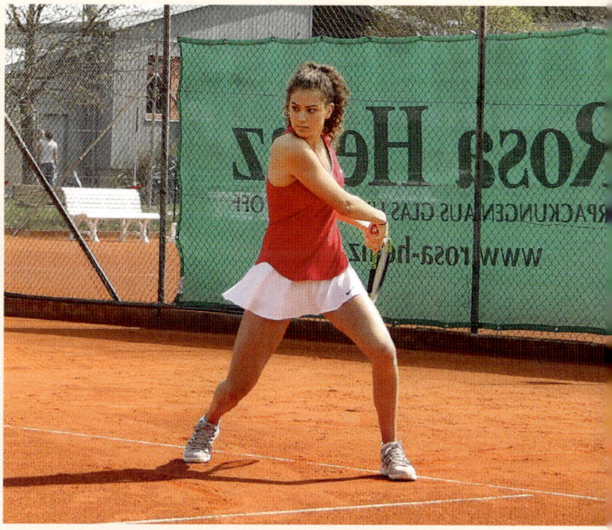

SABR – Sneak Attack by Roger

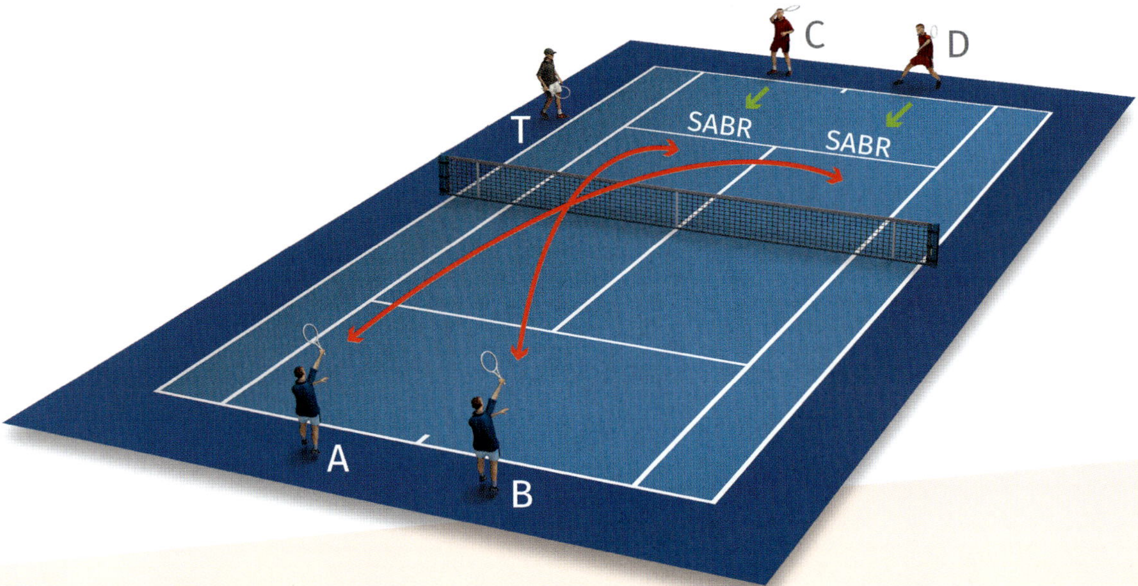

Trainingsziele: Schulung der Differenzierungsfähigkeit und Sicherheit beim Return, Schulung von Reaktion und Präzision beim Return.

Beschreibung: Die Spieler A und B schlagen dreimal mit zweitem Aufschlag auf die Spieler C und D auf. Die beiden ersten Returns werden in der jeweiligen Return-Komfortzone gespielt. Der jeweilige dritte Return wird als sogenannter SABR ausgeführt (ca. einen Meter hinter der T-Linie). Nach drei Aufschlägen bewegen sich die Returnspieler wieder zügig auf ihre Ausgangposition. Der Ablauf beginnt erneut.

Anzahl der Spieler: 4

Gesamtdauer: ca. 15–20 Minuten

Hinweise und Tipps:

- Returnspieler versuchen jeden Aufschlag zu returnieren, unabhängig davon, ob der Aufschlag im Feld landet.
- Returns werden cross und/oder longline gespielt.
- Übungsform wird nur mit zweiten Aufschlägen durchgeführt.
- Positionswechsel erfolgt nach ca. fünf Minuten.
- Seitenwechsel erfolgt nach ca. zehn Minuten.

Variationen:

- Übungsform wird ausschließlich mit ersten Aufschlägen, nur zweiten Aufschlägen oder in Kombination ausgeführt.
- Aufschläger entscheidet selbst, welcher Aufschlag gespielt wird.
- Returns werden cross und/oder longline in Zielbereiche gespielt.
- Übungsform mit Punkten spielen (pro Treffer im Zielbereich ein Punkt).
- Dritter Return wird als Volley innerhalb des T-Feldes gespielt.

4er-Return-Volley-Rochade

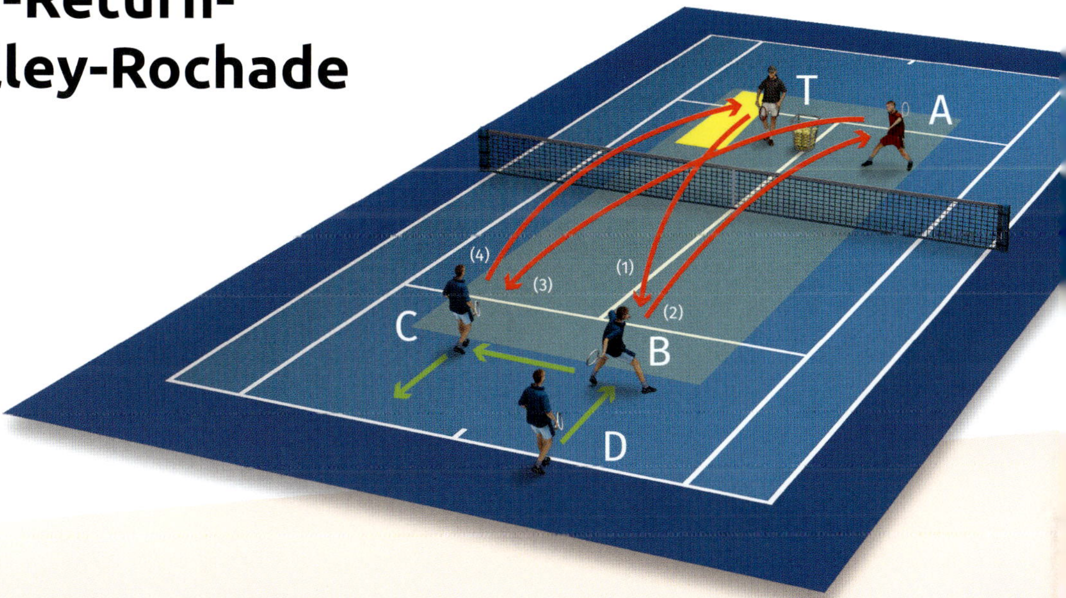

Trainingsziele: Schulung der Wahrnehmung und der Reaktionsfähigkeit am Netz, Technikanwendung und Automatisierung von Return, Volley und Passierball.

Beschreibung: Der Trainer agiert als Aufschläger bei dieser Übungsform. Am Netz hat der Trainer stets einen Partner. Im Beispiel startet das erste Anspiel mit Aufschlag des Trainers auf den Spieler B. Der Aufschlag wird auf jeden Fall von B als Return auf den Netzspieler A versucht zu spielen. Der Volley sollte nunmehr auf den Spieler C gespielt werden. Abschließend versucht Spieler C, den Ball als Passierball longline in den Zielbereich (gelb) zu spielen. Danach erfolgt eine Rochade wie im Bild dargestellt.

Anzahl der Spieler: 4

Gesamtdauer: ca. 12–15 Minuten

Hinweise und Tipps:

- Übung wird auch gespielt, falls der Aufschlag des Trainers im Aus (noch im Einzelfeld) landen sollte.
- Falls die Übung aufgrund zu vieler Fehler nicht funktioniert, kann das Anspiel auch als normales Zuspiel aus der Hand erfolgen.
- Durchgang kann auch mit jeweils einem zweiten Versuch pro Spieler durchgeführt werden.
- Trainer entscheidet, wann der nächste Spieler auf die Netzposition wechselt (z. B. nach einer gewissen Zeit oder einer gewissen Anzahl von Wiederholungen).

Variationen:

- Netzspieler spielt von der Grundlinie.
- Spiel wird auch auf die Advantage-Seite gespielt und Wechsel muss dementsprechend vonstattengehen.
- Übungsform mit Wettbewerbscharakter gestalten, z. B. welcher Spieler erzielt zuerst sieben Treffer in den Zielbereich (Passierball).
- Übungsform auch für das Großfeld verwenden.

A + R + Points

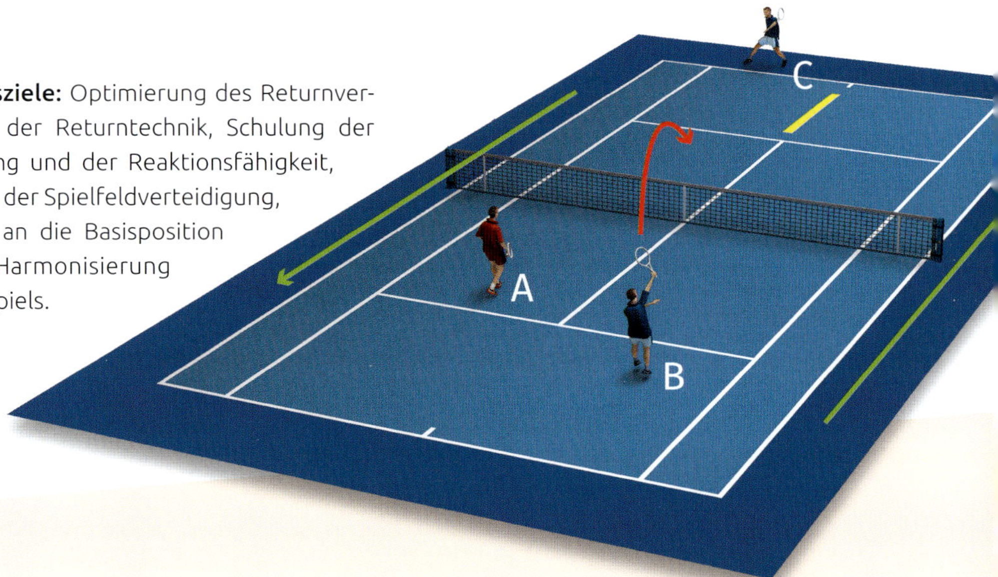

Trainingsziele: Optimierung des Returnverhaltens und der Returntechnik, Schulung der Wahrnehmung und der Reaktionsfähigkeit, Optimierung der Spielfeldverteidigung, Gewöhnung an die Basisposition am Netz, Harmonisierung des Partnerspiels.

Beschreibung: Im Beispiel starten die Spieler A und B als Team und spielen Punkte gegen den Returnspieler C in herkömmlicher Zählweise (15:0 etc.) aus. Es wird zudem mit No-Ad-Zählweise gespielt. Bei Rückschläger C gilt das markierte Spielfeld (Einstandseite) von der gelben Mittellinie bis zur Doppelaußenlinie. Jeder Spieler des Teams A und B muss jeweils ein Spiel als Aufschläger und gemeinsam im Doppel agieren. Der jeweilige „Server" hat dabei stets nur einen Aufschlag zur Verfügung und startet ca. eineinhalb Meter hinter der T-Linie. Zudem ist der Aufschlag in das jeweilige Aufschlagfeld zu spielen. Ist das nicht der Fall, so zählt dies als sofortiger Punkt für den Returnspieler. Immer nach zwei Spielen werden die Positionen gewechselt und ein neuer Einzelspieler ist als Returnspieler aktiv. Jeder Spieler erhält pro gewonnenes Spiel (als Team oder Einzelspieler) einen Bigpoint. Gewinner ist derjenige Spieler, welcher zuerst drei Bigpoints erzielt hat.

Anzahl der Spieler: 3–4

Gesamtdauer: ca. 10–15 Minuten

Hinweise und Tipps:

- Aufschläger muss Serve-and-Volley spielen.
- Trainer gibt Hinweise und Korrekturen (Return, Aufschlag und Laufwege).
- Spielfeld ist das Doppelfeld (Team) und das Einzelfeld beim Returnspieler.
- Übung kann für Midcourt und/oder Großfeld verwendet werden.
- Spiel wird mit No-Ad-Regel gespielt.

Variationen:

- Returnspieler muss nach dem Return auch ans Netz aufrücken.
- Spiel wird auch auf die Advantage-Seite gespielt.
- Spiel wird ohne absichtliche Lobs gespielt.
- Spiel wird nur im Einzelfeld gespielt.
- Punkt wird auch ausgespielt, falls der Aufschlag im Aus (aber noch im Einzelfeld) landen sollte.

Dreier-Runde

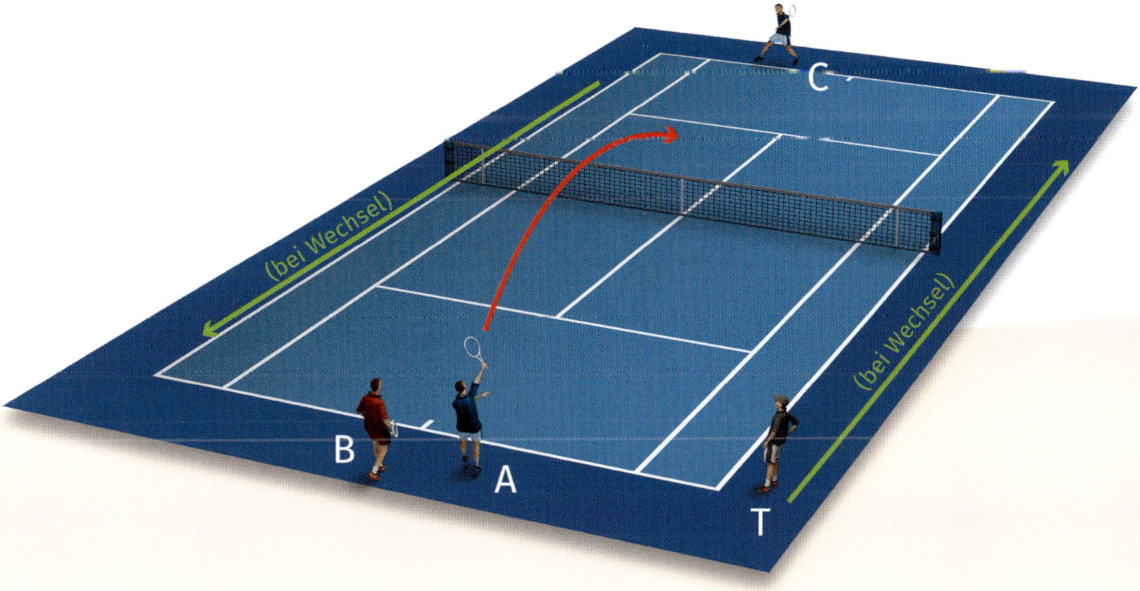

Trainingsziele: Verbesserung des Returnverhaltens und der Differenzierungsfähigkeit beim Rückschlag, positiver Umgang mit Drucksituationen und Schulung von Spielfähigkeit.

Beschreibung: Die Spieler A und B agieren als Aufschläger und spielen separat ein Aufschlag-Game gegen Returnspieler C. Jeder der beiden Aufschläger spielt immer zwei aufeinanderfolgende Punkte aus. Der Aufschläger, der zuerst das Aufschlag-Game beendet (positiv oder negativ), wechselt als nächster Spieler auf die Returnseite. In der Zwischenzeit wird aber das andere Aufschlag-Game noch fertig gespielt. Für jedes gewonnene Aufschlag- und Return-Game erhält der Spieler einen Bigpoint. Gewinner ist derjenige Spieler, der zuerst drei Bigpoints erzielt.

Anzahl der Spieler: 3

Gesamtdauer: ca. 20–25 Minuten

Hinweise und Tipps:
- Punkte werden abwechselnd von Einstands- und Vorteilsseite ausgespielt.
- Trainer gibt Hinweise und Korrekturen zum Spielverhalten.
- Normale Zählweise (15:0 etc.).
- No-Ad-Zählweise.

Variationen:
- Trainingsform kann auch auf Zeit gespielt werden.
- Mit Vorgaben (Richtung) für den Rückschläger und/oder Aufschläger spielen.
- Mit nur einem Aufschlag spielen.
- Keine No-Ad-Zählweise.
- Bei Punkt mit Serve-and-Volley erhält der Aufschläger zwei Punkte.

Return-California

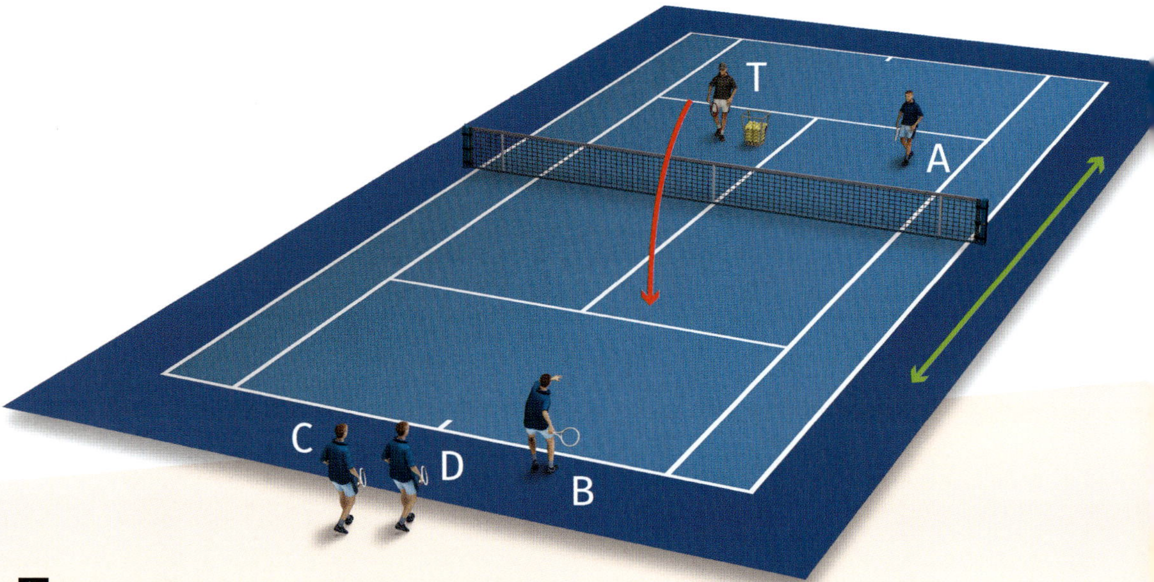

Trainingsziele: Optimierung des Verhaltens und der Technik beim Return, Schulung der Wahrnehmung und der Reaktionsfähigkeit, Optimierung der Spielfeldverteidigung.

Beschreibung: In dieser Spielform agiert der Trainer als Aufschläger und Spieler zugleich. Der Trainer hat am Netz stets einen Partner und startet den Punkt mit einem Aufschlag auf Spieler B. Es wird immer bis zwei gespielt und bei 1:1 erfolgt ein Entscheidungsball. Falls aber der Returnspieler den ersten Punkt verliert, ist der nächste Spieler an der Reihe. Der Returner hat das Ziel, gegen das Team am Netz zu gewinnen (2:1 oder 2:0). In diesem Fall steigt der Returnspieler auf und darf die Netzposition einnehmen und ist somit Partner des Trainers. Ziel auf dieser Netzposition ist es, so viele Punkte wie möglich mit dem Trainer zu erzielen.

Anzahl der Spieler: 4

Gesamtdauer: ca. 20–25 Minuten

Hinweise und Tipps:
- Trainerzuspiel erfolgt durch Aufschlag.
- Trainer hat nur einen Aufschlag zur Verfügung und muss auf die Einzelseite von Spieler B aufschlagen.
- Punkt wird auch ausgespielt, falls der Aufschlag im Aus (noch im Einzelfeld) landen sollte.
- Es wird stets auf die Einstandseite aufgeschlagen.
- Beim Returnspieler gilt stets immer nur das Einzelfeld.
- Beim Doppelteam am Netz gilt das Doppelfeld.
- Trainer gibt Hinweise und Korrekturen zum Spielverhalten.

Variationen:
- Bei mehr als vier Spielern wird auch in 2er-Teams gespielt.
- Es wird auch auf die Advantage-Seite aufgeschlagen.

Serve-and-Volley +

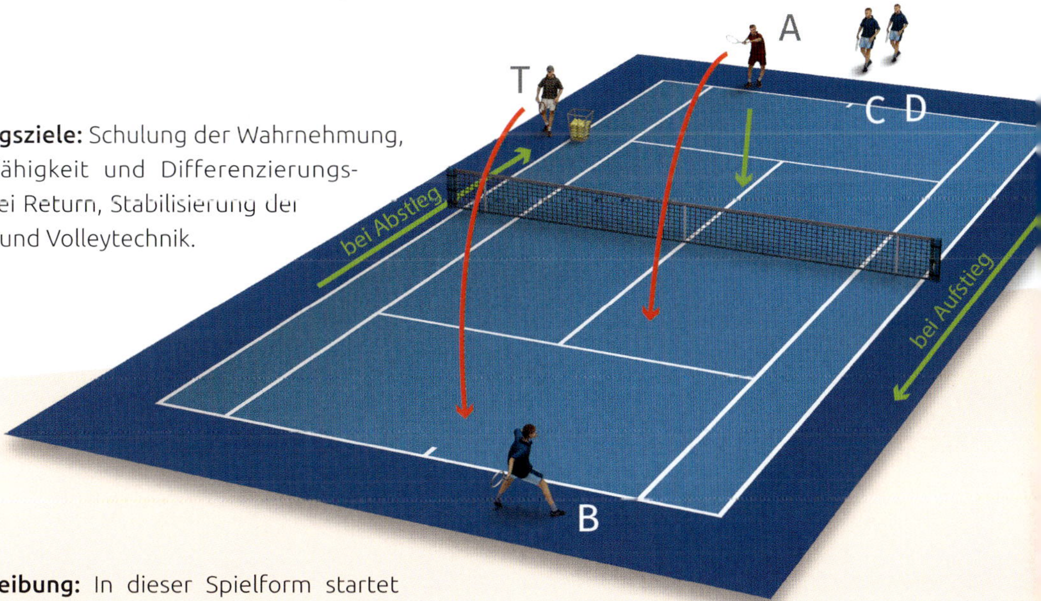

Trainingsziele: Schulung der Wahrnehmung, Reaktionsfähigkeit und Differenzierungsfähigkeit bei Return, Stabilisierung der Aufschlag- und Volleytechnik.

Beschreibung: In dieser Spielform startet Spieler A mit Serve-and-Volley. Der Punkt wird mit dem Returnspieler B frei ausgespielt, wobei Spieler A nur einen Aufschlag zur Verfügung hat und ans Netz aufrücken muss. Ist der Aufschlag seitlich im Aus oder im Netz gelandet, ist dies ein sofortiger Punktgewinn für Spieler B. Ist der Aufschlag dagegen im Feld bzw. nur zu lang aufgeschlagen, ist der Punkt in jedem Fall auszuspielen. Falls Spieler A den Punkt erzielt, bekommt er einen Bonusball. Für diesen Punkt (= Bonusball) startet Spieler A stets hinter der T-Linie und muss ans Netz aufrücken. Das Zuspiel kommt dabei vom Trainer und kann variiert werden. Nach dem zweiten Punkt ist immer der nächste Spieler an der Reihe. Der erste Spieler, der drei Punkte erreicht, darf auf die Return- und Passierballseite wechseln. Nach jedem Wechsel starten die Serve-and-Volley-Spieler wieder bei null Punkten. Erreicht ein Spieler auf der Return- und Passierballseite zwölf Punkte, so hat er das Spiel gewonnen.

Anzahl der Spieler: 4

Gesamtdauer: ca. 15–20 Minuten

Hinweise und Tipps:
- Spielform erfolgt auf beiden Seiten ausschließlich im Einzelfeld.
- Aufschläger spielt Serve-and-Volley.
- Aufschläger hat nur einen Aufschlag zur Verfügung.
- Trainer variiert das Zuspiel (zweiter Punkt) bezüglich Höhe, Richtung und Geschwindigkeit.
- Returnspieler muss das Trainerzuspiel als Passierball spielen.
- Trainer gibt Hinweise und Korrekturen zum Spielverhalten.

Variationen:
- Returnspieler muss nach dem Aufschlag ans Netz.
- Spiel erfolgt auch auf der Advantage-Seite.
- Returnspieler kann das Trainerzuspiel auch als Lob spielen.

Grundliniensituation

Blicken wir nunmehr auf die verschiedenen Spielsituationen an der Grundlinie. Es geht jetzt darum, Möglichkeiten zu finden, um erfolgreich an der Grundlinie agieren zu können. Dabei ist eine Vielzahl von Faktoren entscheidend. Wir müssen natürlich berücksichtigen, dass ein Spieler möglichst konstant, präzise, kontrolliert und druckvoll spielen will und dies am besten in allen möglichen Situationen. Dafür benötigt man aber eine hervorragende Beinarbeit in der horizontalen und vertikalen Laufrichtung (links, rechts, vor- und rückwärts). Zudem ist in sämtlichen Fragen der Technikanwendung die Koordination der Teilimpulse, optimale Beschleunigung des Schlägerkopfes, frühe Treffpunkte und eine Platzabdeckung in Grundliniennähe zu beachten. An der „Baseline" sind sowohl in technisch als auch taktischer Hinsicht in offensiven als auch defensiven Spielsituationen folgende grundlegende Punkte zu beachten:

a) „Offensives Spiel"
- Punktgewinn aufbauen, d. h. mit hoher Intensität, konstant und präzise spielen.
- Offensive Grundeinstellung haben, d. h. attackieren.
- Platzabdeckung (Winkelhalbierende etc.).
- Richtungswechsel und Punktabschluss suchen (Winner).

b) „Defensives Spiel"
- Im Ballwechsel bleiben und evtl. auch Gegenangriff starten.
- Ballwechsel neutralisieren.
- Aus Defensive befreien und in die Offensive kommen.
- Technisches Rüstzeug zum Verteidigen besitzen (höher, langsamer und variantenreich spielen, Gleichgewicht bzw. Balance und Kontrolle über den Körper beibehalten).

Durch die folgenden dargestellten Trainingsformen sollen gewisse Spielzüge an der Grundlinie entwickelt und automatisiert werden. Außerdem ist beabsichtigt, das technische und taktische Rüstzeug für sämtliche Spielsituationen an der Grundlinie in den Trainingsformen anzuwenden.

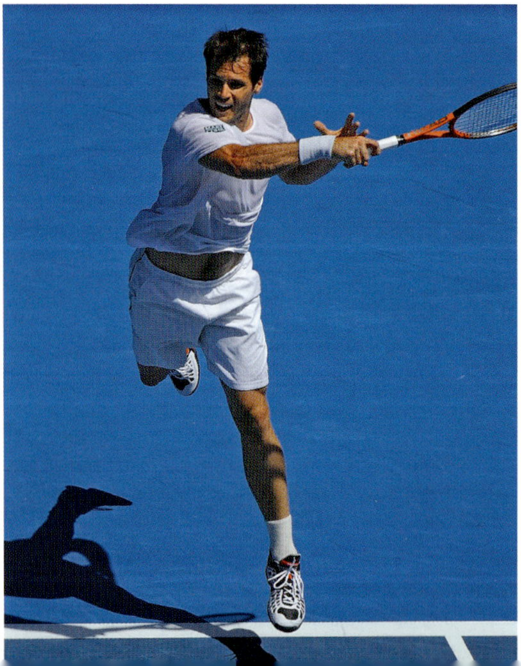

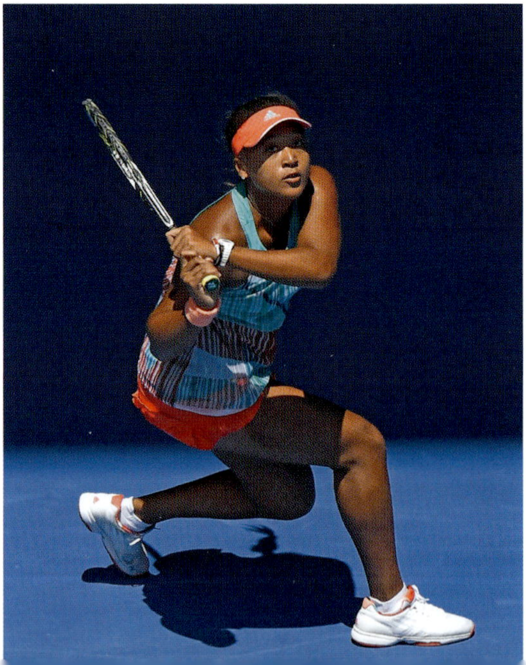

Goldenes Viereck

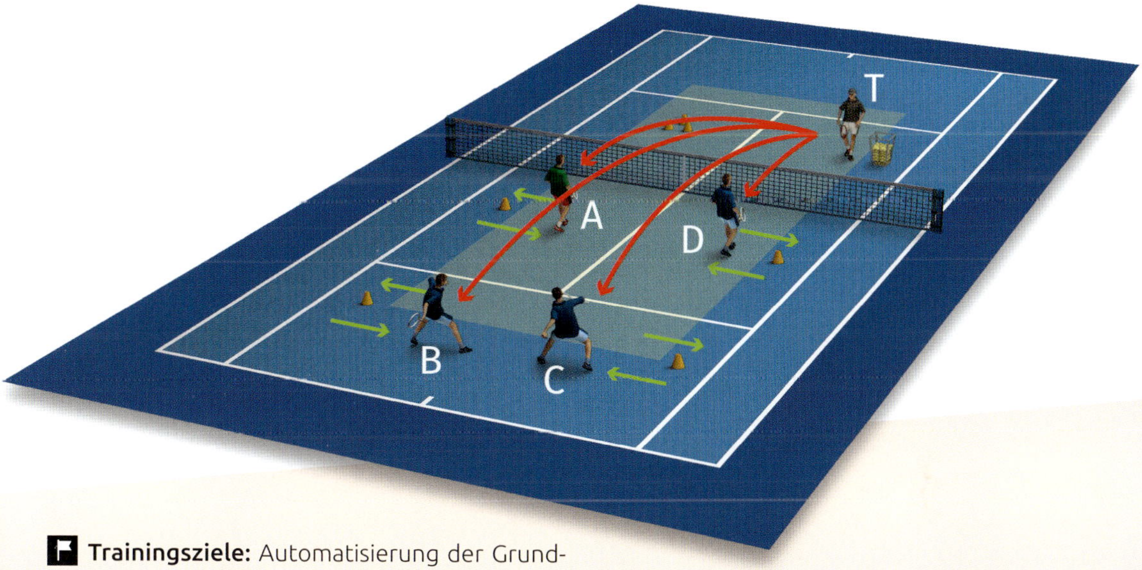

Trainingsziele: Automatisierung der Grundlinien- und Volleytechnik, Erhöhung der Schlagsicherheit, Festigung des Schlagmusters der Lauf-Schlag-Kombination.

Beschreibung: Die Übung startet mit dem Trainerzuspiel zu vier verschiedenen Positionen, die von den Spielern A bis D eingenommen werden. Im Beispiel haben die Spieler folgende Aufgaben auf den jeweiligen Positionen:

- Spieler A agiert mit VH-Volley.
- Spieler B agiert mit VH-Grundschlag.
- Spieler C agiert mit RH-Grundschlag.
- Spieler D agiert mit RH-Volley.

Der RH-Volleyspieler D muss sich nach jedem ausgeführten Volleyschlag mit Sidesteps seitlich vorne um die Pylone herum bewegen. Dasselbe gilt für alle anderen Spieler auf ihrer Position. Das Zuspiel des Trainers erfolgt in einer bestimmten Reihenfolge. Der Positionswechsel erfolgt durch Zuruf des Trainers oder nach einer bestimmten Gesamtanzahl (Gruppe) von gespielten Schlägen.

Anzahl der Spieler: 4

Gesamtdauer: ca. 10–15 Minuten

Hinweise und Tipps:

- Übung wird im Midcourt gespielt.
- Trainer variiert Zuspiel bzgl. Richtung und Höhe.
- Trainer sichert mit dem Zuspiel den reibungslosen Übungsablauf.
- Trainer gibt Hinweise und Korrekturen zur Technik und Beinarbeit.
- Positionswechsel findet im oder gegen den Uhrzeigersinn statt.

Variationen:

- Übung wird in die VH-Ecke (anderer Zielbereich) gespielt.
- Übung kann auch für das Großfeld verwendet werden.
- Übungsform wird als Wettbewerb gespielt (Trefferanzahl zählt).
- Trainer sagt das Zuspiel an, d. h. jeder Spieler erhält vorab auf der jeweiligen Position eine Zahl (eins bis vier) und der Trainer sagt die Zahl an, danach erfolgt das Zuspiel.

Abb. links: Sichere Schläge von der Grundlinie bilden die Basis für ein erfolgreiches Spiel.
Hier sehen wir Tommy Haas und Naomi Osaka in einer typischen Spielsituation an der Grundlinie.

High Five

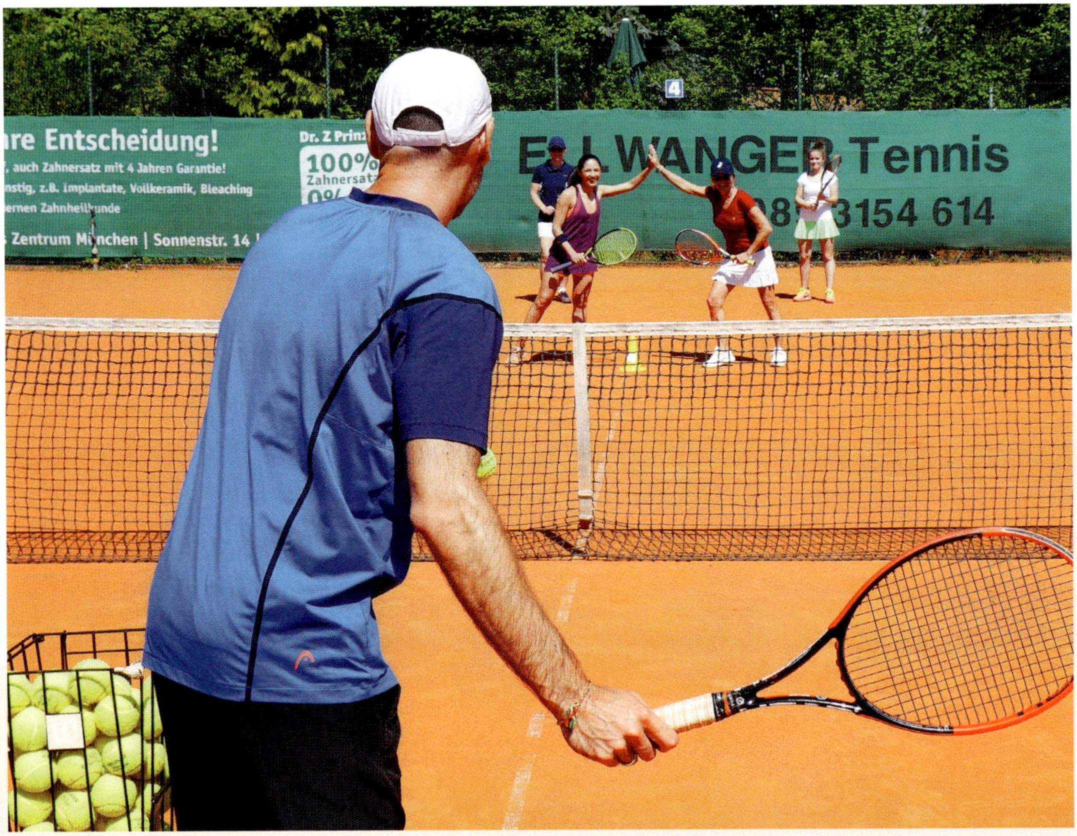

Trainingsziele: Automatisierung der GL- und Volleytechnik, Erhöhung der Schlagsicherheit, Festigung des Schlagmusters der Lauf-Schlag-Kombination.

Beschreibung: Die Übung startet an der T-Linie mit „High Five"-Abklatschen der Spieler A und B, die seitlich nebeneinander an der T-Linie bei der aufgestellten Pylone stehen. Daraufhin spielt der Trainer jeweils einen langen Ball hinter die T-Linie zu den beiden Spielern. Dieses hohe Zuspiel des Trainers muss von beiden Spielern mit einem langen hohen Ball auf Ziel beantwortet werden. Anschließend werden je ein Angriffsball und ein abschließender Volley auf Ziel gespielt. Danach starten die Spieler C und D mit der „High Five"-Übungsform.

Anzahl der Spieler: 4

Gesamtdauer: ca. 10–15 Minuten

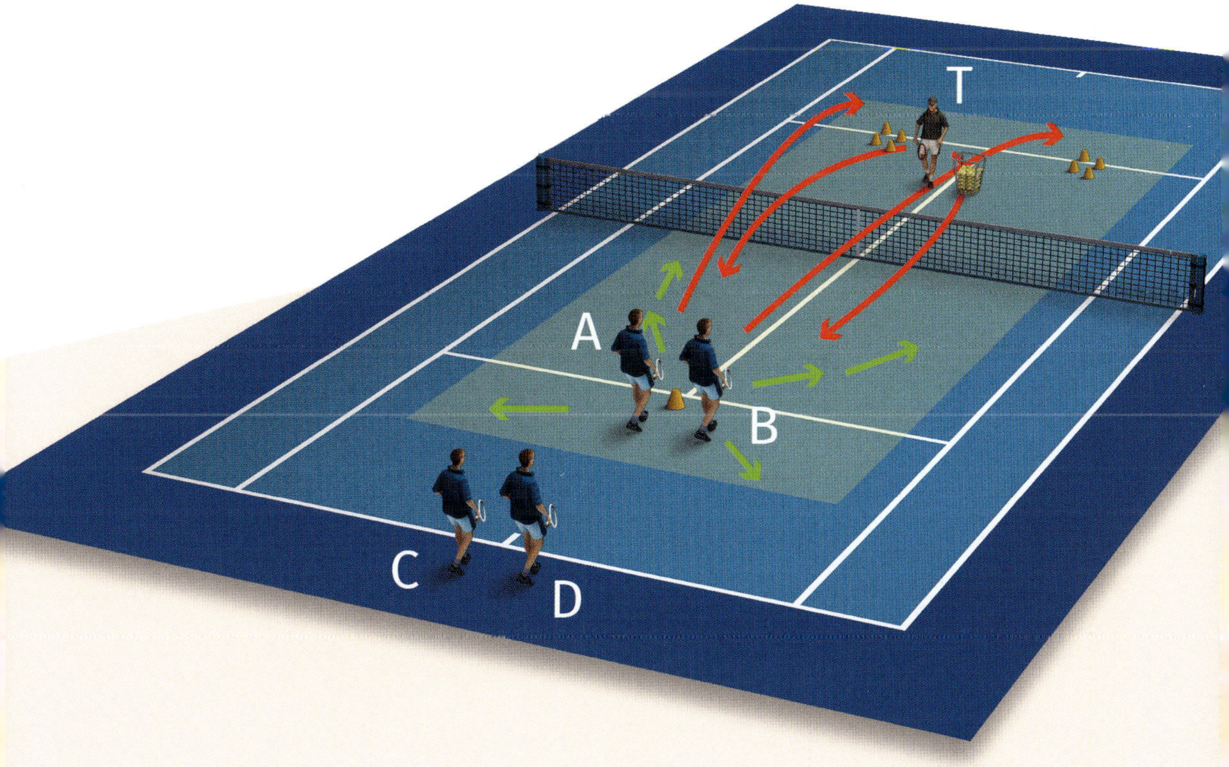

Hinweise und Tipps:

- Übung wird im Midcourt gespielt.
- Trainerzuspiel variiert bzgl. Richtung und Höhe.
- Trainer gibt Hinweise und Korrekturen zur Technik und Beinarbeit.
- Spieler starten stets mit bestimmter Vorgabe (VH, VH-Angriffsball und VH-Volley etc.).
- Drei bis sechs Serien pro Team.

Variationen:

- Angriffsball wird als Topspin-Volley gespielt.
- Übung wird ausschließlich in einen Zielbereich (z.B. RH-Ecke) gespielt.
- Übung kann auch für das Großfeld angewandt werden.
- Übungsform wird als Wettbewerb gespielt.
- Zurücklaufen erfolgt vorwärts, rückwärts oder mit Sidesteps.
- Zurücklaufen erfolgt durch eine Koordinationsleiter mit bestimmter Bewegungsvorgabe.

Slice-Reihe

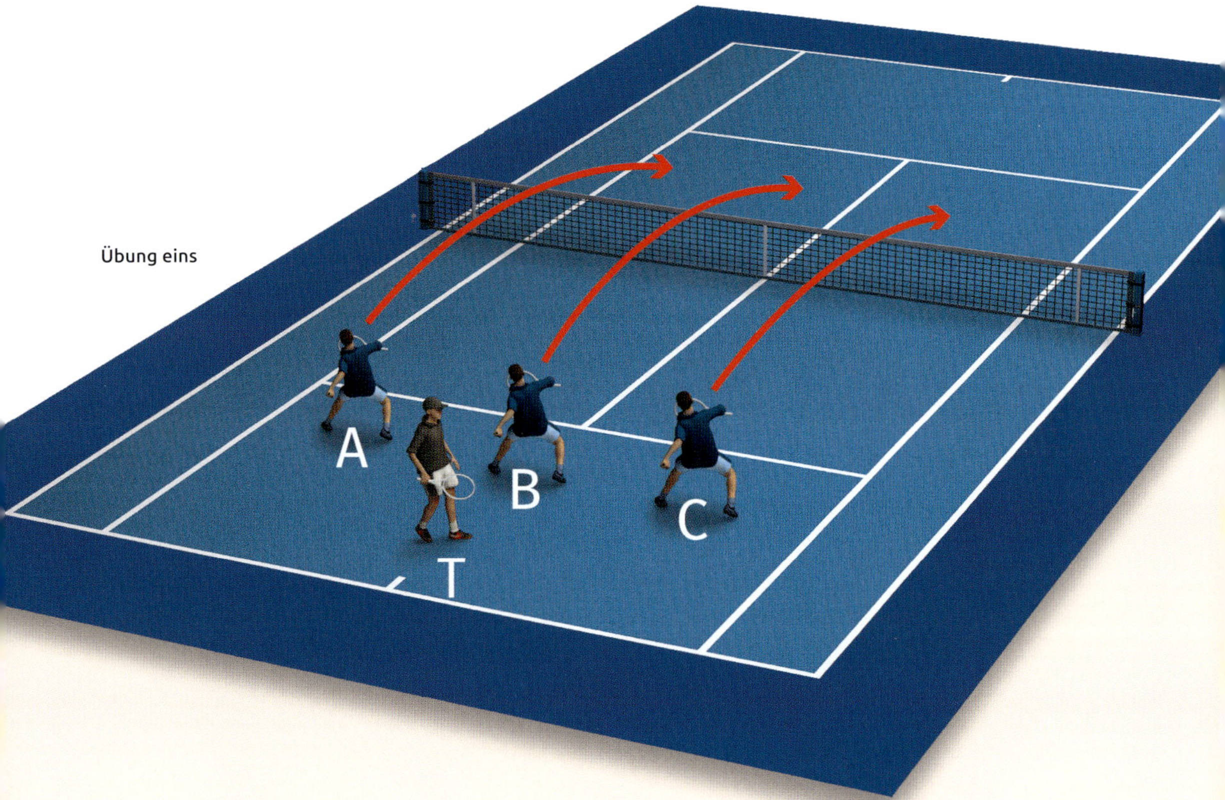

Übung eins

Trainingsziele: Festigung des Schlagmusters und Erhöhung der Schlagsicherheit für die Variante Slice.

Beschreibung: Die Spieler A bis C stehen nebeneinander auf Höhe der T-Linie. Diese Spieler haben nun die Aufgabe, den Schläger mit der linken Hand (Rechtshänder) am Schlägerherz zu fassen und sich selbstständig einen Ball schräg nach vorne (mit rechts) anzuwerfen. Dabei sollten die Spieler schon in Schlagstellung positioniert sein – mit dem Ziel, einen RH-Slice in Höhe der gegenüberliegenden T-Linie mit der Schlaghand zu spielen. Der Trainer gibt den Spielern immer wieder einen neuen Ball.

In **Übung zwei** sitzt oder kniet der Trainer (ca. eineinhalb Meter seitlich versetzt) vor den drei Spielern und wirft dem ersten Spieler einen Ball zum RH-Slice an. Hierbei starten die Spieler hintereinander in Höhe der Midcourt-GL. Die Startposition ist durch eine Pylone markiert. Der Ball wird schräg nach vorne angeworfen und der jeweilige Spieler ist somit gezwungen, den Slice in einer seitlichen Vorwärtsbewegung zu spielen. Danach muss sich der Spieler um eine zweite Pylone herumbewegen (Sidestep) und rückwärts auf die Ausgangsposition zurücklaufen. Ist der erste Spieler um die zweite Pylone herumgelaufen, erfolgt der nächste Anwurf durch den Trainer. Der Zuwurf erfolgt zuerst hüfthoch. Falls sich der

Übung zwei

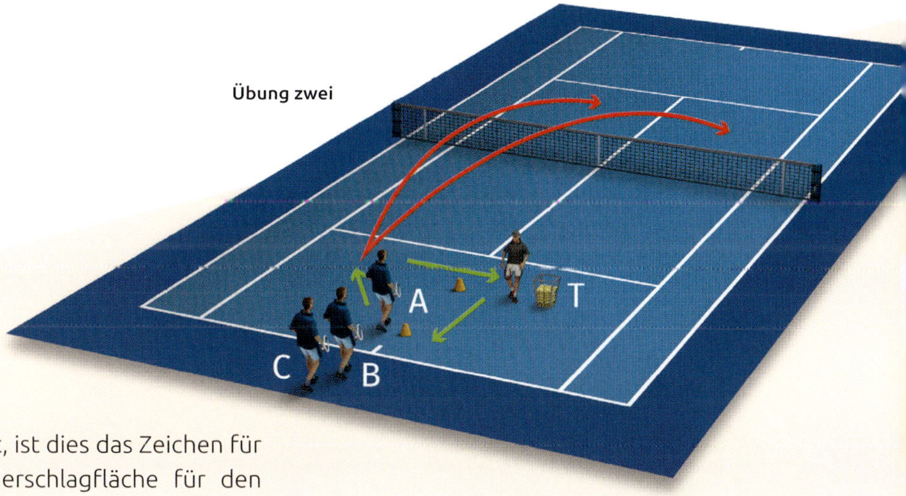

Trainer noch tiefer setzt, ist dies das Zeichen für die Spieler, die Schlägerschlagfläche für den Slice zu öffnen. Die **dritte Aufgabe** startet mit einem flachen Trainerzuspiel an die T-Linie. Der Spieler muss mit einen Slice ans Netz aufrücken und spielt nunmehr mit dem Trainer Haltevolleys, bis ein Fehler passiert. Danach erfolgt das nächste Zuspiel in Höhe des T-Feldes für den nächsten Spieler.

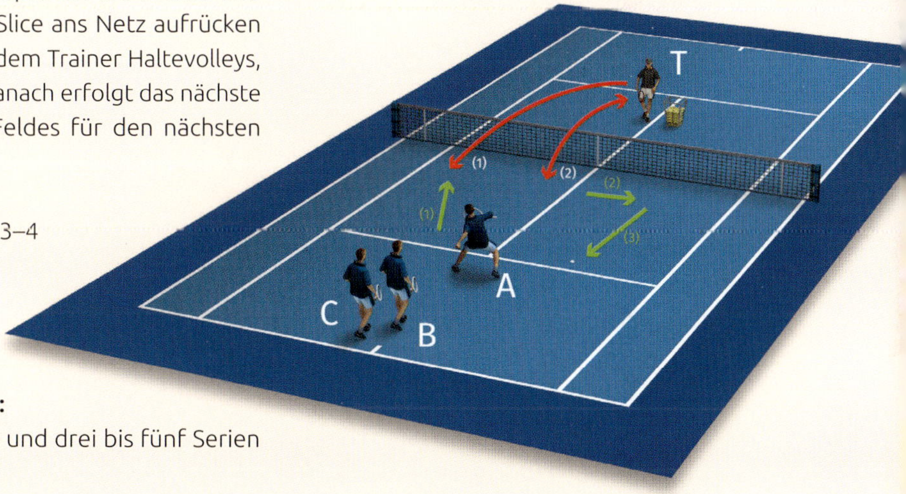

Übung drei

Anzahl der Spieler: 3–4

Gesamtdauer:
ca. 15–20 Minuten

Hinweise und Tipps:
- Sechs bis acht Schläge und drei bis fünf Serien pro Spieler.
- Beinarbeit zurück zur ersten Pylone erfolgt über Sidesteps und normalen Laufstil (rückwärts).
- Trainer unterstützt bei Übung zwei den Zuwurf akustisch.
- Falls Übung eins zu schwer sein sollte, entweder Distanz zum Netz verkürzen oder dem einzelnen Spieler den Ball anwerfen.
- Einsatz von Methodikbällen ist auch möglich.

Variationen:
- Übung eins wird mit Richtungsvorgaben (cross und/oder LL) gespielt.
- Übung eins wird mit Distanzvorgaben (vor T-Linie/oder hinter T-Linie) gespielt.
- Übung zwei wird mit Richtungs- und Distanzvorgabe gespielt.
- Mit Belohnung und Bestrafungsaktionen arbeiten.
- Übungsformen als Wettkampf gestalten.
- Übung drei wird anstatt mit Haltevolley nur mit einem RH-Volley gespielt.

White and Yellow Line

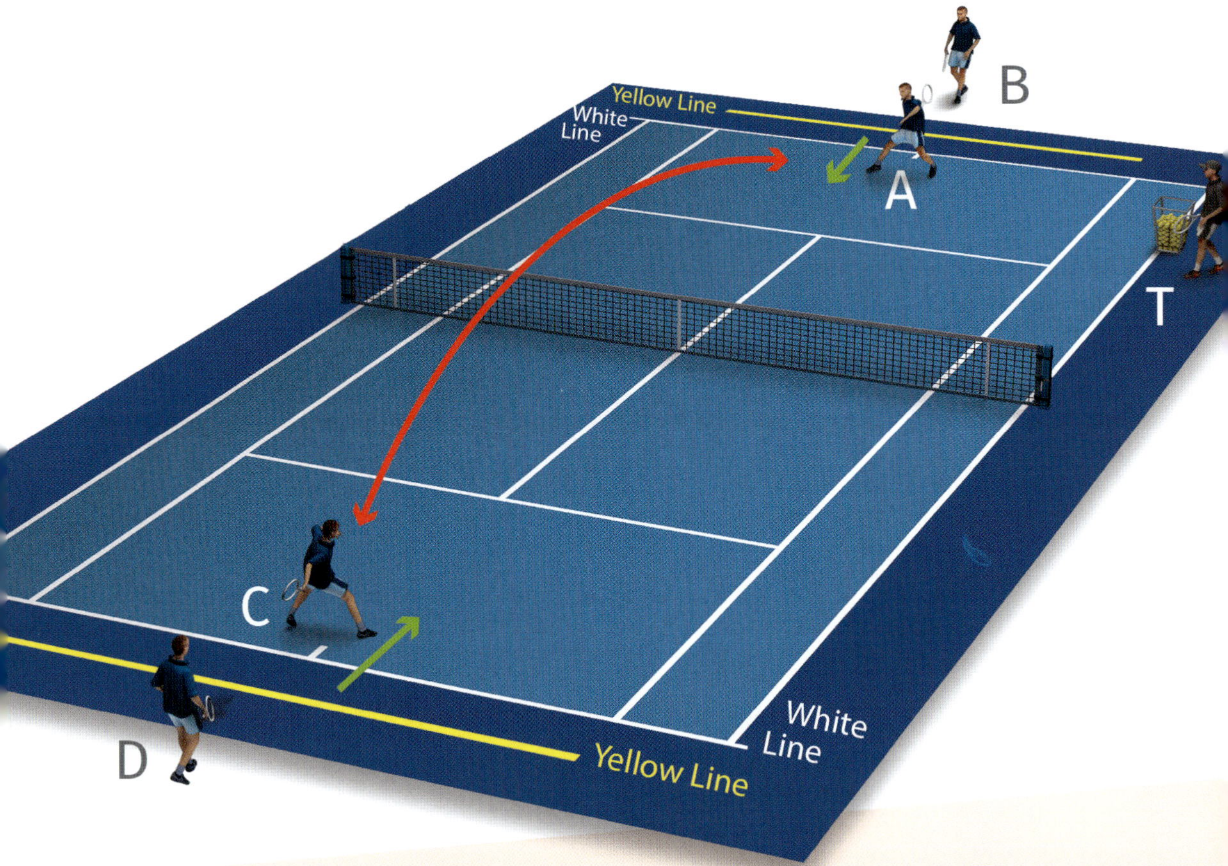

Trainingsziele: Sicherheit und Präzision beim Grundlinienspiel bei sich ständig verändernden Schlagsituationen erreichen, eigenständiges Erkennen einer Offensivsituation, Spielen unter Drucksituationen, frühzeitiges Treffen der Bälle im Steigen, Agieren in der Nähe der Grundlinie, Gegner unter Druck setzen und dabei Kontrolle behalten.

Beschreibung: Auf ein mittelhohes und langes Trainerzuspiel an die Grundlinie startet Einzelspieler C den Ballwechsel gegen Spieler A. Diese beiden Spieler spielen einen T-Break bis acht Punkte. Sozusagen das „zweite Halbfinale" spielen die Akteure B und D aus. Generell wird auf Rhythmus und durch die Mitte gespielt. Die ersten zwei Punkte werden von beiden Spielern vor der „Yellow Line" gespielt. Das heißt, übertritt ein Spieler diese gelbe Linie nach hinten, so geht der Punkt sofort an den anderen Spieler. Die darauffolgenden beiden Punkte müssen dann vor der Grundlinie (= White Line) mit gleicher Vorgabe ausgespielt werden. Nach vier ausgespielten Punkten folgen die Spieler B und D und spielen wiederum vier Punkte von den beiden verschiedenen Linien aus.

Gewinner ist derjenige Spieler, der das Halbfinale und das Finale gewinnt. In der Endrunde werden somit ein kleines (Verlierer des Halbfinals) und ein großes (Gewinner des Halbfinals) Finale ausgespielt.

Anzahl der Spieler: 2–4

Gesamtdauer: ca. 20–25 Minuten

Hinweise und Tipps:

- Trainerzuspiel variiert bzgl. Richtung und Höhe.
- Trainer gibt taktische Hinweise und Korrekturen zur Technik und Beinarbeit.
- Spielform wird im Einzelfeld und als Einzelspieler ausgeführt.
- Direkte Winner-Schläge sind nicht erlaubt.

Variationen:

- Auf beiden Seiten wird als Team gespielt, d. h. nach einem verlorenen Ballwechsel findet ein Wechsel im jeweiligen Team statt.
- Einzelspieler darf im Team maximal drei Punkte am Stück spielen, danach erfolgt ein automatischer Wechsel im jeweiligen Team.
- Spieler dürfen auch sofort „Winner" spielen.
- Mit einer maximalen Ballwechselvorgabe arbeiten, d. h. es besteht die Vorgabe, dass maximal zweimal hin und her gespielt wird, ab diesem Zeitpunkt ist der Punkt auf jeden Fall frei auszuspielen.
- Trainer entscheidet durch Zuruf „frei", ab wann der Ballwechsel frei ist.
- Trainingsform mit Aufschlag und Return spielen.
- Auf beiden Seiten wird als Doppelteam im Doppelfeld gespielt.
- Spielfeld wird seitlich verkleinert.

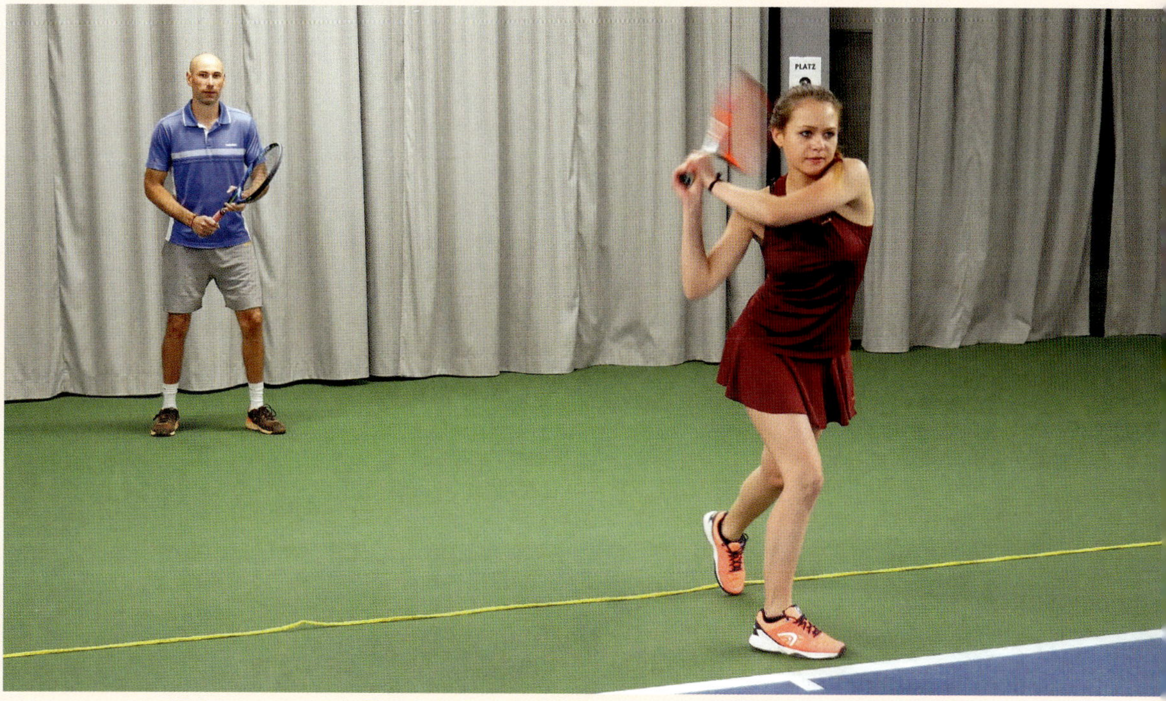

Fifty Points

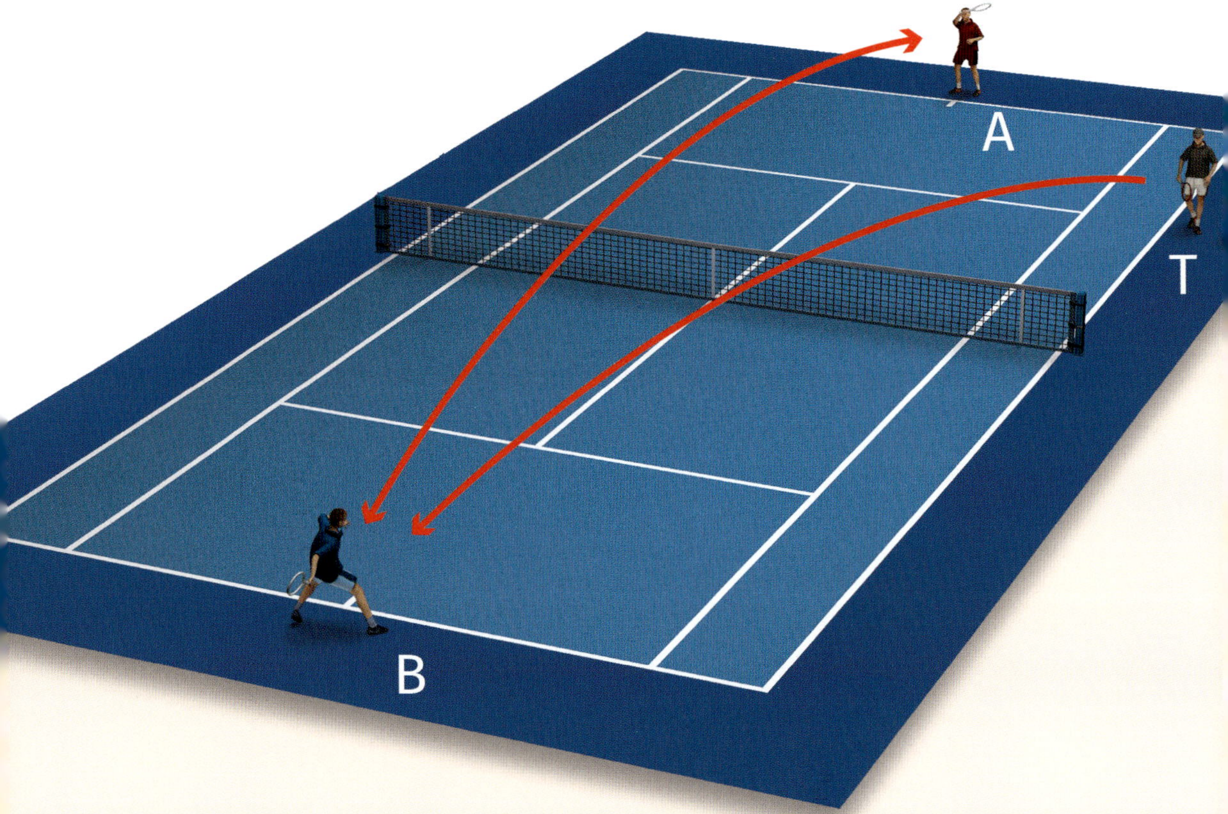

Trainingsziele: Gleichmäßiges und rhythmisches Spiel aus dem Grundlinienbereich hinsichtlich der Platzierung, Tempo und Flughöhe, Sicherheit und Präzision beim Grundlinienspiel bei sich ständig verändernden Schlagsituationen, eigenständiges Erkennen einer Offensivsituation, Spielen unter Drucksituationen.

Beschreibung: Auf ein mittelhohes und langes Zuspiel des Trainers an die GL startet Spieler B den Ballwechsel gegen Spieler A. Generell wird auf Rhythmus gespielt und jeder geschlagene Ball des Ballwechsels zählt einen Punkt. Die Anzahl der Schläge im Ballwechsel werden immer addiert und derjenige Spieler, der den Ballwechsel gewinnt, erhält die Gesamtzahl der Punkte des Ballwechsels. Der Trainer zählt dabei die Anzahl der Schläge laut mit. Läuft nun beispielsweise der Ballwechsel viermal hin und her und anschließend macht Spieler B einen Fehler, so erhält der Spieler A folglich vier Punkte. Zudem ist der Ballwechsel ab dem Zeitpunkt frei, sobald ein Spieler zu kurz, d. h. ins T-Feld spielt. Der Trainer ruft in diesem Moment „frei". Ab diesem Zeitpunkt dürfen auch direkte Punkte erzielt werden und der Ballwechsel wird ausgespielt. Gewinner ist derjenige Spieler, der zuerst 50 Punkte erreicht.

Anzahl der Spieler: 2–4

Gesamtdauer: ca. 15–20 Minuten

Hinweise und Tipps:

- Trainer variiert Zuspiel bzgl. Richtung und Höhe.
- Trainer gibt taktische Hinweise und Korrekturen zur Technik und Beinarbeit.
- Spielform findet im Einzelfeld (Einzelspieler) statt.
- Spieler haben die Vorgabe auf Rhythmus zu spielen.
- Spieler können auch mit Treibschlägen agieren.
- Falls der Ball ins T-Feld gespielt wird, ist der Punkt frei auszuspielen.

Variationen:

- Mit einer „freien" neutralen Zone spielen, d. h. falls dorthin ein Ball gespielt wird, ist der Punkt frei auszuspielen.
- Mit einer „verlorenen" neutralen Zone spielen, d. h. falls dorthin ein Ball gespielt wird, ist der Punkt sofort verloren.
- Mit maximaler Ballwechselvorgabe arbeiten, d. h. es besteht die Vorgabe, dass maximal sechsmal hin und her gespielt wird, ab diesem Zeitpunkt ist der Punkt auf jeden Fall frei auszuspielen.
- Trainer entscheidet durch Zuruf „frei", ab wann der Ballwechsel frei auszuspielen ist.
- Trainingsform mit Aufschlag und Return spielen.
- Auf beiden Seiten wird als Team gespielt, d. h. nach einem verlorenen Ballwechsel findet ein Wechsel im jeweiligen Team statt.
- Einzelspieler darf im Team maximal drei Punkte am Stück spielen, danach erfolgt ein automatischer Wechsel im jeweiligen Team.
- Es wird auf zwei Halbzeiten und bis 100 Punkte gespielt; bei Erreichen von 50 Punkten werden die Seiten gewechselt.

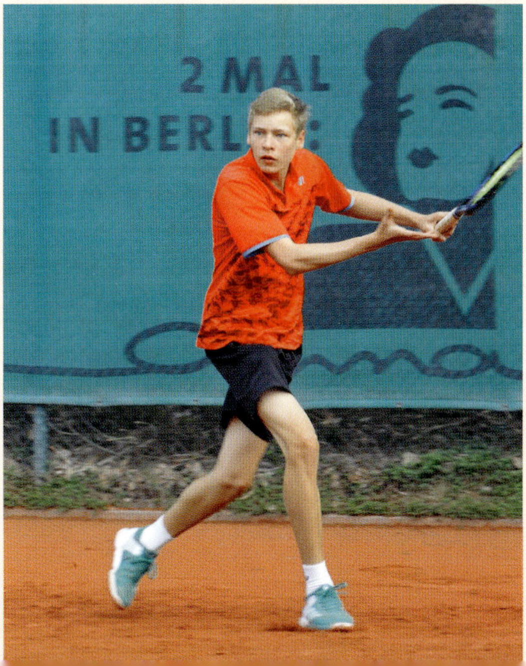

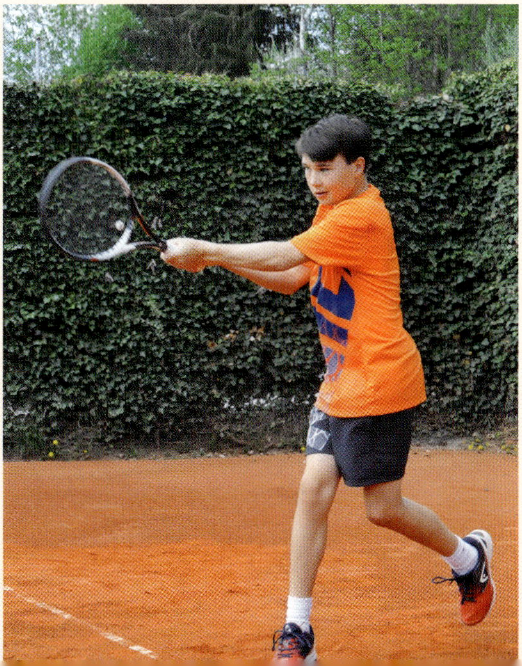

Chinesische Mauer vs. Schweizer Käse

Trainingsziele: Schulung der Wahrnehmung und der Reaktionsfähigkeit, Automatisierung der Volleytechnik, Optimierung der Spielfeldverteidigung, Harmonisierung des Partnerspiels und Wahrnehmung von Passierschlagchancen.

Beschreibung: Auf ein mittelhohes/flaches Trainerzuspiel an die Grundlinie startet ein Einzelspieler der Mannschaft „Baseliner" (Spieler C und D) an der Grundlinie gegen das Team „Chinesische Mauer" (Spieler A und B) am Netz. Spieler C hat nunmehr die Chance, auf vier aufeinanderfolgende Zuspiele des Trainers einen direkten Punkt gegen das Team am Netz zu erzielen. Falls das Team am Netz den Passierball erreicht, wird mit dem gestarteten Ball der Punkt weiter ausgespielt. Hierbei ist das Ziel für den Einzelspieler C an der Grundlinie, einen direkten Punkt zu erzielen. Das Team „Chinesische Mauer" hat das Ziel, möglichste viele Volleys zu spielen und zudem keine direkten Passierball-Winner zu ermöglichen. Jeder direkt erzielte Punkt bedeutet ein Loch in der „Chinesischen Mauer". Nach vier Punkten wechselt der Einzelspieler im „Baseliner"-Team und Spieler D kommt an die Reihe. Das Spiel dauert jeweils drei bis fünf Minuten (Trainer gibt die Zeit vor) und erfolgt auf zwei Halbzeiten und mit Seitenwechsel. Gewinner des Spiels ist das Team, welches die meisten Treffer in die Chinesische Mauer erzielt. Die Verlierer-Mannschaft ist somit dann der Schweizer Käse.

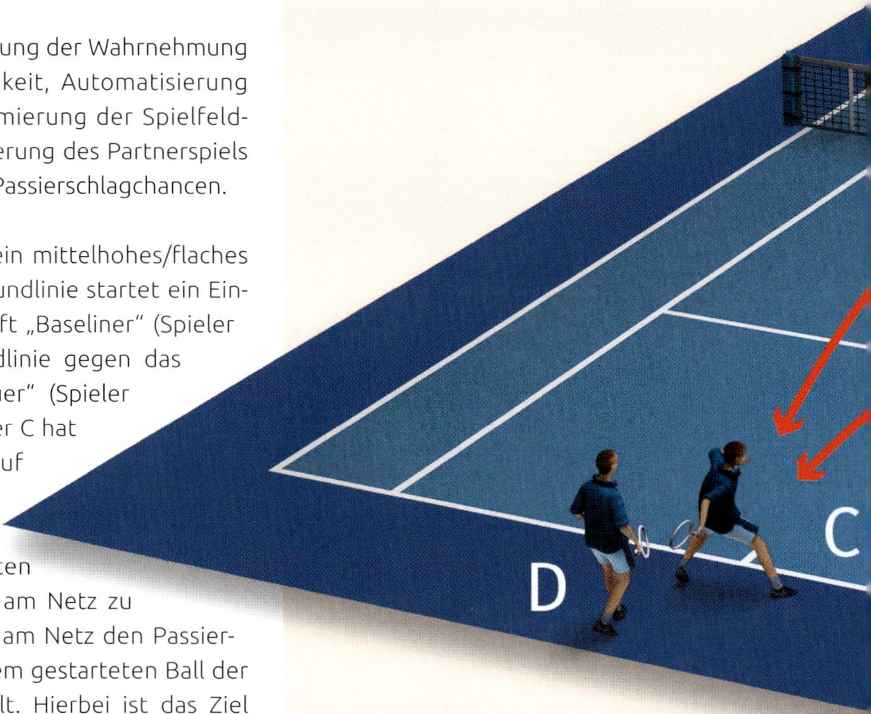

Anzahl der Spieler: 2–4

Gesamtdauer: ca. 10–15 Minuten

Hinweise und Tipps:

- Trainerzuspiel variiert bzgl. Richtung und Höhe.
- Trainer gibt taktische Hinweise und Korrekturen zur Technik und Beinarbeit.

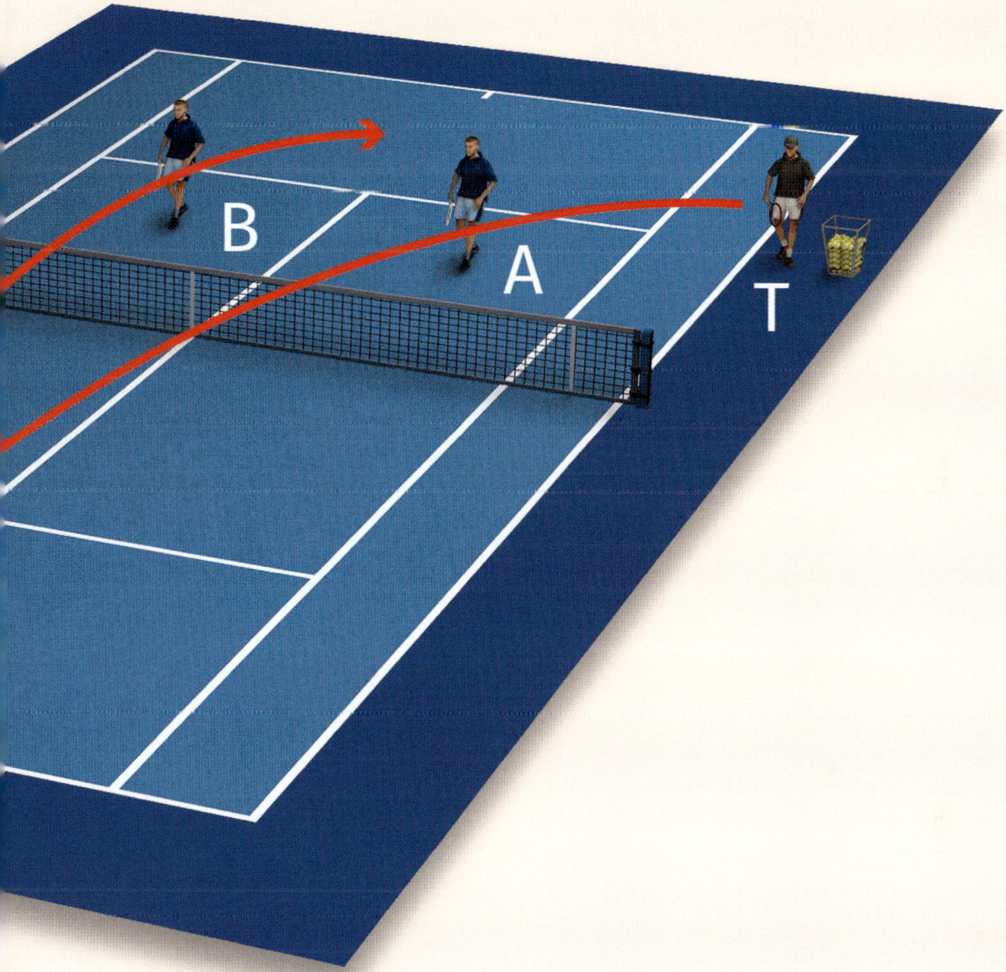

- Spielform findet im Einzelfeld (Einzelspieler) und im Doppelfeld (Team) statt.
- Absichtliche Lobs sind nicht erlaubt.

Variationen:

- An der Grundlinie darf der erste Ball ein Lob sein.
- Spielform findet ausschließlich im Einzelfeld auf beiden Seiten statt.
- Spielform findet bis zur Hälfte der Zeit auf beiden Seiten auf dem Einzelfeld statt, danach wird das Spielfeld für das Team „Chinesische Mauer" auf das Doppelfeld vergrößert.
- Auf beiden Seiten wird als Team gespielt.
- Direkte Netzpunkte „schließen" ein Loch in der „Chinesischen Mauer" des Teams „Chinesische Mauer".
- Zuspiel muss als Topspin-Volley von den Grundlinienspielern gespielt werden.

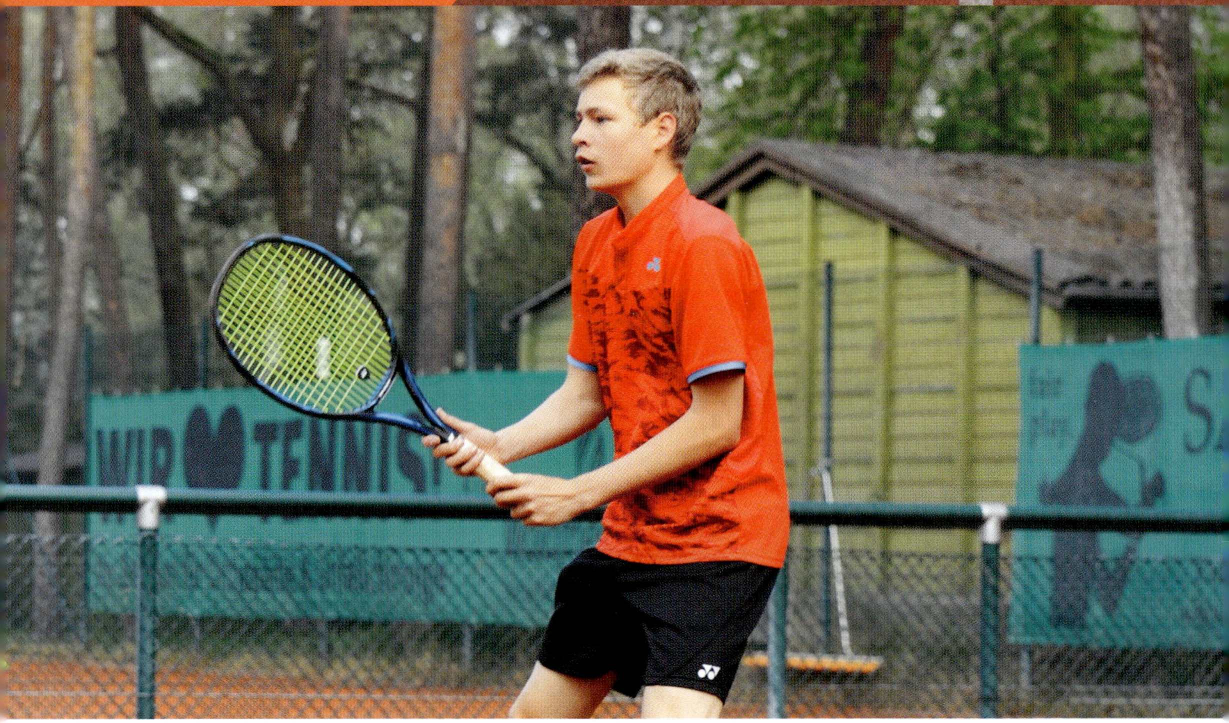

Angriffssituation und Netzspiel

Dieses Kapitel soll Ihnen unterschiedliche Situationen im Angriffs- und Netzspiel vermitteln. An dieser Stelle wird explizit näher auf eine offensive Spielweise Bezug genommen. Der Spieler soll im Ballwechsel durch eine offensive Spielweise – möglichst in der Nähe der Grundlinie – sich selbst einige Optionen schaffen, um den Punktabschluss zu suchen oder ans Netz zu kommen. Der Angriff kann letztendlich in die folgenden sechs verschiedenen Situationen unterteilt werden:

- Angriff ohne Übergang
- Traditioneller Angriff
- Angriff mit Topspin-Volley
- Erzwungener Angriff
- Serve-and-Volley
- Angriff über Stopp

Das heutige Tennis ist u. a. geprägt von schnellen Topspin-Schlägen, die sämtliche Aspekte des Spiels verändert haben. Man sollte dennoch daran denken, dass die Angriffssituation und das Netzspiel noch immer einen hohen Stellenwert für das Spiel haben. Schließlich werden immer noch viele Ballwechsel mit einem Volley, Smash oder Halbflugball abgeschlossen. Zudem ist die Bedeutung der beiden Spielsituationen im Doppel noch höher einzuordnen. Insofern sollten effektive Netzangriffe sehr gut vorbereitet oder zwingend sein, damit sie mit Erfolg abgeschlossen werden können.

Für die Auswahl der Trainingsformen ist von besonderer Bedeutung, dass der Einsatz von Gewinnschlägen (Mittelfeld oder mit Volley + Smash), Treibschlägen, Umlaufen der Rückhand (Einsatz der Vorhand), Angriffsball + Nachrücken und Topspin-Volleys – Anwendung findet.

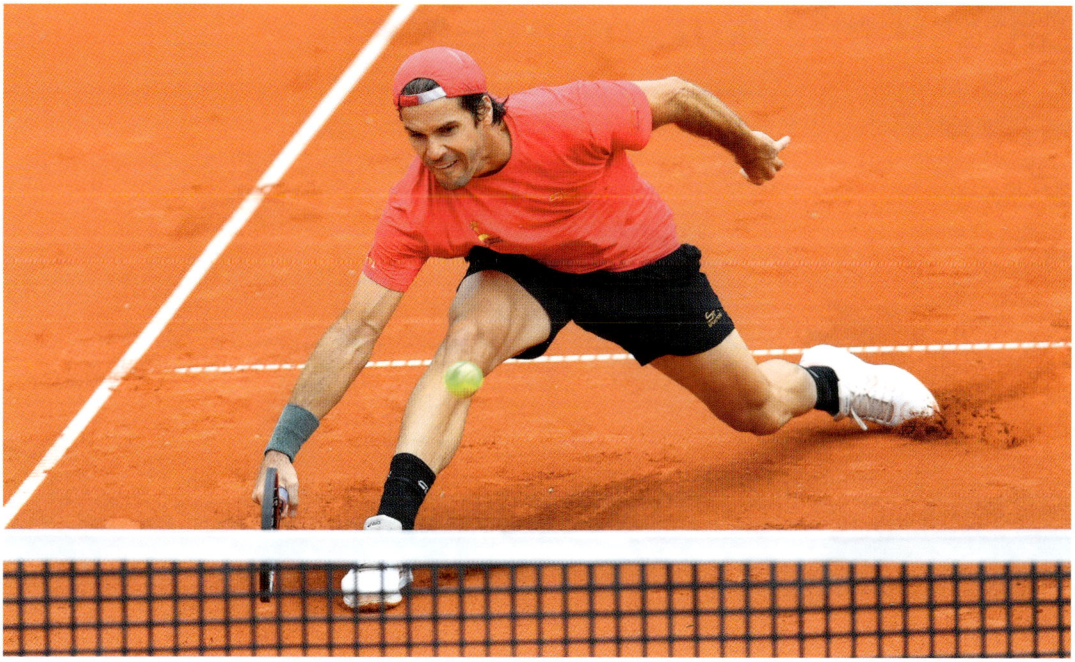

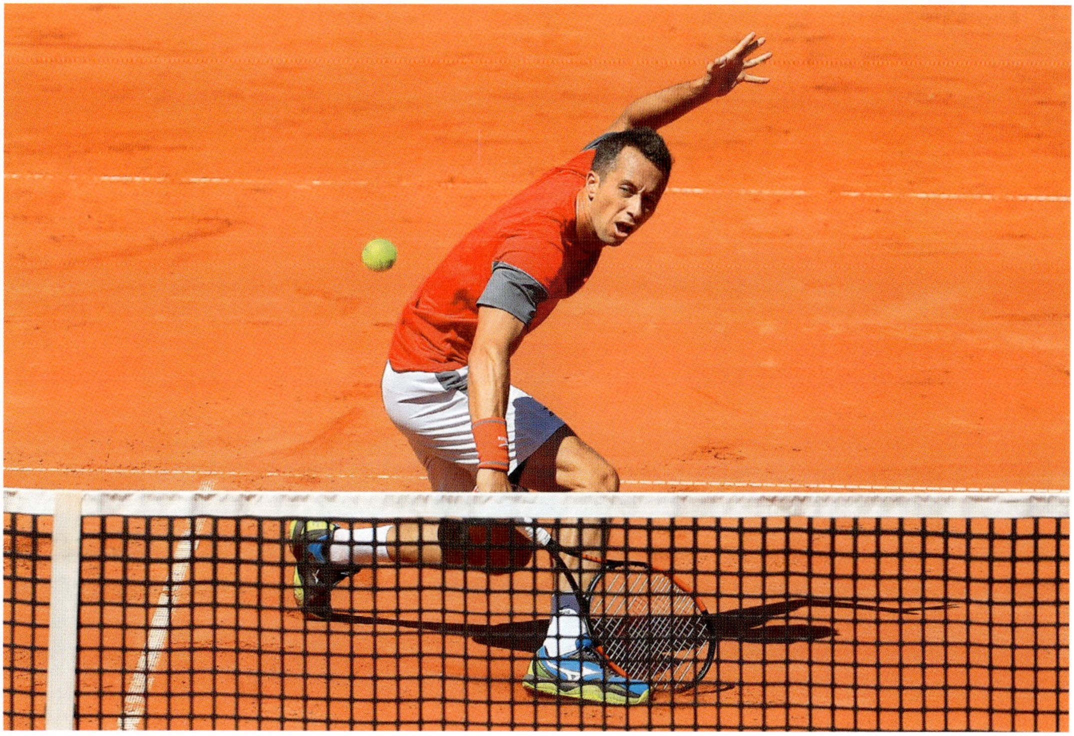

Angriff ist die beste Verteidigung. Auch für Tommy Haas und Philipp Kohlschreiber sind präzise Volleys, knallharte Smashs und Halbvolleys wichtig für ein erfolgreiches Spiel.

Smash mit Aufspringen

erstes Bild

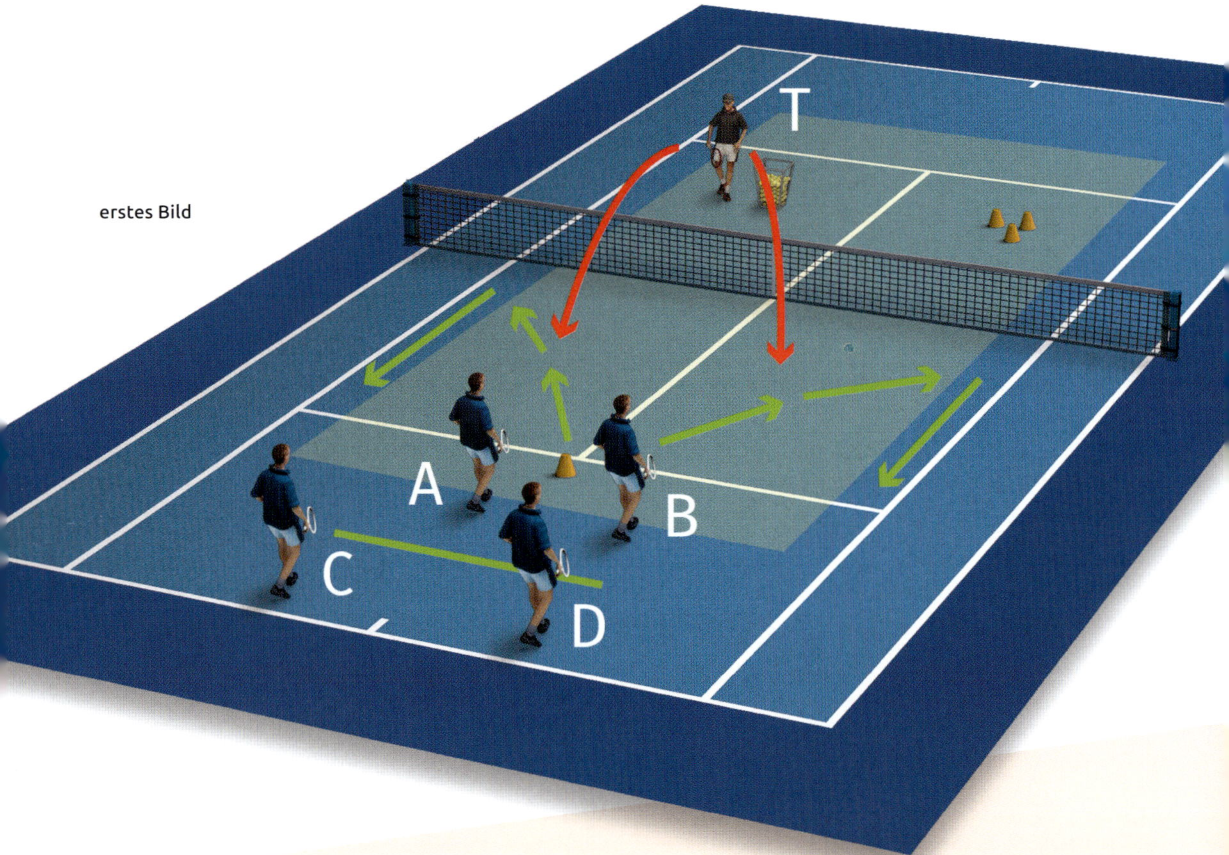

Trainingsziele: Festigung des Schlagmusters für den Schmetterball, Erlernen einer effizienten Beinarbeit für den Schmetterball, Stabilisierung und Qualitätsverbesserung beim Smash.

Beschreibung: Die Übung startet an der T-Linie mit den Spielern A und B, die seitlich nebeneinander an der T-Linie bei der aufgestellten Pylone stehen. Der Trainer (T) spielt jeweils einen hohen Ball vor die T-Linie zu den beiden Spielern. Dieses hohe Zuspiel muss von beiden Spielern als Schmetterball bzw. als Aufschlag gespielt werden. Ergo muss der angespielte Ball vorab einmal aufspringen, bevor der Spieler den Ball in der seitlichen Stellung (Smash) mit der jeweiligen Ballwurfhand auffängt. Danach wird dieser Ball selbst angeworfen und als Aufschlag gespielt. Nach dem Aufschlag wird das Netz seitlich versetzt mit dem Schläger berührt und zur Warteposition gelaufen (Bild 1). Nun starten die Spieler C und D mit der Übung.
Auf dem **zweiten Bild** starten die Spieler A und B nun parallel am Netz und der Trainer spielt jeweils einen hohen Ball nach hinten in Richtung T-Linie. Dieses Zuspiel wird wiederum von beiden Spielern als Schmetterball/Aufschlag gespielt. Somit muss der angespielte Ball wieder vorab einmal aufspringen.

Die Spieler fangen den Ball in der seitlichen Rückwärtsbewegung (Smash) mit der jeweiligen Wurfhand. Nun wird dieser Ball selbst angeworfen und als Aufschlag gespielt. Nach dem Aufschlag wird seitlich um die Pylone und zur Warteposition gelaufen. Danach starten die Spieler C und D mit der Übung.

Anzahl der Spieler: 4

Gesamtdauer: ca. 10–15 Minuten

Hinweise und Tipps:

- Übung wird im Midcourt gespielt.
- Trainer variiert Zuspiel bzgl. Richtung und Höhe.
- Trainer gibt Hinweise und Korrekturen zur Technik und Beinarbeit.
- Beinarbeit zum Smash/Aufschlag erfolgt mit Kreuzschritten oder mit Sidesteps.
- Drei bis sechs Serien pro Team.

Variationen:

- Angespielter Ball wird sofort aus der Luft mit der Wurfhand gefangen.
- Smash/Aufschlag wird sofort aus der Luft gespielt.
- Übung wird in die VH-Ecke (anderer Zielbereich) gespielt.
- Übung wird mit jeweils zwei Bällen pro Spieler gespielt (einmal mit Aufspringen und einmal mit Smash aus der Luft).
- Übung kann auch für das Großfeld verwandt werden.
- Übungsform wird als Wettbewerb gespielt.
- Zurücklaufen erfolgt durch die Koordinationsleiter mit bestimmter Bewegungsvorgabe als Zusatzaufgabe.
- Übung startet immer mit Aufschlag der Spieler von der Midcourt-Linie.

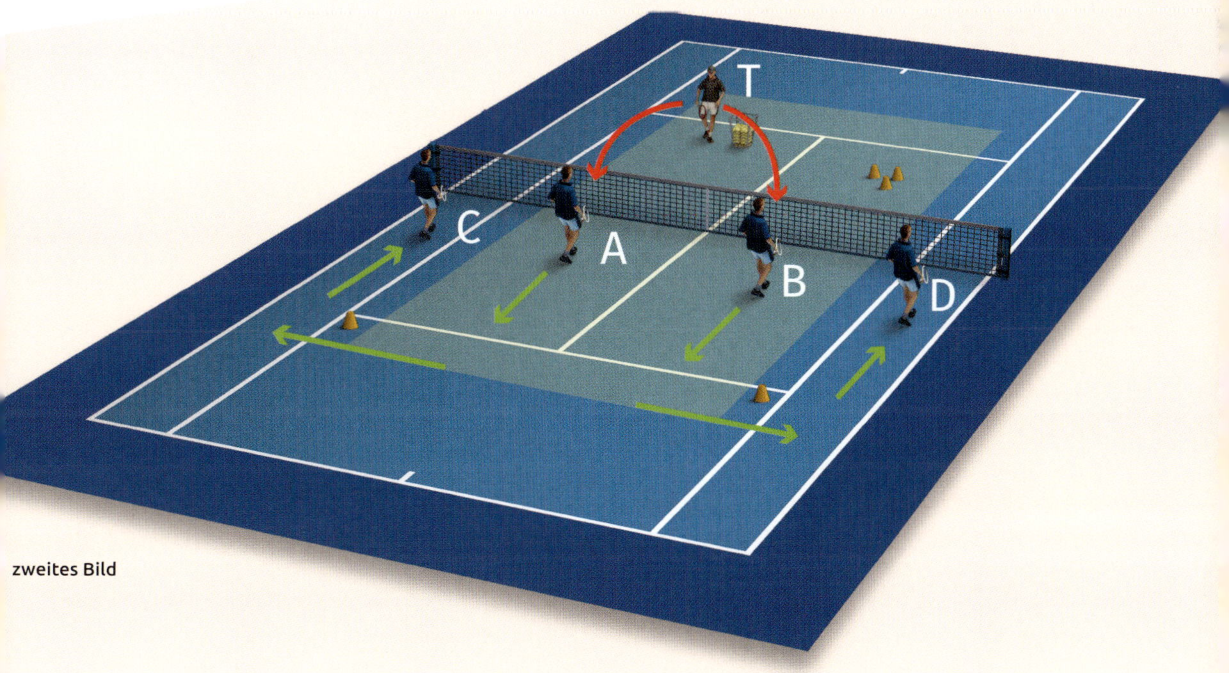

zweites Bild

1, 2 oder 3 – letzte Chance vorbei

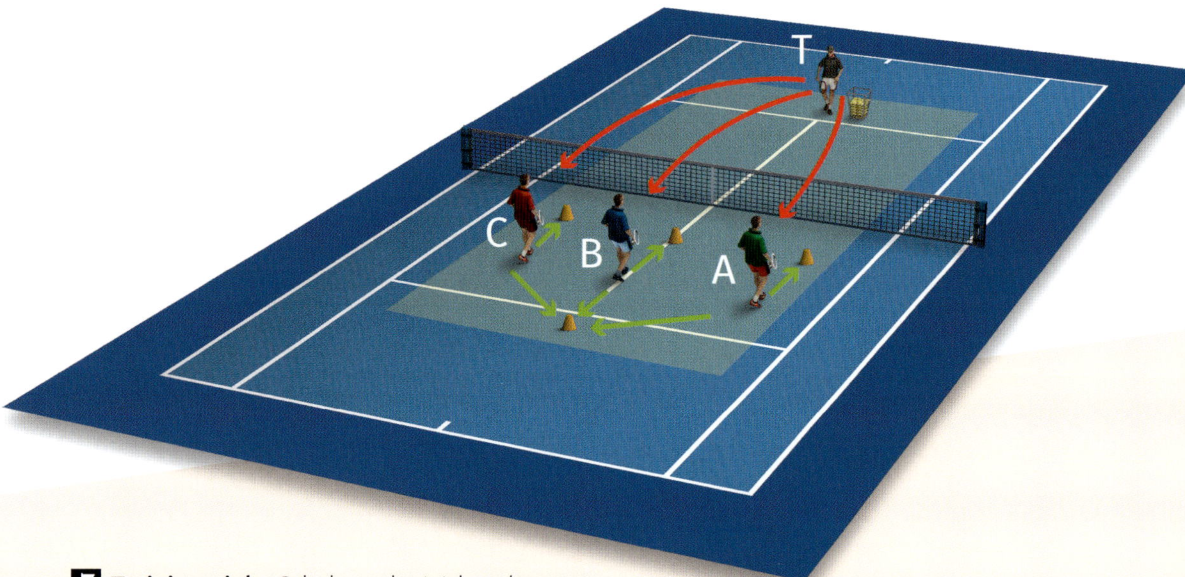

Trainingsziele: Schulung der Wahrnehmung und der Reaktionsfähigkeit, Automatisierung der Volleytechnik, Erhöhung der Schlagsicherheit und Festigung des Schlagmusters.

Beschreibung: Auf Zuruf des Trainers startet Spieler A mit Splitstep über die vor ihm aufgestellte Pylone am Netz. Der Splitstep wird dabei breitbeinig (schulterbreit) über die Pylone ausgeführt. Es wird dabei stets zweimal Volley mit bestimmter Reihenfolge gespielt. Danach muss Spieler A sich im Rückwärtslauf (Oberkörper zeigt dabei Richtung Netz) zur Ausgangsposition zurückbewegen. In der Zwischenzeit startet Spieler B vor seiner aufgestellten Pylone mit Splitstep und den anschließenden Volleys. Danach kommt Spieler C an die Reihe usw. Dieser Ablauf wiederholt sich so lange, bis der Trainer „1, 2 oder 3, letzte Chance vorbei" ruft. Dies ist das Zeichen für alle Spieler hinter die gelbe Pylone (T-Feld) zu laufen und danach eine neue Position am Netz zu ergattern. Anschließend geht es mit derselben Übungsabfolge weiter.

Anzahl der Spieler: 2–3

Gesamtdauer: ca. 10–15 Minuten

Hinweise und Tipps:
- Übung wird im Midcourt gespielt.
- Trainer variiert Zuspiel bzgl. Richtung und Höhe.
- Trainer gibt taktische Hinweise und Korrekturen zur Technik und Beinarbeit.

Variationen:
- Volley wird in bestimmte Zielbereiche gespielt.
- Übungsform wird als Wettbewerb gespielt.
- Zurücklaufen erfolgt vorwärts, rückwärts oder mit Sidesteps.
- Trainer gibt den einzelnen Spielern eine bestimmte Nummer und ruft diese vor dem Zuspiel auf.

Volley-Parcours

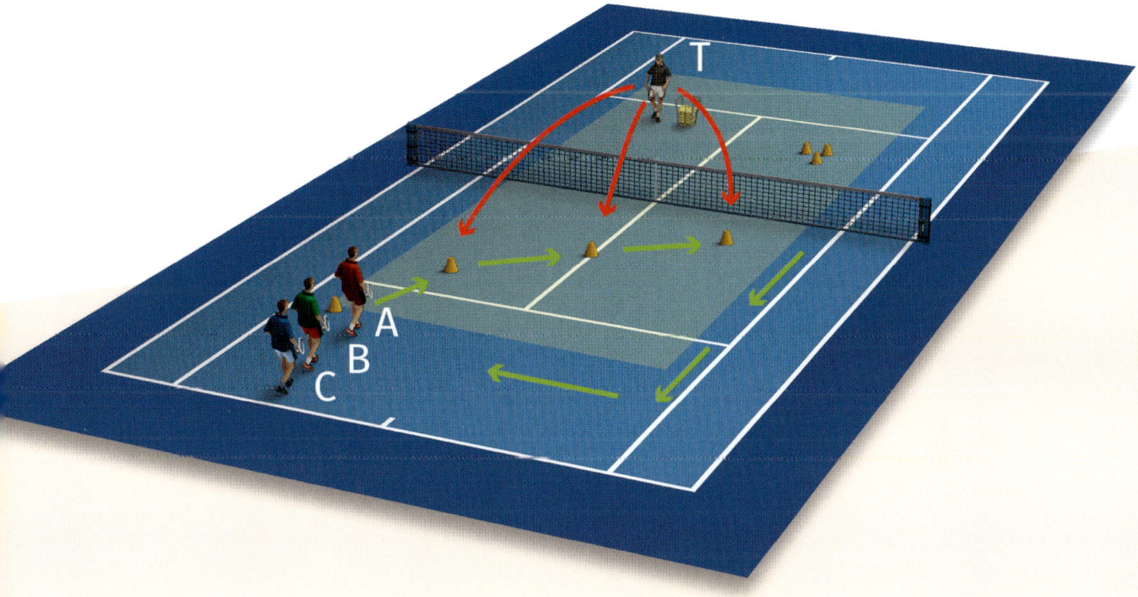

Trainingsziele: Schulung der Wahrnehmung und der Reaktionsfähigkeit, Automatisierung der Volleytechnik von unterschiedlichen Positionen, Erhöhung der Schlagsicherheit und Festigung des Schlagmusters.

Beschreibung: Auf Zuruf des Trainers startet Spieler A mit Splitstep über die erste Pylone. Der Splitstep wird dabei breitbeinig (schulterbreit) über die Pylone ausgeführt. Nun wird einmal VH-Volley gespielt und anschließend bewegt sich der Spieler zum nächsten „Volley Spot" und macht einen Splitstep und spielt wieder einmal VH-Volley. Auch am dritten Spot erfolgt dann der gleiche Ablauf. Danach startet der Spieler B mit dem Volley-Parcours usw.

Anzahl der Spieler: 3–4

Gesamtdauer: ca. 10–15 Minuten

Hinweise und Tipps:

- Übung wird im Midcourt gespielt.
- Trainer variiert Zuspiel bzgl. Richtung und Höhe.
- Trainer gibt taktische Hinweise und Korrekturen zur Technik und Beinarbeit.
- Volley wird in bestimmte Zielbereiche gespielt.
- Zuspiel kann ausschließlich zum VH- oder RH-Volley oder auch im Wechsel zum VH-/RH-Volley erfolgen.

Variationen:

- Trainerzuspiel erfolgt durch Zuwurf.
- Spieler B startet, wenn Spieler A auf den zweiten Spot den Volley gespielt hat. Somit erfolgt hierbei das Trainerzuspiel als Double Feed (=zeitversetztes paralleles Zuspiel).
- Volley wird in bestimmte Zielbereiche gespielt.
- Übungsform wird als Wettbewerb gespielt.
- Zurücklaufen erfolgt vorwärts, rückwärts oder mit Sidesteps.
- Zurücklaufen erfolgt durch eine Koordinationsleiter mit bestimmten Bewegungsvorgaben.

Drei-Minuten-Transition

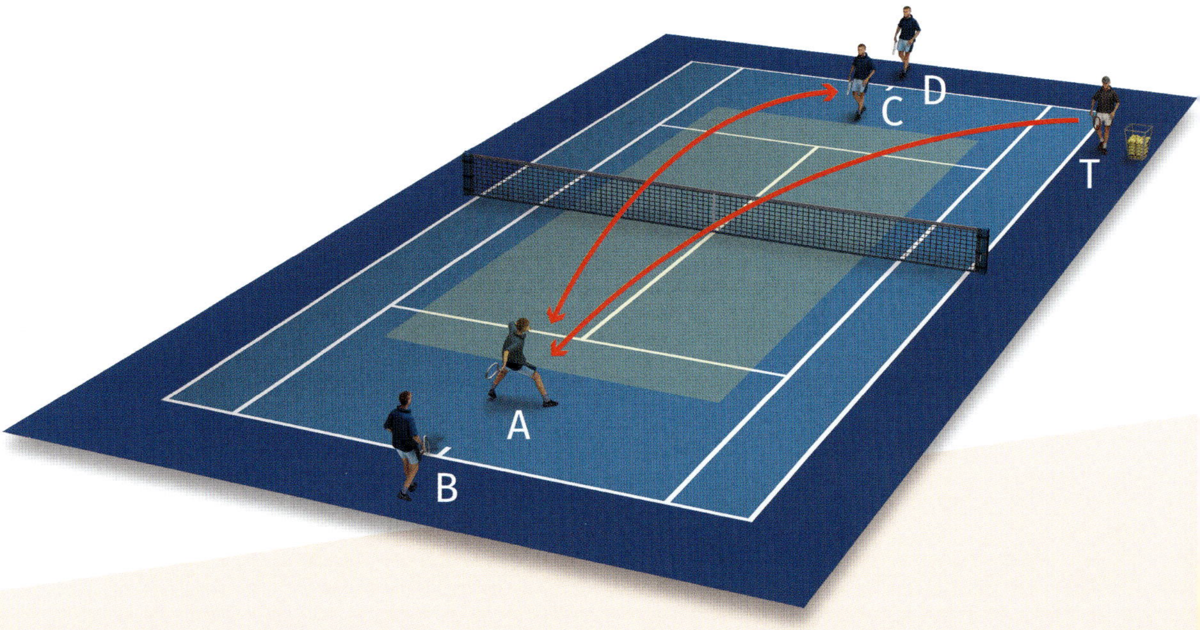

Trainingsziele: Verbesserung der Spielfeldverteidigung, Automatisierung der Angriffs- und Volleytechnik, Spielen unter Drucksituationen.

Beschreibung: Auf ein mittelhohes/flaches Zuspiel an die Grundlinie startet Team „Transition" (Spieler A und B) gegen „Defender" (Spieler C und D). Die Punkte sind als Einzelspieler auszuspielen. Die Mannschaft der Spieler A und B beabsichtigt, möglichst viele Bigpoints innerhalb von drei Minuten zu erzielen. Bigpoints werden durch drei aufeinanderfolgende Punkte erzielt. Dabei müssen diese Spieler jeden Ballwechsel mit einer bestimmten Vorgabe starten. Das Team der Spieler C und D muss wiederum versuchen, so wenig Bigpoints wie möglich zuzulassen. Folgende Vorgaben müssen von Team „Transition" (Spieler A und B) eingehalten werden:

a) Der erste Punkt wird von der Grundlinie mit einem Cross gestartet.
b) Der zweiten Punkt wird mit einem Angriffsball über die Rückhand-Seite des Gegners gespielt und mit anschließenden Aufrücken ans Netz.
c) Der dritte Punkt wird am Netz gestartet.

Bei einem Fehler des Einzelspielers der Mannschaft „Transition" (Spieler A und B) startet der nächste Spieler des Teams mit der ersten Vorgabe. Dasselbe gilt auch bei Erzielen eines Bigpoints. Die Spieler der Mannschaft „Defender" spielen immer zwei Punkte am Stück. Gewinner des Spiels ist die Mannschaft, welche nach Ablauf der Zeit die meisten Bigpoints erzielt hat.

Anzahl der Spieler: 4

Gesamtdauer: ca. 15–20 Minuten

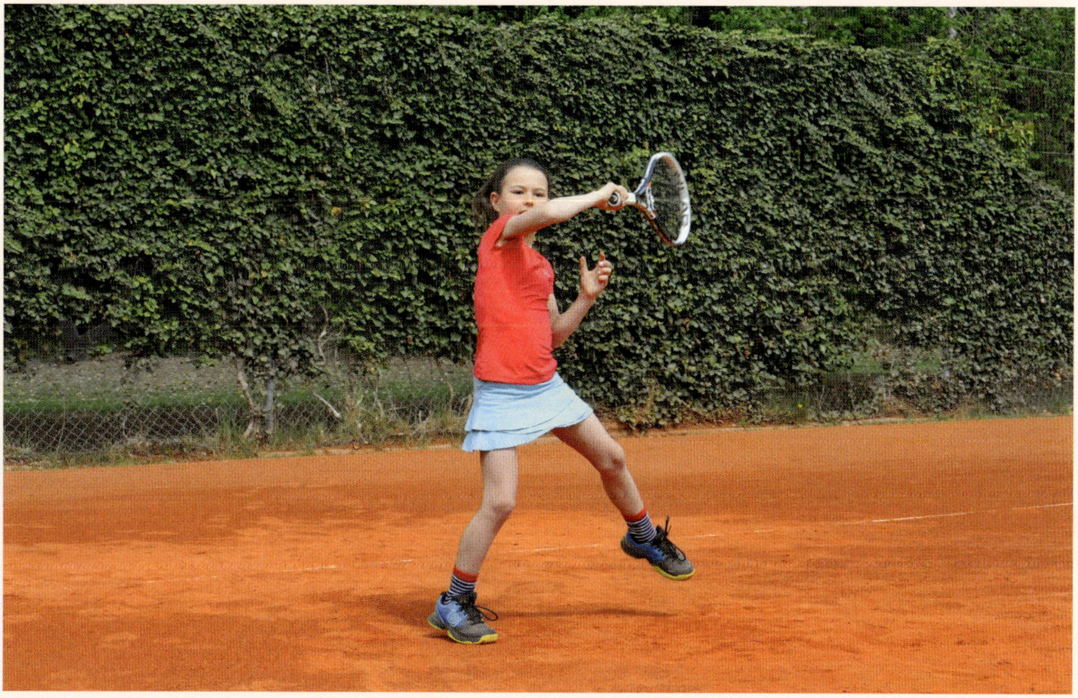

Hinweise und Tipps:

- Übung wird im Midcourt gespielt.
- Trainer gibt Hinweise und Korrekturen zum Spielverhalten.
- Mit zwei Halbzeiten spielen.
- Jede Halbzeit dauert drei Minuten.

Variationen:

- Erster Schlag im ersten Ballwechsel wird auf beiden Seiten cross gespielt.
- Erster Schlag im ersten Ballwechsel ist auf beiden Seiten frei.
- Der zweite Punkt wird mit einem Angriffsball (freie Entscheidung) und anschließenden Aufrücken ans Netz gespielt.
- Team „Transition" (Spieler A und B) muss den zweiten Punkt mit einem Topspin-Volley starten und anschließend ans Netz aufrücken.
- Der dritte Punkt wird immer hinter der T-Linie gestartet.
- Bigpoints werden durch zwei aufeinanderfolgend erzielte Punkte erreicht. Dabei startet der erste Punkt sofort mit einem Angriffsball über die RH-Seite des Gegners. Der zweite Punkt wird am Netz gestartet.

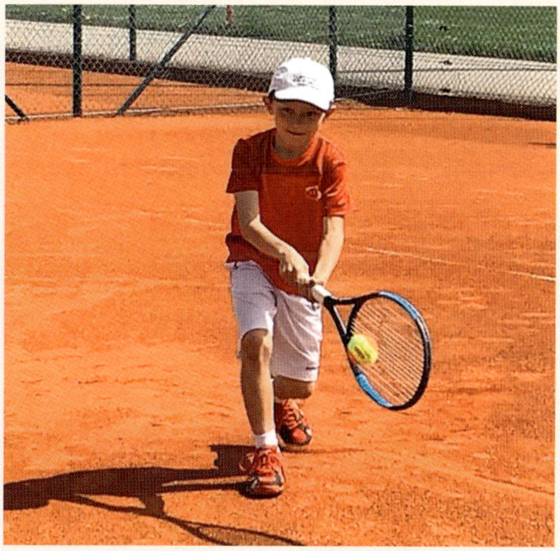

Smash – Touch the Fence im Midcourt

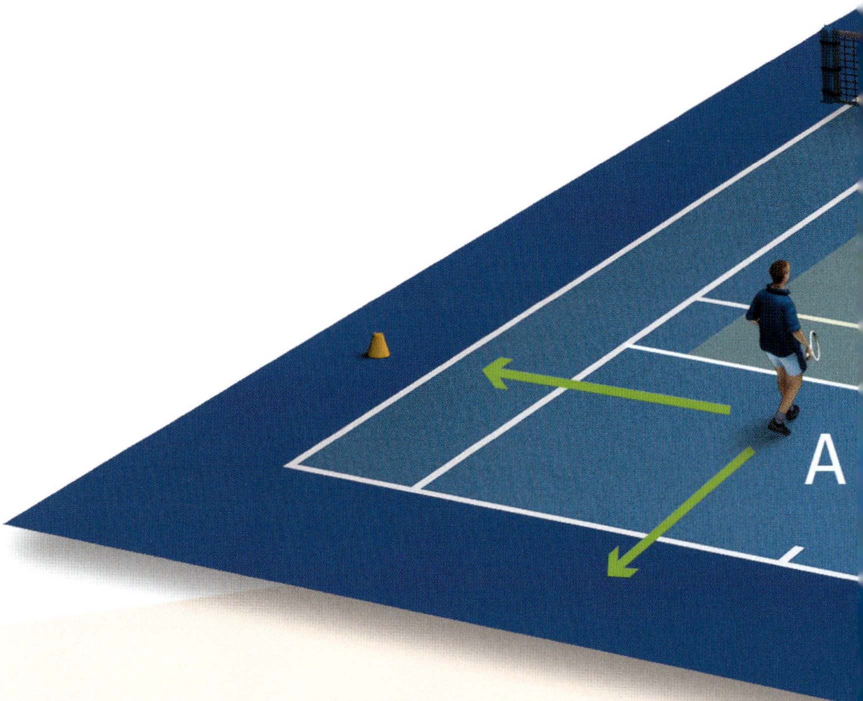

Trainingsziele: Verbesserung der Spielfeldverteidigung, Optimierung der Raumaufteilung, Festigung des Schlagmusters für den Schmetterball, Stabilisierung und Qualitätsverbesserung beim Smash in der Seitwärtsbewegung.

Beschreibung: Nach einem hohen Zuspiel durch den Trainer (T) spielen die Spieler A und B gegen die Spieler C und D als Team im Midcourt-Doppelfeld Punkte aus. Macht beispielsweise Spieler B einen Fehler, so ist der nächstliegenden Gegenstand (seitliche Pylone oder Zaun) zu berühren. Davor darf Spieler B nicht mehr ins Spielgeschehen eingreifen. Sein Mitspieler A muss so lange alleine gegen die Mannschaft (Spieler C und D) spielen. Das neue hohe Zuspiel geht an das andere Team (Spieler C und D). Bei einem Fehler in diesem Team (Spieler C und D) gelten die gleichen Sanktionsmaßnahmen. In dieser Situation geht nun das Zuspiel wieder an das erste Team (Spieler A und B). Der Ball muss immer einmal aufspringen, bevor der Ballwechsel mit einem Schmetterball eröffnet wird. Es zählen nur direkte Punkte, ansonsten geht der Ballwechsel weiter. Es werden Punkte bis fünf gespielt.

Anzahl der Spieler: 3–6

Gesamtdauer: ca. 15–20 Minuten

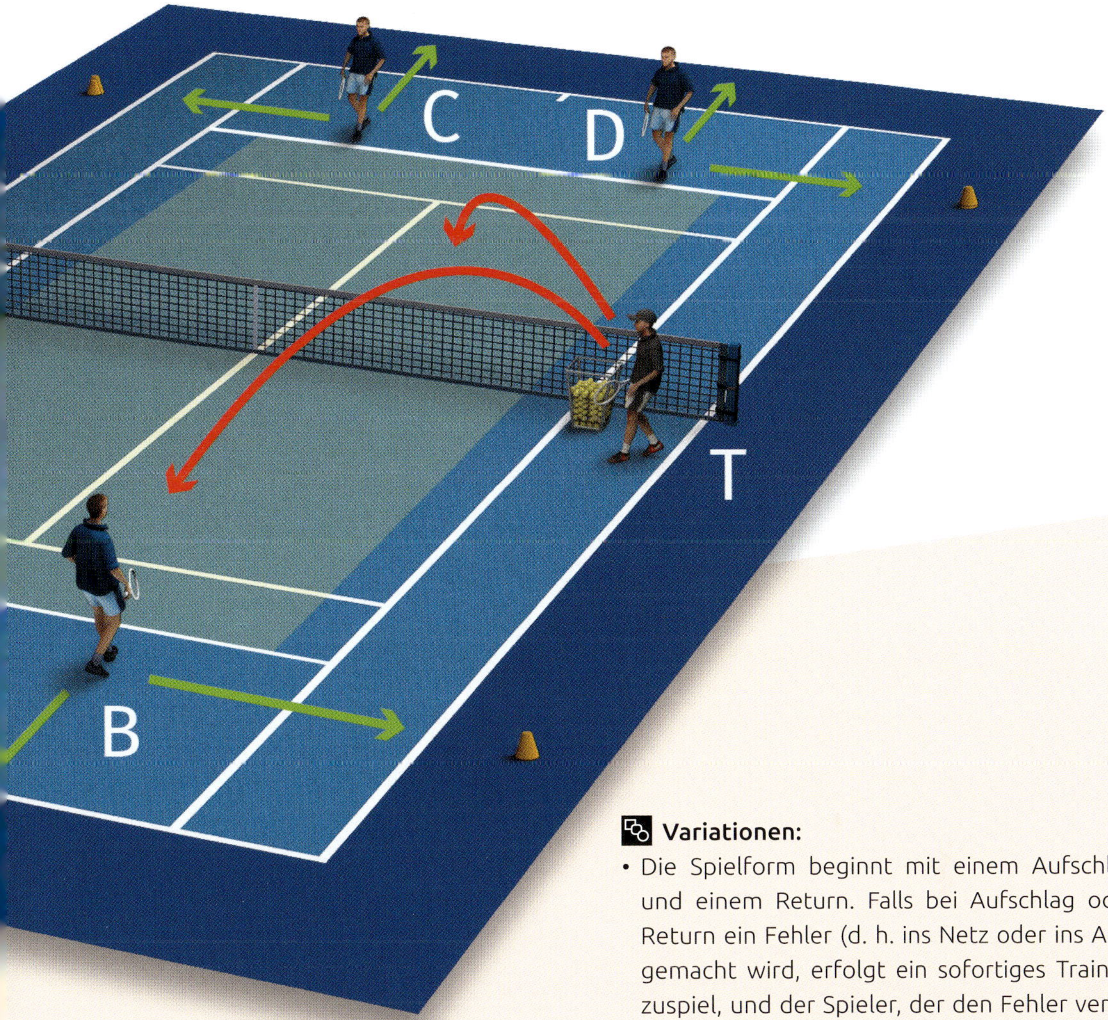

Hinweise und Tipps:

- Trainer gibt Hinweise und Korrekturen zum Spielverhalten.
- Trainer fungiert als Motivator.
- Traineranspiel erfolgt stets durch ein hohes Anspiel auf die jeweilige Seite.
- Ball muss immer einmal aufspringen, bevor der Ballwechsel mit einem Schmetterball eröffnet wird.

Variationen:

- Die Spielform beginnt mit einem Aufschlag und einem Return. Falls bei Aufschlag oder Return ein Fehler (d. h. ins Netz oder ins Aus) gemacht wird, erfolgt ein sofortiges Trainerzuspiel, und der Spieler, der den Fehler verursacht hat, muss laufen. Der Trainer wirft nach jedem direkten Punkt einem Spieler einen Ball zu, damit dieser dann aufschlagen kann.
- Angespielter Ball (Trainer) wird nach dem Aufsprung mit der Wurfhand gefangen und dann als Aufschlag gespielt.
- Bei vier bis sechs Spielern muss jedes Team nach einem direkten Punkt einen Spieler ein- und auswechseln, d. h. jedes Team hat einen dritten Spieler zur Verfügung.
- Spielform kann auch im Großfeld angewandt werden.

2:2 – Steady Volley

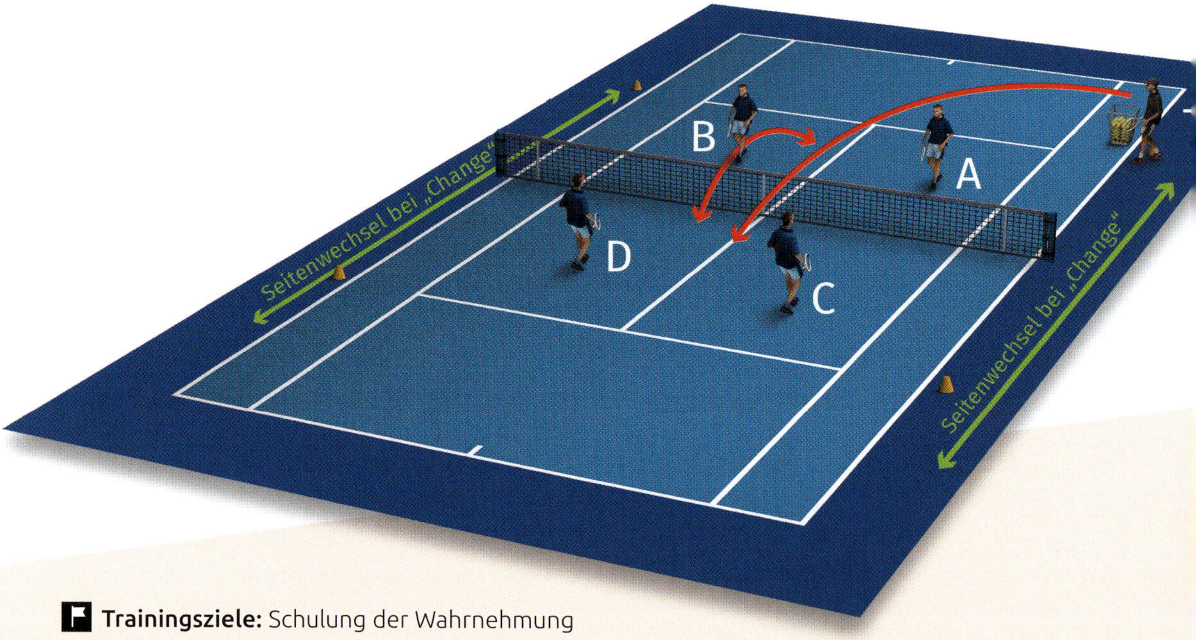

Trainingsziele: Schulung der Wahrnehmung und der Reaktionsfähigkeit, Automatisierung der Volleytechnik, Optimierung der Spielfeldverteidigung, Gewöhnung an die Basisposition am Netz, Harmonisierung des Partnerspiels.

Beschreibung: Der Trainer fungiert in dieser Spielform ausschließlich als Zuspieler. Als Zweier-Teams spielen die Spieler A bis D Volleyduelle am Netz aus. Es müssen stets zwei Haltevolleys miteinander gespielt werden. Danach ist der Ballwechsel frei. Falls ein Fehler bei den Haltevolleys passiert, so gibt es für beide Seiten eine „Second Chance". Hierbei wird ein Fehler aber dann sofort gezählt.

Anzahl der Spieler: 4

Gesamtdauer: ca. 15–20 Minuten

Hinweise und Tipps:
- Spielfeld ist das Doppelfeld.
- Zuspiel des Trainers wird variiert (Richtung, Höhe, Drall).
- Trainer entscheidet durch den Zuruf „Change", wann die Teams die Platzhälfte wechseln müssen.
- Nach jedem Seitenwechsel starten die Teams in Höhe der markierten Linie (Pylone) und müssen dann weiter ans Netz aufrücken.

Variationen:
- Spielform erfolgt ausschließlich im Einzelfeld auf beiden Seiten.
- Teams müssen nach jedem zweiten Punkt an der Midcourt-Grundlinie starten (Pylone als Markierung).
- Teams müssen nach jedem Punkt hinter der T-Linie starten.
- Nach jedem Seitenwechsel müssen die Teamspieler die Grundlinie mit dem Fuß oder dem Schläger berühren.
- Standardausgangsposition ist hinter der T-Linie.

Three-Line-Volley-Drill

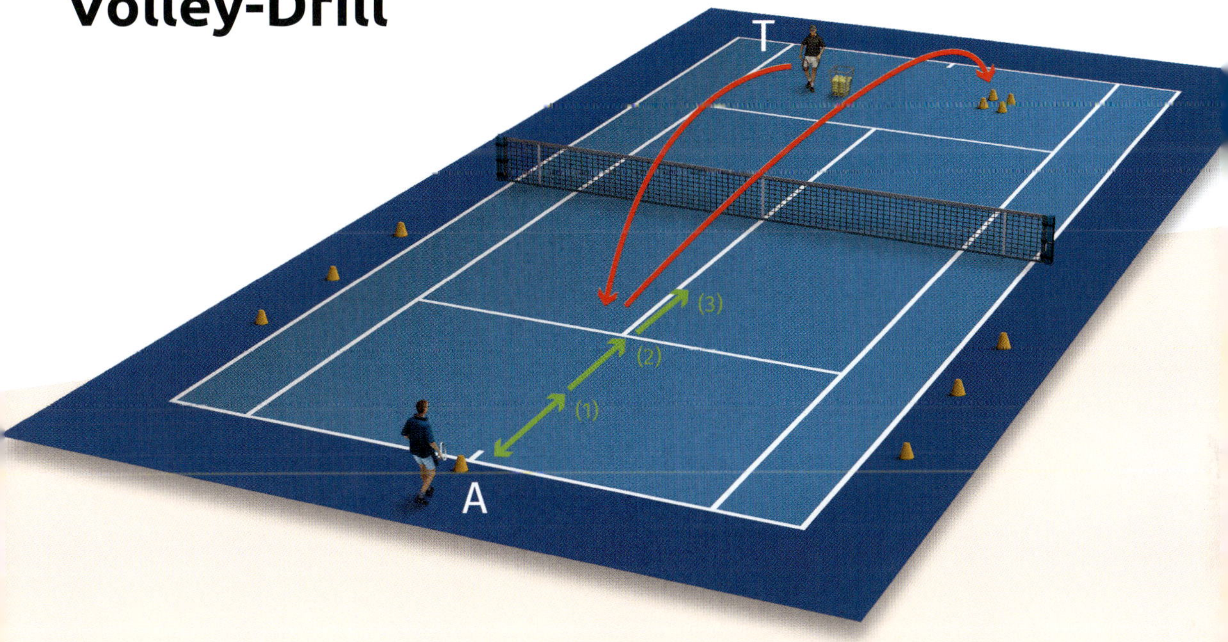

Trainingsziele: Automatisierung der Volleytechnik und Gewöhnung von netzfernen Schlagpositionen.

Beschreibung: Spieler A steht hinter einer Pylone an der Grundlinie. In Höhe der Midcourt-Grundlinie werden aus der Mitte des Platzes (Splitstep) die ersten beiden Volleys gespielt. Es sollten beide Volleys lang in die Rückhand-Seite gespielt werden. Anschließend muss der Spieler rückwärts um die gelbe Pylone an der Grundlinie laufen und startet in der Vorwärtsbewegung in Höhe der zweiten Linie mit Volley drei und vier, geschlagen in Richtung des Zielbereichs. Danach erfolgt erneut die Bewegung um die Pylone an der Grundlinie, um schließlich den abschließenden Volley auf Höhe der Linie drei zu spielen.

Anzahl der Spieler: 3–4

Gesamtdauer: ca. 15–20 Minuten

Hinweise und Tipps:
- Volleys werden auf Zielbereiche gespielt.
- Trainer gibt Hinweise und Korrekturen zur Technik und Beinarbeit.
- Abschließender Volley kann auch kurz weggespielt werden.

Variationen:
- Anstatt mit klassischem Volley wird mit Topspin-Volley gestartet.
- Übung wird auf unterschiedliche Zielbereiche gespielt.
- Übung kann auch mit zwei Spielern gleichzeitig gespielt werden, wobei die beiden Spieler auf der VH- und RH-Seite auf Höhe der jeweiligen Linie starten. Spieler B startet erst, wenn Spieler A auf der ersten Linie die beiden Volleys gespielt hat.

Chip-and-Stop-Challenge

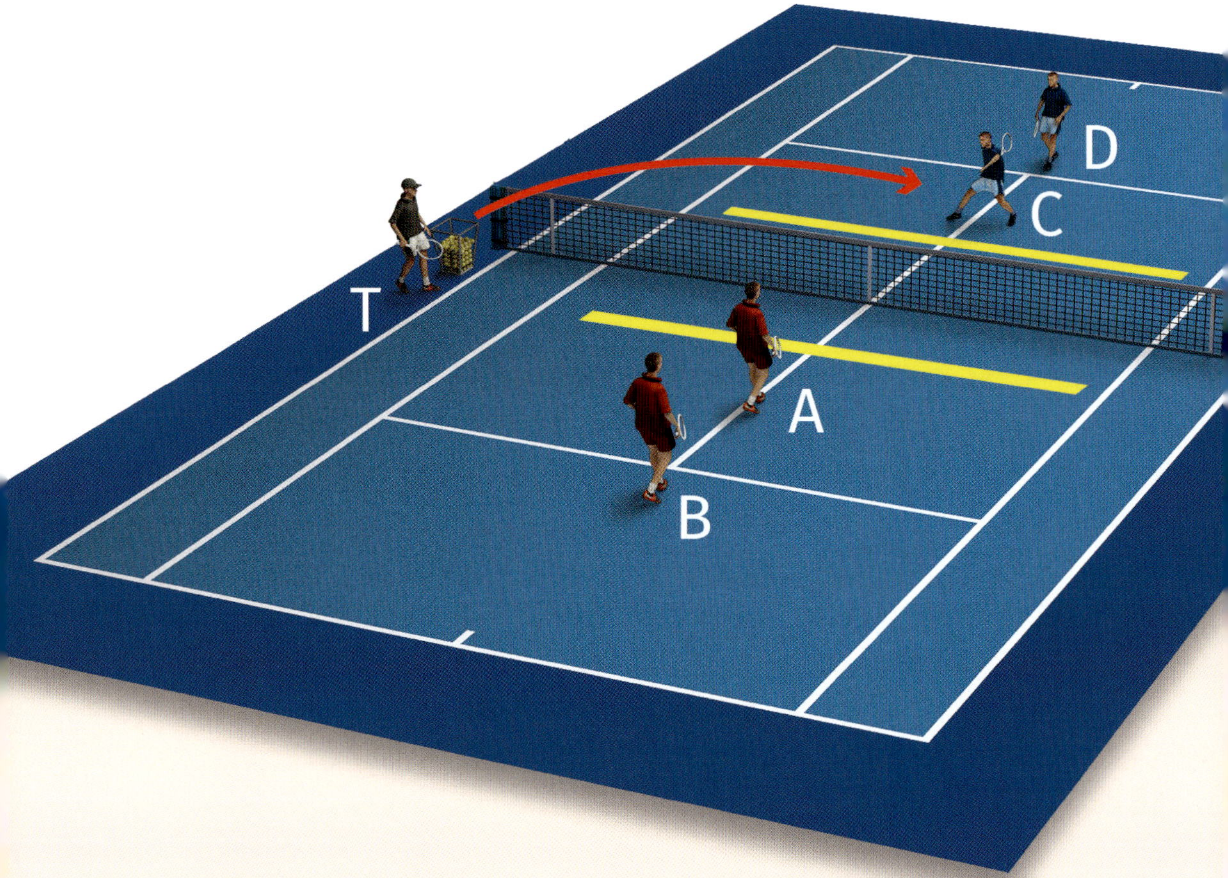

Trainingsziele: Verbesserung der tennisspezifischen Laufschnelligkeit, Verbesserung von Start- und Beschleunigungsfähigkeit, Erhöhung der Schlagsicherheit im Stopp- und Chipspiel.

Beschreibung: Im Spielfeld bis zur gelben Markierung spielt das Team der Spieler A und B gegen das Team der Spieler C und D einen 11er-Satz aus. Das Zuspiel erfolgt immer durch den Trainer, wobei jeder Spieler immer zwei Punkte (min. = 2) und maximal (max. = 3, falls zwei Punkte hintereinander gewonnen) spielen darf. In der zweiten Trainingsform sind stets zwei Punkte von der Grundlinie auf das ganze Einzelfeld auszuspielen. Darauffolgend werden sofort zwei Punkte im gelben Spielfeld ausgespielt. Das Zuspiel erfolgt dementsprechend durch den Trainer zweimal lang und zweimal kurz. In dieser Spielform spielt jeder einzelne Spieler stets drei Punkte aus. Falls der Spieler drei Punkte hintereinander gewinnen sollte, darf dieser einen vierten Bonusball ausspielen. Es wird wieder als Team bis elf Punkte ausgespielt.

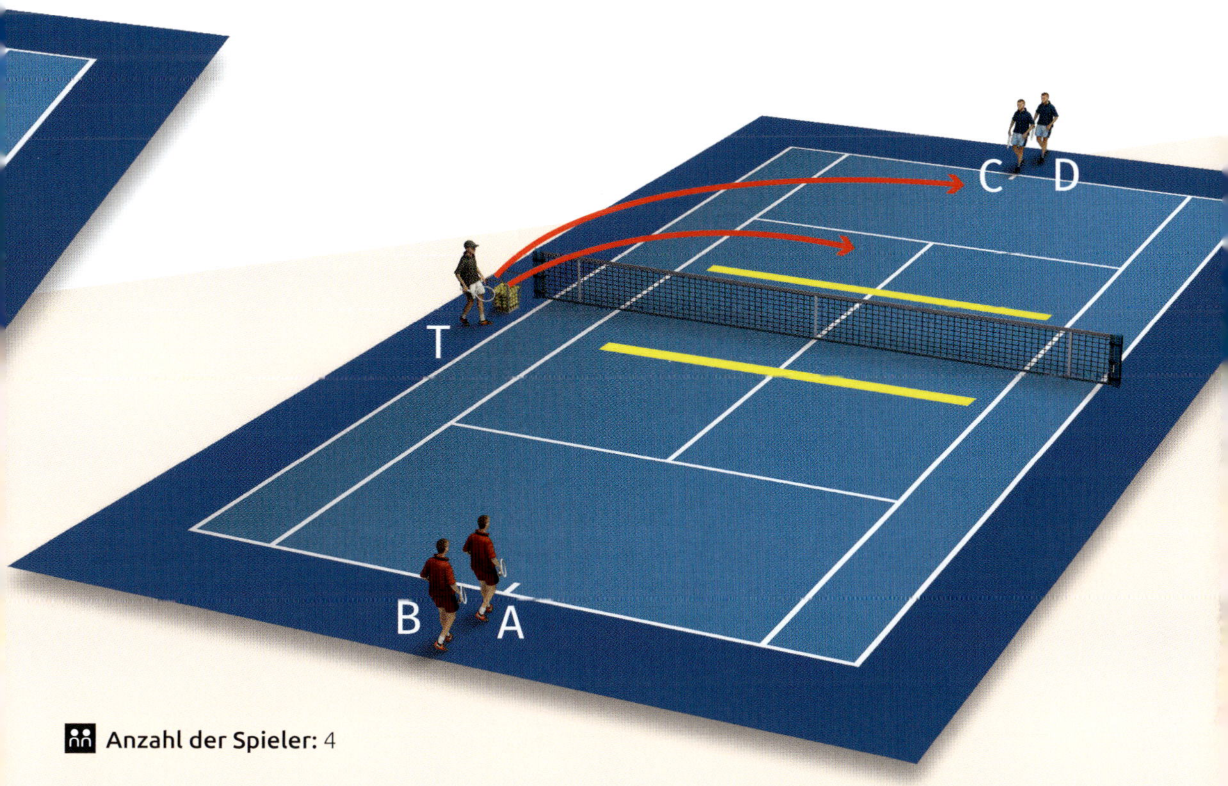

Anzahl der Spieler: 4

Gesamtdauer: ca. 10–20 Minuten

Hinweise und Tipps:

- Trainingsformen erfolgen mit zwei Halbzeiten und mit Seitenwechsel.
- Im gelben Spielfeld sind keine Volleys und Topspin-Schläge erlaubt.
- In der zweiten Trainingsform darf jeder Spieler maximal vier Punkte (max. = 4) am Stück und mindestens drei Punkte (min. = 3) spielen.
- Trainer kann unterschiedlich anspielen (Richtung und Höhe).
- Trainer gibt Hinweise und Korrekturen zu Beinarbeit, Spielverhalten und Technik.

Variationen:

- In der ersten Trainingsform sind auch Volleys erlaubt.
- Zweite Trainingsform wird um Punkte von der Grundlinie mit Richtungsvorgabe gespielt.
- Beide Trainingsformen werden als Einzelspieler im Wettkampf ausgespielt, d. h. es wird mit zwei Halbfinals und mit großem (= Gewinner der Halbfinals) und kleinem Finale (= Verlierer der Halbfinals) gespielt

Defender-Team

Trainingsziele: Verbesserung der Spielfeldverteidigung, Sicherheit und Präzision beim GL-Spiel bei sich ständig verändernden Schlagsituationen, Automatisierung der Angriffs- und Volleytechnik, Spielen unter Drucksituationen.

Beschreibung: Auf ein mittelhohes/flaches Zuspiel an die Grundlinie startet ein Team (Spieler A und B) die Spielform gegen das andere Team (Spieler C und D). Die Punkte werden im ersten Team (Spieler A und B) als Einzelspieler allein ausgespielt. Ziel des Teams (Spieler A und B) ist es, möglichst viele Bigpoints zu erzielen. Die Spieler dieser Mannschaft müssen den jeweiligen Ballwechsel immer mit einer bestimmten Vorgabe starten und drei Punkte am Stück gewinnen. Erst dann erhält das gesamte Team einen Bigpoint. Folgende Vorgaben müssen dabei von der Mannschaft (Spieler A und B) eingehalten werden:

a) Erster Punkt wird von der Grundlinie gestartet.
b) Zweiter Punkt wird mit einem Angriffsball gespielt und anschließend erfolgt ein Aufrücken ans Netz (mittelhohes Zuspiel zur T-Linie durch den Trainer).
c) Dritter Punkt wird mit Zuspiel zum Smash gestartet.

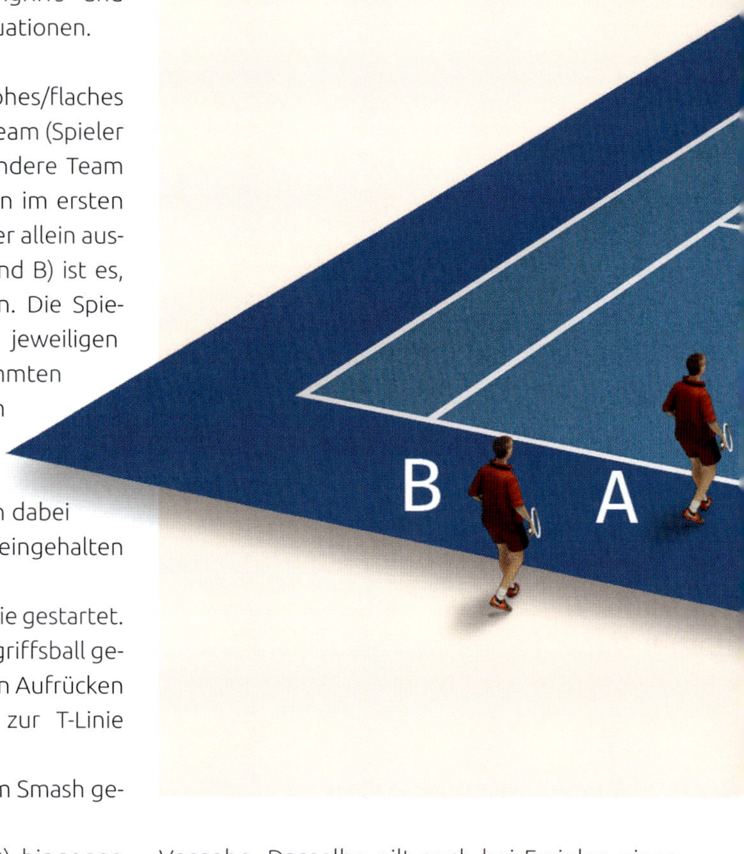

Das andere Team (Spieler C und D) hingegen muss versuchen, so wenig Bigpoints wie möglich zuzulassen und so schnell wie möglich sechzehn Einzelpunkte zu erreichen. Dabei agieren Spieler C und D als „Defender-Team" im Einzelfeld. Bei Fehler eines Einzelspielers der ersten Mannschaft (Spieler A und B) startet der nächste Spieler an der Grundlinie mit der ersten Vorgabe. Dasselbe gilt auch bei Erzielen eines Bigpoints. Gewinner des Spiels ist das Team, welches nach Ende der Spielzeit die meisten Bigpoints erzielt hat.

Anzahl der Spieler: 4

Gesamtdauer: ca. 15–20 Minuten

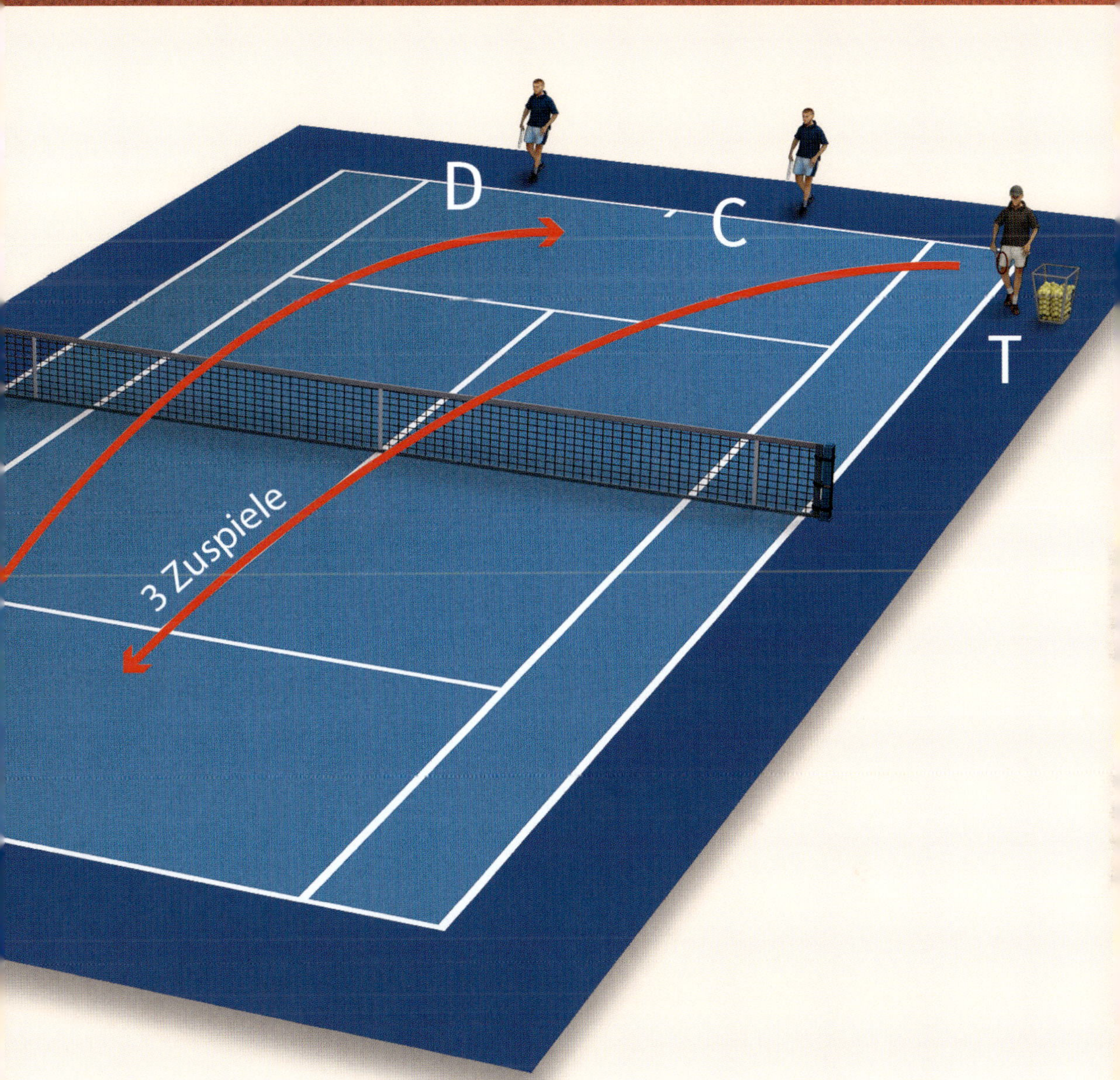

Hinweise und Tipps

- Zuspiel erfolgt immer zum Team mit den agierenden Einzelspielern.
- Trainer gibt Hinweise und Korrekturen zum Spielverhalten.
- Trainer gibt Spielzeit pro Halbzeit an.
- Es werden zwei Halbzeiten gespielt.
- Trainingsform auch im Midcourt spielen.

Variationen:

- Der erste Schlag im ersten Ballwechsel wird auf beiden Seiten cross gespielt.
- Team der Spieler A und B startet den zweiten Punkt mit Topspin-Volley und anschließend wird ans Netz gelaufen.
- Beim „Defender-Team“ gilt das Doppelfeld als Spielfeld.

Drei-Minuten-Game am Netz

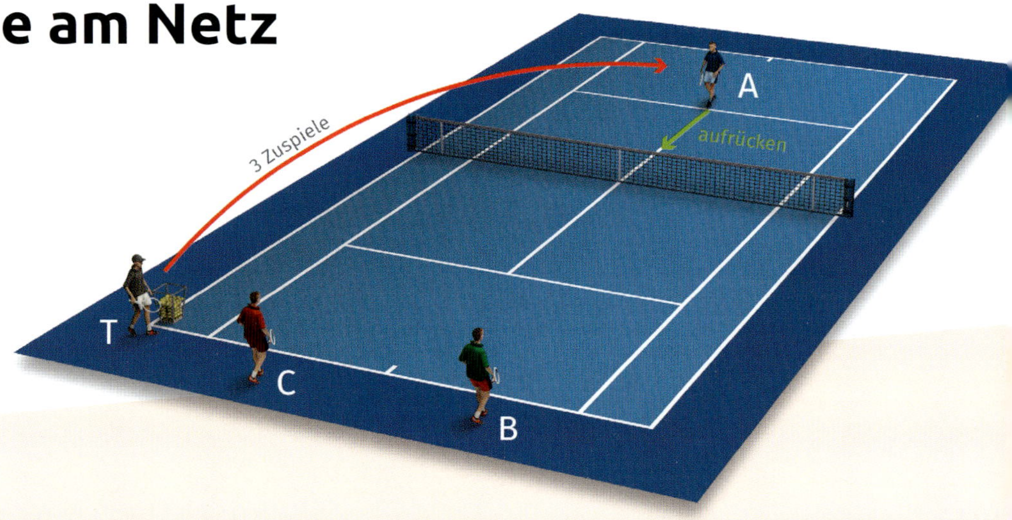

Trainingsziele: Automatisierung der Smash- und Volleytechnik, Erhöhung der Schlagsicherheit am Netz und an der GL, Training des Verteidigungsspiels im Doppel.

Beschreibung: Spieler A startet mit einem Volley in Höhe der T-Linie. Danach rückt Spieler A weiter ans Netz vor und der Punkt wird gegen das Team der Spieler B und C an der Grundlinie ausgespielt. Dabei wird der erste Volley von Spieler A stets lang gespielt; danach ist der Punkt frei auszuspielen. Der Einzelspieler A beginnt bei einem Ausgangswert von zehn und versucht innerhalb von drei Minuten auf 20 zu gelangen. Das Verteidigungsteam an der Grundlinie hat hingegen das Ziel, den Spieler A auf null zu bringen. Auf beiden Seiten zählt jeder direkte Punkt entweder zwei Punkte nach oben oder nach unten. Alle anderen Punkte bzw. Fehler werden jeweils nur mit einem Punkt gewertet.
Der Gewinner des Spiels ist derjenige Akteur, welcher als Einzelspieler zuerst zwanzig Punkte in der kürzesten Zeit erreicht oder nach Ablauf der Zeit die meisten Punkte erreicht hat. Nach drei Minuten geht der nächste Spieler auf die Position am Netz.

Anzahl der Spieler: 3

Gesamtdauer: ca. 10–15 Minuten

Hinweise und Tipps:
- Trainerzuspiel kommt immer in bestimmter Abfolge:
  a) Erstes Zuspiel als Volley
  b) Zweites Zuspiel als Smash
  c) Drittes Zuspiel als Smash aus der Rückwärtsbewegung (Spieler berührt zuerst das Netz mit dem Schläger)
- Auf der Verteidigungsseite gilt das Doppelfeld.
- Trainer gibt Hinweise und Korrekturen zum Spielverhalten.
- Übung auch für den Midcourt verwenden.

Variationen:
- Auf beiden Seiten gilt nur das Einzelfeld.
- Erster Volley wird als Topspin-Volley ausgeführt.
- Erster Volley kann auch kurz gespielt werden.
- Trainerzuspiel erfolgt ohne Reihenfolge.

Löwendoppel mit Angriffsball

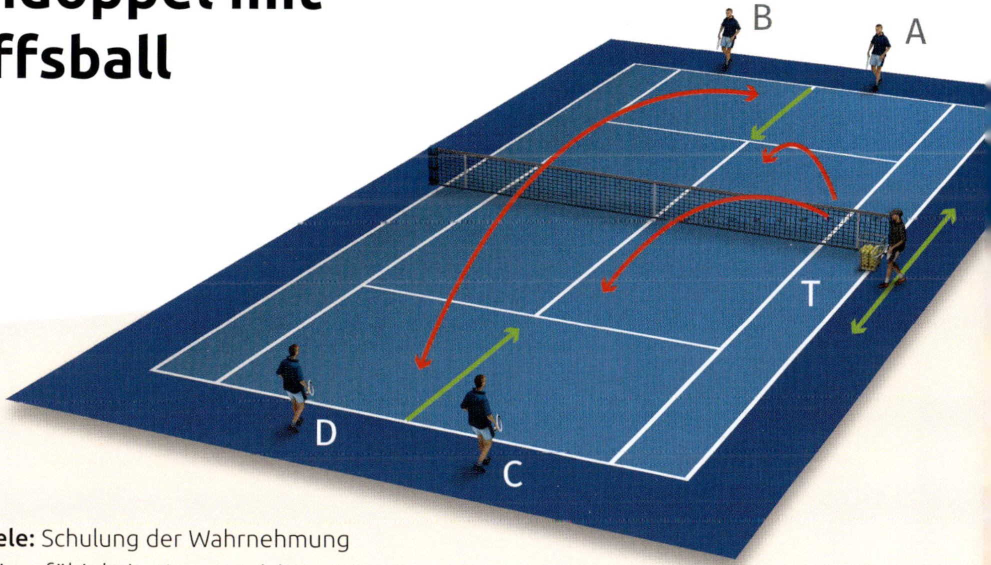

Trainingsziele: Schulung der Wahrnehmung und der Reaktionsfähigkeit, Automatisierung der Volleytechnik, Optimierung der Spielfeldverteidigung, Gewöhnung an die Basisposition am Netz, Harmonisierung des Partnerspiels.

Beschreibung: Der Trainer agiert in dieser Spielform ausschließlich als Zuspieler. Im Doppelfeld werden in Teams Punkte ausgespielt. Der sogenannte „Kick-off"-Ball wird an der Grundlinie gestartet. Wer diesen Ballwechsel für sich entscheidet, hat nunmehr das Recht, mit einem Angriffsball ans Netz (Zuspiel durch den Trainer) aufzurücken und dort Punkte zu erzielen.
Hat beispielsweise die Mannschaft der Spieler A und B das Angriffsrecht gewonnen und die Netzposition ergattert, so wechselt der Trainer seine Zuspielposition auf die Seite dieses Teams (Spieler A und B) und das Zuspiel erfolgt zu den Spielern C und D an der Grundlinie. Das heißt, falls die Spieler A und B den Ballwechsel mit dem Angriffsball gewinnen, so darf dieses Team so lange am Netz weiterpunkten, bis sich das Team der Spieler C und D an der Grundlinie das Recht zum Aufrücken ans Netz mit Angriffsball erkämpft. In diesem Fall muss das Team der Spieler A und B an die Grundlinie zurückkehren und gegen das Team der Spieler C und D am Netz spielen. Das Spiel geht bis acht Punkte.

Anzahl der Spieler: 4

Gesamtdauer: ca. 15–20 Minuten

Hinweise und Tipps:

- Spielfeld ist das Doppelfeld.
- Es können nur Punkte am Netz bzw. mit Angriffsball erzielt werden.
- Absichtliche Lobs sind nicht erlaubt.
- Generell erfolgt das Zuspiel immer zur Grundlinienmannschaft.
- Trainer steht immer auf der Seite des Teams am Netz.

Variationen:

- Spielform erfolgt ausschließlich im Einzelfeld auf beiden Seiten.
- Lobs sind immer erlaubt.
- Angriffsball wird als Topspin-Volley gespielt.

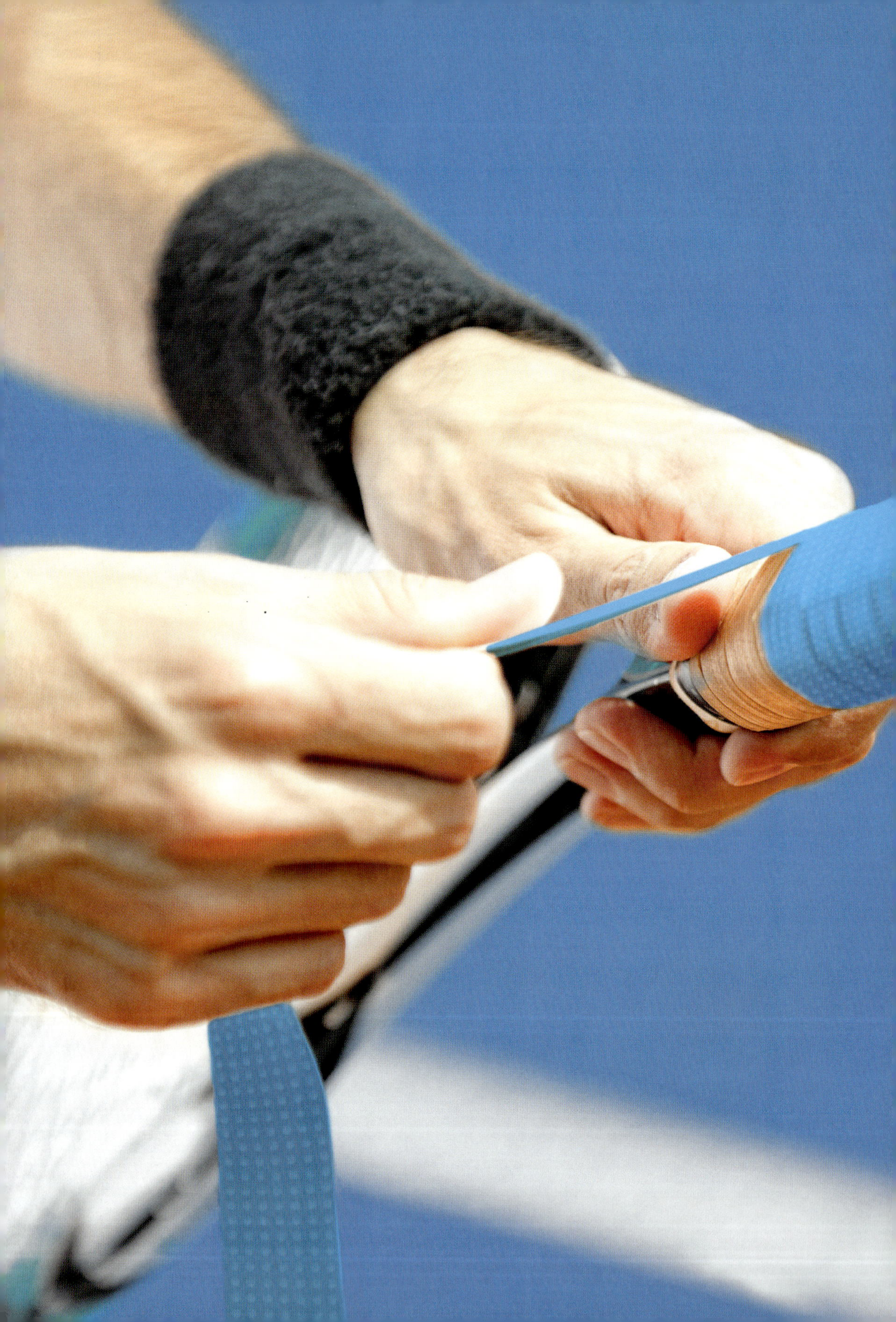

KAPITEL

Komplextraining

3

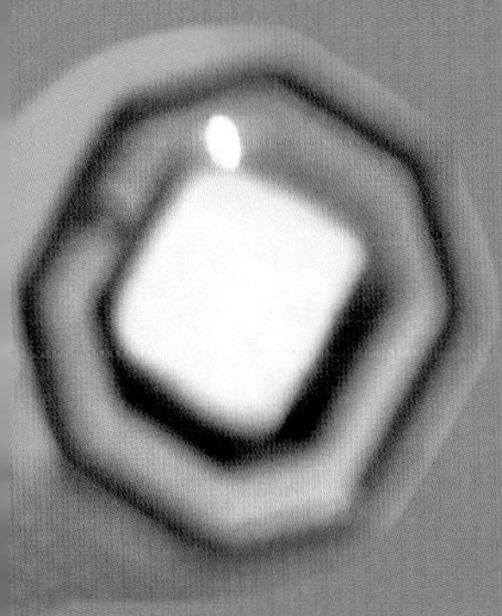

Einleitung

Das moderne Tennis zeichnet sich zum einen durch eine hohe Komplexität und Vielseitigkeit aus und wird zum anderen zunehmend von athletischen und koordinativen Fähigkeiten und Fertigkeiten geprägt und bestimmt. Überdies wird das heutige Anforderungsprofil des Spitzenspielers durch eine schnelle und zugleich präzise Spielweise charakterisiert. Insofern ist der Spieler gefordert, seine technischen Fähigkeiten und Fertigkeiten mit hoher Durchführungsgeschwindigkeit und großer Präzision abrufen zu können. Dieses komplexe Konstrukt der Sportart ruft in der Trainingsgestaltung nach einer optimalen Verknüpfung von koordinativen, technischen, taktischen und mentalen Elementen. Denn ohne die richtige Integration von Koordinations-, Schnelligkeits- und Kraftübungen in das tägliche Tennistraining können mittlerweile keine Leistungssteigerungen respektive Höchstleistungen mehr realisiert werden. Im Besonderen besteht zwischen den drei Faktoren Technik, Koordination und Kondition eine direkte Abhängigkeit zueinander. Sind etwa beim Spieler keine ausreichenden koordinativen Fähigkeiten vorhanden, so kann dies die Verbindung zwischen Kondition und Technik stören. Aber auch Mängel in konditionellen Bereichen können auf die Entwicklung der Technik erheblichen Einfluss nehmen.

Werden nunmehr im Training oder Wettkampf an einem gewissen Punkt Leistungsbarrieren erreicht, so findet hier das Komplextraining seine Anwendung. Bei diesem mehrteiligen Training ist aber stets darauf zu achten, dass die individuelle Technik nahezu ausgereift ist und durch Hinzunahme von koordinativen oder konditionellen Bausteinen weiter verbessert werden kann. Ist diese Symbiose vorhanden, spricht man vom Komplextraining.

Als Zielgruppe können sportlich ambitionierte Spieler und Leistungsspieler beiderlei Geschlechts angesehen werden; diese können das Komplextraining als Trainingsinput gezielt anwenden. Die Bandbreite reicht von der Generation Juniors bis zu den Best Agers (Generation 40+). Auch mit engagierten und fitten Spielern der „S-Klasse" ist das Komplextraining vorstellbar.

Merkmale und Ziele des Komplextrainings

Wie bereits dargelegt, sind ab einer bestimmten Leistungsstufe Fortschritte in gewissen Bereichen der Ausbildung nur noch sehr schwer zu erzielen. Man spricht von sog. Barrieren, z. B. Schnelligkeits- oder Reaktionsbarrieren. Mit den bisher angewandten Trainingsmethoden ist ein Überwinden dieser Barrieren nicht möglich, weil die zuständigen Teile des Organismus gegenüber den benutzten Reizen resistent geworden sind. Folglich kommt es zu keinen neuen adaptiven Vorgängen und folglich zu keiner weiteren Leistungssteigerung. [3]

Ein Durchbrechen dieser Barriere im Schnelligkeits-, Kraft- und/oder Technikbereich ist nur durch eine Veränderung im dynamischen Stereotyp des Spielers möglich. Dies kann beispielsweise durch ein verändertes Bewegungsgefühl erreicht werden und somit werden neue Reize gesetzt. Der Trainer kann etwa durch den Einsatz von „leichteren und schwereren Geräten" das ZNS (= Zentrales Nervensystem) des Spielers anregen. Das veränderte Widerstandsgefühl des ZNS wirkt kurz nach, wodurch der bereits erwähnte Nachwirkungseffekt

[3] Vgl. Schönborn: Tennis Techniktraining. S. 246 ff.

entsteht. Durch ein sinnvolles Anwenden dieses Trainingseffektes können auch weitere Verbesserungen im Technikbereich erzielt werden. In der folgenden Abbildung wird deutlich illustriert, welche Merkmale für ein Komplextraining von wesentlicher Bedeutung sind und welche Ziele der moderne Trainer von heute mit dieser Form des Trainings verfolgen kann.

Merkmale	Ziele
Die Leistungssteigerung erfolgt durch Veränderung des dynamischen Stereotypus	Durch neue Belastungsreize im Training sollen Barrieren (Schnelligkeits-, Kraft-, und Technikbarrieren) überwunden werden
Die Übungen bereiten die Technik qualitativ vor Komplextraining ist ein mehrdimensionales Training Komplextraining ist effektiv, spart Zeit, motiviert und fördert die Integration von Elementen aus Kraft, Schnelligkeit, Koordination in das Tennistraining	Durch Ausnutzung des Nachwirkungseffektes sollen Geschwindigkeitsbarrieren überwunden werden (Schlag-, Lauf-, Reaktionsfähigkeit etc.) z.B. schnellerer Armzug (DVZ im Unterarm) mit dem Resultat schneller und druckvoller zu spielen Möglichst effiziente Verzahnung der Elemente aus Kraft, Schnelligkeit, Koordination in das Tennistraining
Das Komplextraining wird mit leichten oder schweren Gewichten ausgeführt (Kontrast-Methode/-Ergänzungsmethode)	Verbesserung der Koordination von Bein-, Arm- und Körperarbeit unter Schnelligkeitsaspekten Durch eine Erhöhung der Ökonomie, Koordination und Schnelligkeit soll die sportliche Form weiterentwickelt werden
Durch die Kontrastmethode entsteht im ZNS ein Widerstandsgefühl in der Muskulatur, welches nur etwa 10 Sekunden andauert (Erinnerungseffekt der Muskulatur)	Zusammenhang zur Technik muss fließend ineinander übergehen (direkter Transfer zur Technik) Übungen in vollem Umfang und mit optimaler Intensität durchführen

Abbildung 5: Merkmale und Ziele Komplextraining

Auch im Rahmen des Komplextrainings lässt sich schlussendlich ein erfolgreiches Training durch eine bestmögliche pragmatische Umsetzung von theoretischem Knowhow in der Praxis erreichen. Wir können Ihnen abschließend noch folgende Handlungsempfehlungen geben:

- Ein qualitatives Aufwärmprogramm ist erforderlich, um dadurch die physische wie auch die psychische Leistungsbereitschaft zu erhöhen.
- Das Komplextraining sollte sowohl in der Vorbereitungs- als auch in der Wettkampfperiode eingesetzt werden.
- Die Belastungen durch das Komplextraining sollten schon im Aufwärmen vorbereitet werden (z. B. Sprünge und Läufe).
- Die komplexe Vorübung steht in unmittelbarem

Zusammenhang mit der Zielübung und daher ist auf eine technisch korrekte Ausführung zu achten.
- Die Übungen müssen zielgruppengerecht sein.
- Um einen möglichst optimalen Trainingseffekt zu erzielen, sollte das Komplextraining im Tennistraining regelmäßig und langfristig eingesetzt werden.
- Eine hohe Intensität der Übungen ist erforderlich.

Belastungsstruktur

Die Belastungsstruktur spiegelt sich im Verhältnis von Belastung und Pause wider und ist von entscheidender Bedeutung für ein effektives Training. Die Belastungen liegen physiologisch gesehen im anaeroben-alaktaziden Bereich und die Reizintensitäten der Übungen sind hoch bis sehr hoch (90–100 %). Zudem ist die Dauer des Reizes bei den Vor- und Hauptübungen relativ kurz (max. 5–8 Sekunden) und der Richtwert für den Umfang des Reizes kann mit ca. 15–20 Minuten pro Übung bemessen werden.

Der grobe Trainingsablauf gestaltet sich aus Ergänzungs-, Ziel- und Abschlussübung und dementsprechender Pausengestaltung. In Abhängigkeit des jeweiligen Alters und des konditionellen Zustandes der Spieler werden mehrere Serien pro Übung durchgeführt. Zuerst werden die jeweiligen Ergänzungsübungen mit maximaler Intensität durchgeführt. Als Empfehlungswert für den Turnus können 4-6 Wiederholungen/Schläge pro Spieler angesetzt werden (Reizdauer). Im direkten Anschluss (Ausnutzung des Nachwirkungseffektes) folgt die Durchführung der speziellen Zielübung. Entscheidend ist wiederum die Intensität und Qualität bei der Umsetzung der Übung. Auch hier können vier bis sechs Wiederholungen/Schläge pro Spieler angesetzt werden. Nach erfolgter Zielübung kommt stets eine Pause. Somit können optimale Leistungssteigerungen bei den Spielern erreicht werden. Als grobe Vorgabe kann ein Verhältnis zwischen Pause und Aktion von 1:3 angesetzt werden. Je nach Gruppengröße kann das Verhältnis zwischen den beiden Parametern variieren und bei 1:2 oder auch bei 1:4 liegen.

In diesem Kontext spielen stets auch die Erfahrung und das Gespür des Trainers für den jeweiligen Spieler eine entscheidende Rolle. Der kompetente Trainer achtet fortwährend auf die individuellen konditionellen Voraussetzungen des Spielers und auf die Ausführungsqualität der Übungen. Falls an diesem Punkt die Einschätzung des Trainers negativ ausfällt, kann durch eine zusätzliche Pause einem drohenden Qualitätsverlust des Trainings und einer möglichen Überlastung des Spielers entgegengewirkt werden. Möglicherweise kann etwa durch ein erneutes Wiederholen einer Vorübung (vor Ausführung der Zielübung) eine bessere Automatisierung, Präzisierung und Ökonomisierung der Bewegungsausführung beim Spieler erreicht werden.

Methodische Verfahren

Im Komplextraining sind trainingsmethodische Maßnahmen so anzuwenden, dass aktuelle Trainingsziele stets im Fokus der Betrachtung stehen. Gewissermaßen ist der Zusammenhang von koordinativen und konditionellen Elementen mit der Tennistechnik bestmöglich und fortwährend zu beachten. Wie bereits geschildert, wird durch die Kombination von Ergänzungs- und Zielübungen zudem der beschriebene Nachwirkungseffekt ausgenutzt. Sowohl in den vorbereitenden Übungen als auch in den Hauptübungen können je nach Güte der Ausführung natürlich technische Korrekturen stattfinden. Der Trainer sollte die Bewegungs- und Schlagabläufe erklären und demonstrieren. Falls es nötig ist, werden auch gewisse Handlungen korrigiert und verbessert. Folglich ist das Training sehr trainerzentriert, also deduktiv ausgerichtet und kann sowohl technik- als auch spielorientiert gestaltet sein. Für alle Übungen empfehlen wir die Ganzheitsmethode.

Praxisteil

Da wir uns in diesem Abschnitt auf den Hauptteil des Komplextrainings konzentrieren, werden nur kurz mögliche Warm-up- und Cool-down-Programme beschrieben. An dieser Stelle unterteilen wir das Aufwärmprogramm in zwei verschiedene Abschnitte, einerseits das generelle Warm-up, welches vor allem der Aktivierung des Herzkreislaufsystems, der Verletzungsprävention, der psychischen Vorbereitung und des Körpergefühls dient. Hier können folgende Elemente aufgezählt werden:

- Normales Einlaufen
- Lockerungs- und Beweglichkeitsübungen
- Laufschule mit Sidesteps, Kreuzschritten, Kniehebellauf/Anfersen, Richtungswechsel, Tappings, Fußgelenksläufe, Sprünge (= koordinatives Einlaufen)
- Koordinatives Einlaufen mit Einbindung von Bällen, Richtungswechseln und Sprints

Andererseits findet ein tennisspezifisches Warm-up auf dem Platz mit Ball und Schläger statt. Hier liegt das Hauptaugenmerk auf dem Finden und der Erlangung von Rhythmus, Ballgefühl und Beinarbeit. Hier können folgende Elemente angeführt werden:

- Einschlagen im T-Feld
- Paarweise Kleinfeldspiele
- Einschlagen im ganzen Feld mit submaximalem Tempo (alles wird durchgespielt)

Das abschließende Cool-down-Programm findet stets nach dem Hauptteil des Komplextrainings statt, ist aber auch ein wichtiger Bestandteil des Trainings. Nicht nur zur Prävention von Verletzungen ist ein Cool-down sinnvoll und zu empfehlen, sondern auch aus Motivationsgründen. Dieser Trainingsabschnitt könnte beispielsweise aus einem kurzen Fußballspiel und anschließendem Auslaufen bestehen. Natürlich könnte auch ein lockeres Ausschlagen paarweise longline von der Grundlinie stattfinden.

Spieleröffnung (Aufschlag und Return)

In den folgenden Trainingsformen steht die Spieleröffnung im Fokus der Betrachtung. Für den Erfolg im Match ist dieser „Kick-off" des Ballwechsels maßgeblich. In diesem Kontext sind Geschwindigkeit, Präzision, Reaktionsvermögen und die Ausführungsqualität eines Schlages wichtige Parameter des Erfolges. Blicken wir zunächst einmal auf das Thema Aufschlag. Man muss klar anmerken, um überhaupt Aufschlaggeschwindigkeiten von über 200 km/h erreichen zu können, müssen kreative Trainingsformen entwickelt und durch den Einbau von zusätzlichen Trainingsmitteln neue Reize gesetzt und zudem vorrausschauend trainiert werden. Es sollte nochmals betont werden, dass durch die Qualitätserhöhung in der Spieleröffnung (Geschwindigkeit, Reaktion etc.) längere Ballwechsel vermieden, der Druck auf den Gegner erhöht und dem Spiel der eigene Stempel aufgedrückt werden können. Und genau aus diesen Gründen sollte das Thema Spieleröffnung auch für das Komplextraining eine wesentliche Rolle im Training spielen.

Aufschlagtier

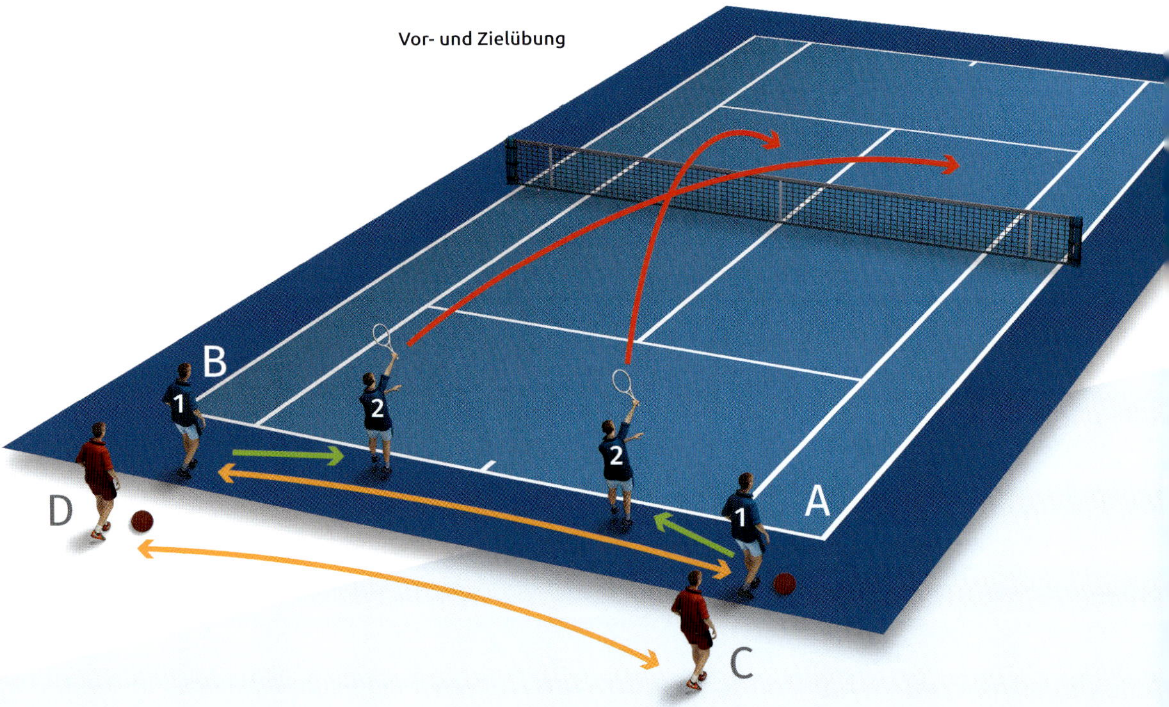

Trainingsziele: Steigerung der Schlaggeschwindigkeit beim Aufschlag durch Erhöhung der Aktionsschnelligkeit und Bodenreaktionskraft.

Beschreibung:

1) Vorübung: Die Spieler A bis D stellen sich gegenüber auf (siehe Skizze) und werfen sich Medizinbälle (0,5–1 kg) in Aufschlagbewegung zu. Es werden vier bis sechs Würfe pro Spieler durchgeführt.

2) Zielübung: Nach den Würfen begeben sich die Spieler unmittelbar an die Grundlinie und schlagen so hart wie möglich auf (6-8x Aufschläge). Daraufhin folgt eine Pause und die gesamte Serie (Vorübung und Zielübung) wird wiederholt. Es werden drei bis vier Serien insgesamt durchgeführt.

3) Abschlussübung: Die Aufschläger A und C spielen gegen das Team B und D bis 20 Punkte. Danach werden die Seiten gewechselt und ein zweiter Satz wird ausgespielt. Die Punkte werden einzeln im Team ausgespielt. Bei einem Fehler erfolgt ein sofortiger Wechsel im Team und es dürfen maximal drei Punkte hintereinander gespielt werden. Es dürfen nur erste Aufschläge gespielt werden, wobei das Ziel ist, ein Ass und so schnell wie möglich aufzuschlagen. Das Aufschlagfeld ist erweitert und reicht bis zur Grundlinie auf der jeweiligen Aufschlagseite. Für jedes Ass erhält der Spieler drei Punkte für das Aufschlagteam. Nach dem Aufschlag wird der Punkt frei im Einzelfeld ausgespielt. Geht der Aufschlag seitlich ins Aus, Netz oder ist zu lang, so geht der Punkt sofort an die Return-Mannschaft.

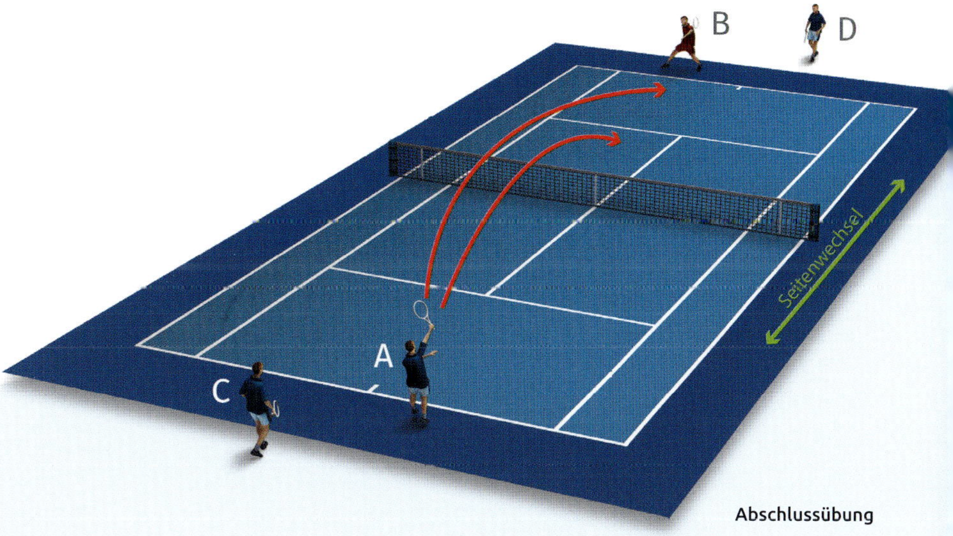

Abschlussübung

Anzahl der Spieler: 2–4

Gesamtdauer: ca. 30 Minuten

Hinweise und Tipps:

- Warm-up erfolgt durch Aufschlagtraining mit Fokus auf Sicherheit, Platzierung und Bewegungsrhythmus.
- In der Vorübung wird die Aufschlagbewegung mit der Schlaghand (einhändig) und mit maximaler Wurfintensität durchgeführt.
- Trainer achtet auf die optimale Vordehnung.
- Trainer achtet auf die Gewichtsverlagerung von hinten nach vorne.
- Trainer achtet auf die Koordination von Bein-Arm- und Körperarbeit (kinematische Kette).
- In der Vorübung wird die Aufschlagbewegung mit beiden Händen und mit maximaler Wurfintensität durchgeführt.
- Die Vorübung wird mit Badminton- oder Speedmintonschlägern und entsprechendem Ball durchgeführt (ebenfalls vier bis sechs Schläge pro Spieler).
- In der Abschlussübung wird wie folgt vorgegangen:
  - Ass, bei dem der Ball im Aufschlagfeld aufspringt = 6 Punkte.
  - Ass, bei dem der Ball hinter dem Aufschlagfeld aufspringt = 3 Punkte.

Variationen:

- Anstatt Medizinbällen werden Tennisbälle in die Vorübung integriert (Werfen mit Kernwurf über das Netz).
- In der Vorübung werden Aufschläge mit Schlägerhülle/ Pre-Stroke simuliert.
- In der Vorübung werden die Medizinbälle mit Bodenkontakt geworfen.
- In die Vorübung wird zusätzlich das Abspringen integriert.

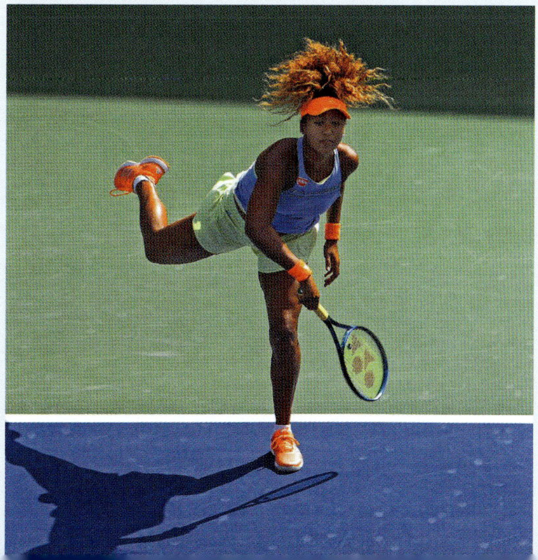

Komplextraining des Aufschlags und der Spieleröffnung mit Schwerpunkt „Leg Drive“

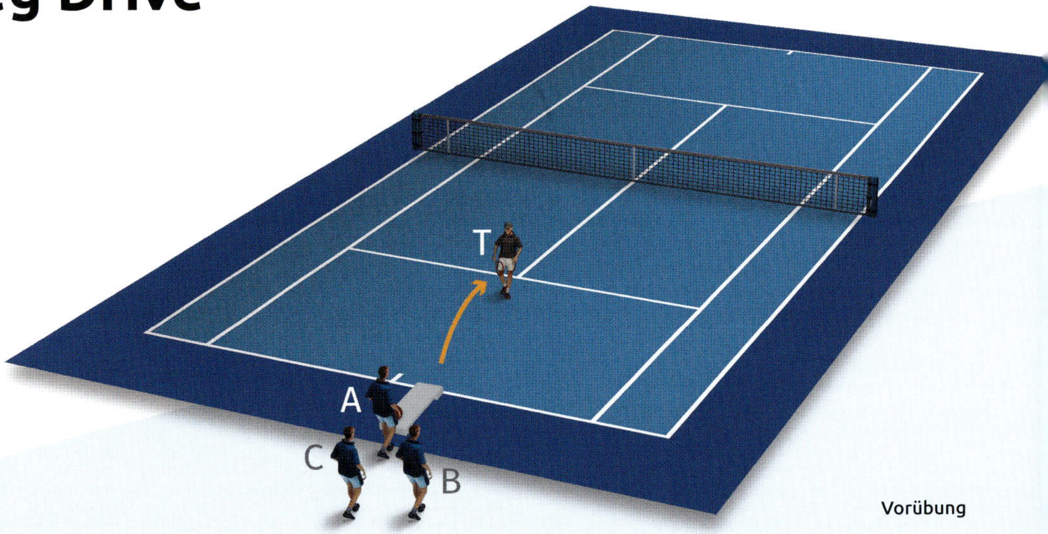

Vorübung

Trainingsziele: Optimierung des „Leg Drive“ beim Aufschlag. Verbesserung des Absprungs und der Landung beim Aufschlag, Training des dynamischen Übergangs von der Aufschlag- zur Netzposition.

Beschreibung:

1) Vorübung: Spieler A stellt sich auf einer Spielfeldhälfte hinter einem Steppbrett auf (siehe Skizze). Er hält dabei einen Medizinball in der starken Hand (Schlaghand) fest und simuliert einen Aufschlag, wobei er den Medizinball in der Aufschlagbewegung zum Trainer wirft (Trainer steht auf derselben Platzhälfte) und mit dem linken Bein (Rechtshänder) auf dem Steppbrett landet. Er wiederholt diesen Vorgang sechs- bis achtmal und simuliert danach sechs bis acht Aufschläge (mit Schläger, aber ohne Tennisball) im gleichen Ablauf. Daraufhin folgt Spieler B usw. Nach der ersten Serie begeben sich die Spieler unmittelbar zur Zielübung.

2) Zielübung: Spieler A startet nun auf dem Steppbrett stehend und schlägt nur einmal auf. Nach dem Aufschlag wird zur T-Linie gesprintet und von dort werden zwei Volleys (Trainerzuspiel) in den entsprechenden Zielkorridor gespielt. Danach folgt direkt Spieler B usw. Nach insgesamt sechs bis acht Durchgängen für jeden Spieler findet eine kurze Pause statt. Danach wird die gesamte Serie (Vorübungen + Zielübung) wiederholt. Insgesamt werden drei bis vier Serien pro Spieler mit Pausen gespielt.

3) Abschlussübung: Die Spieler A bis C spielen nacheinander Einzelpunkte Serve-and-Volley gegen Spieler D im Einzelfeld aus. Hierbei wird im Himmel-Hölle-System gezählt, d. h. Spieler D erhält bei Punktgewinn direkt einen Superpunkt und der erste Spieler, der auf der Serve-and-Volley-Seite drei Punkte erzielt, löst Spieler D ab. Gewonnen hat man mit 15 Superpunkten.

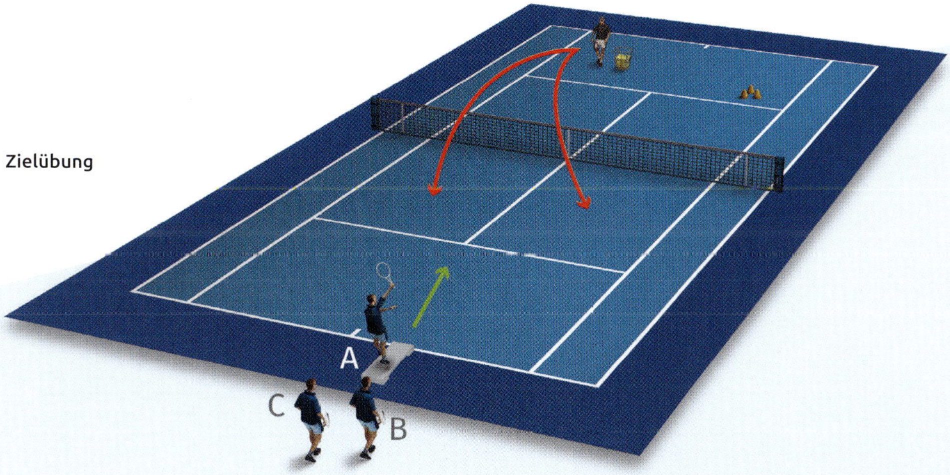

Zielübung

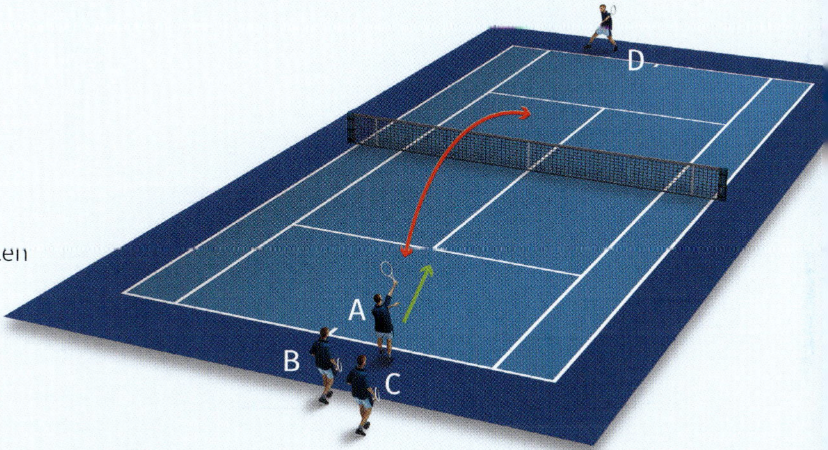

Abschlussübung

Anzahl der Spieler: 4

Gesamtdauer: ca. 30 Minuten

Hinweise und Tipps:

- Trainer achtet besonders auf Absprung (explosiv) und Landung beim Aufschlag.
- In der Vorübung kann ein zweites Steppbrett aufgestellt werden, um Pausen zu verkürzen.
- Dynamischer Antritt nach dem Aufschlag bei Ziel- und Abschlussübung.
- Auf ausreichende Pausen muss geachtet werden.
- Mit Zielbereichen arbeiten.

Variationen:

- Zielübung wird auf der Vorteilsseite durchgeführt.
- Für die Vorübung kann auch nur eine Übung anstatt zwei verwendet werden.
- Bei der Abschlussübung beginnt der Aufschläger einen Schritt vor der GL bzw. im Feld stehend.
- Bei der Abschlussübung muss beim Aufschlag über eine kleine Markierung gesprungen werden.
- Bei der Abschlussübung werden die Punkte abwechselnd auf Einstands- und Vorteilseite ausgespielt.

Komplextraining des Kick-Aufschlags

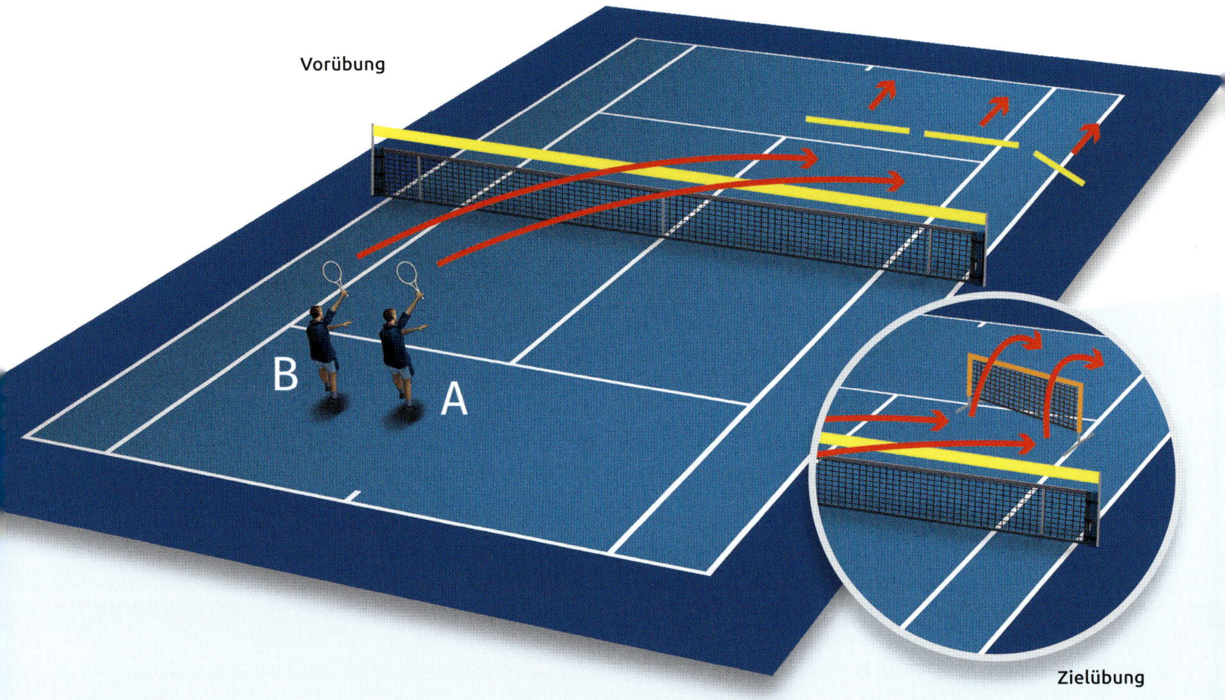

Trainingsziele: Erhöhung des Ballabsprungs nach Kick-Aufschlag. Optimierung der Länge des Aufschlags und der Flugkurve des Balles.

Beschreibung:

1) Vorübung: Die Spieler A und B stellen sich auf einer Spielfeldhälfte auf Höhe der GL des Midcourts auf der Vorteilsseite auf. Beide Spieler halten den Schläger im Kurzgriff und starten aus der Teilbewegung (L-Position). Nun wird der Ball für einen Kick-Aufschlag nach oben geworfen und über eine Netzerhöhung aufgeschlagen. Hierbei muss der Schlägerknauf nach Kontakt in Richtung der Hallendecke zeigen und die Schlagfläche nach hinten Richtung Hallenwand. Nach der ersten Serie (sechs bis acht Wiederholungen) begeben sich die Spieler unmittelbar zur Zielübung.

2) Zielübung: Die Spieler A und B starten nun an der GL (Vorteilsseite). Die Spieler schlagen sechs- bis achtmal mit ihrem normalen Aufschlaggriff und in der ganzen Aufschlagbewegung in die Zielfläche und über die Netzerhöhung auf (siehe Skizze). Der Aufschlag sollte dabei nach dem ersten Aufsprung über das dafür aufgestellte Kleinfeldnetz als Hindernis springen. Nach durchgeführter Zielübung erfolgt eine Pause und die gesamte Serie (Vorübung und Zielübung) wird wiederholt. Insgesamt werden drei bis vier Serien pro Spieler mit Pausen gespielt.

3) Abschlussübung: Spieler A spielt gegen Spieler B einen Aufschlagsatz bis 10 Punkte, wobei Spieler A durchgängig serviert und stets von der Vorteilsseite gestartet wird. Es dürfen nur Kick-Aufschläge (erster und zweiter Aufschlag) nach außen über die Netzerhöhung gespielt werden. Spieler B beantwortet ebenfalls über die Netzerhöhung durch die Mitte lang hinter die T-Linie. Danach ist der Ballwechsel frei über die Netzerhöhung auszuspielen. Falls einer der Aufschläge nicht über die Netzerhöhung fliegen sollte, wird dies sofort als Aufschlagfehler gezählt und bei einem Return unter die Netzerhöhung geht der Punkt direkt an den Aufschläger. Nach dem Satz werden die Seiten getauscht und Spieler B serviert durchgängig bis 10 Punkte.

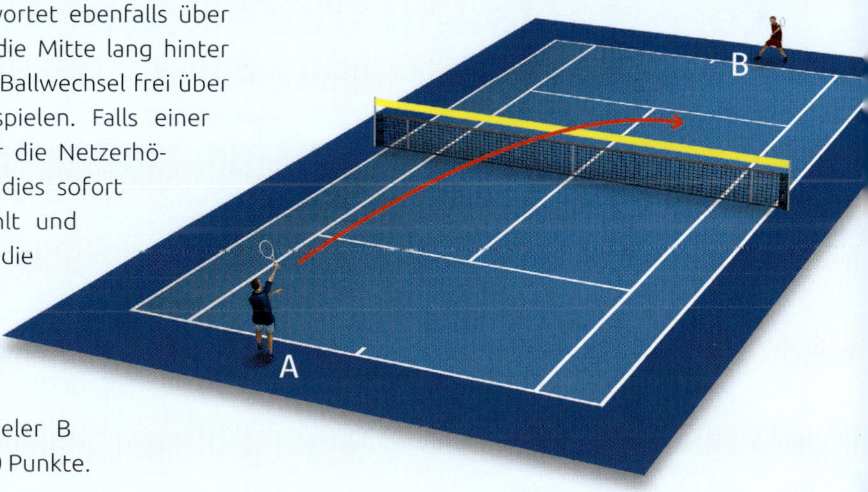

Anzahl der Spieler: 2–4

Gesamtdauer: ca. 30 Minuten

Hinweise und Tipps:

- Trainer achtet auf die technisch korrekte Ausführung des Kick-Aufschlags, besonders bei Vor und Zielübung (Kurzgriff, L-Position, veränderte Position).
- Ein guter Kick-Aufschlag für die Vor- und Zielübung ist nicht ohne Absprung aus den Beinen (Bodenreaktivkraft) und Knieeinsatz möglich.
- Trainer achtet auf das Absprungverhalten des Balles und die Flugkurve.
- Sicherheitsabstand muss gegeben sein.
- In der Zielübung kann anstatt über ein Kleinfeldnetz auch über Pylonen oder Hürden als Hindernis aufgeschlagen werden.

Variationen:

- Um die Kick-Aufschlag-Bewegung zu üben, kann ein Ball in eine Balldose gequetscht werden, um diesen aus der Dose nach oben zu werfen (Vorübung).
- In der Vorübung starten die Spieler je nach Spielniveau von der T-Linie oder direkt von der Grundlinie.
- In der Zielübung kann auch ca. zwei Meter hinter der Grundlinie aufgeschlagen werden.
- Kick-Aufschlag mit dem hinteren Bein kniend von der Grundlinie aus der Teilbewegung (Vorübung).
- Als Alternative kann die Vorübung als Wettkampf gespielt werden:
  - Falls der Aufschlag nach dem ersten Aufsprung über eine Linie in Höhe der Midcourt-Linie aufspringt = 2 Punkte.
  - Falls der Aufschlag nach dem ersten Aufsprung über die Grundlinie aufspringt = 4 Punkte.
- Bei höherem Spielniveau kann in der Vorübung direkt in der ganzen Aufschlagbewegung geübt werden.
- Vorübung, Zielübung und Abschlussübung werden in der Einstandseite durchgeführt (Anpassung der Zielflächen).
- Bei der Abschlussübung mit Belohnung und/oder Bestrafung arbeiten.

Return-Timing und -Kompaktheit

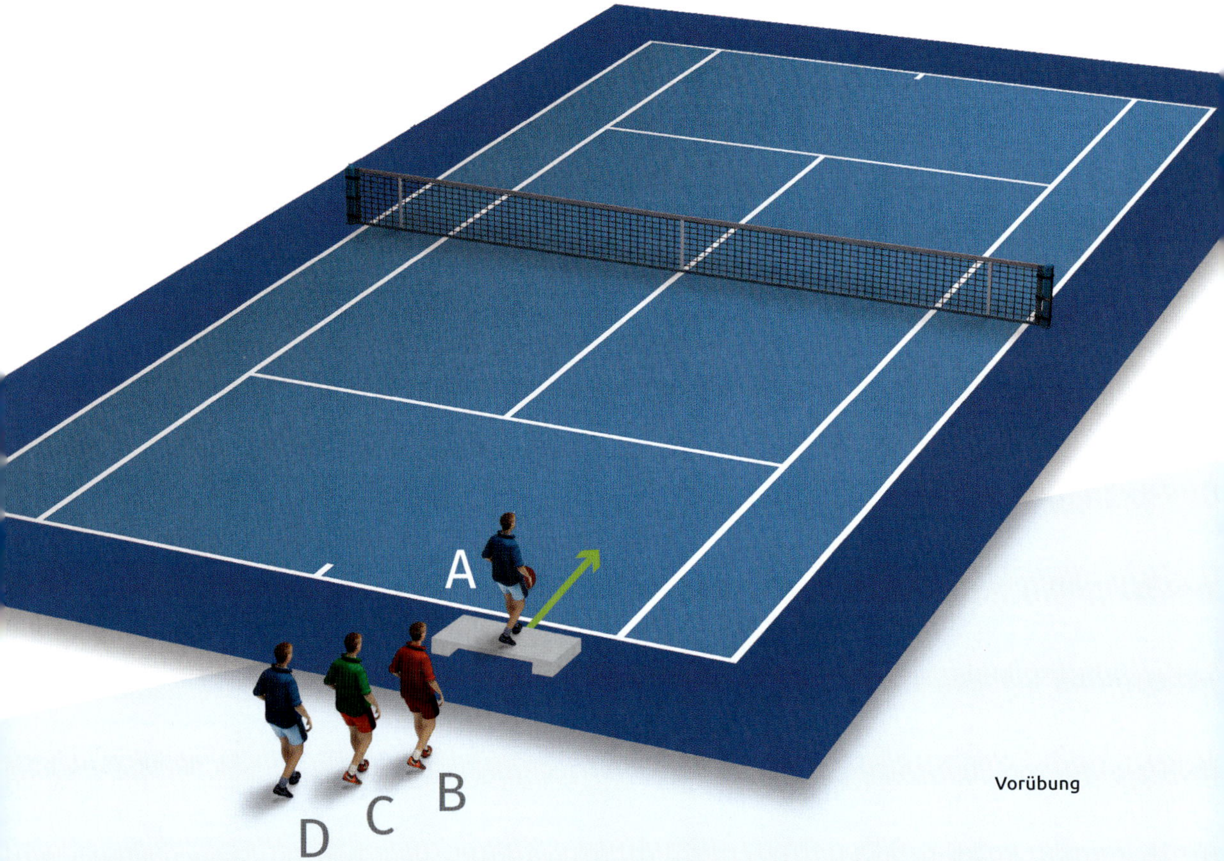

Vorübung

Trainingsziele: Verbesserung des Timings im Splitstep und der Kompaktheit beim Return durch optimale Koordination (intra- und intermuskulär).

Beschreibung:

1) Vorübung: Spieler A bis D positionieren sich auf einer Spielfeldhälfte hintereinander stehend an der Grundlinie (Einstandseite), wobei Spieler A einen Medizinball in den Händen hält und bereits auf einem Aerobic-Stepper (befindet sich 0,5 m hinter der Grundlinie) steht. Auf Zuruf des Trainers springt Spieler A mit einem Splitstep vom Steppbrett und simuliert einen Return. Es werden sechs bis acht Wiederholungen absolviert. Daraufhin folgt Spieler B usw. Nach der ersten Serie begeben sich die jeweiligen Spieler unmittelbar zur Zielübung.

2) Zielübung: Die Spieler stellen sich in der gleichen Aufstellung wie in der Vorübung auf. Spieler A hält nun anstatt des Medizinballs einen Schläger in den Händen und returniert die zweiten Aufschläge des Trainers (T), wobei der Splitstep (vom Steppbrett) stets kurz vor dem Treffpunkt beim Aufschlag des Trainers erfolgt. Um das Timing für den Return zu finden, startet der Trainer zunächst mit zweiten Aufschlägen und steigert die Aufschlaggeschwindigkeit sukzessive. Die Spieler versuchen, den Return mittig vor die Grundlinie zu platzieren (Zielfeld). Nach sechs bis acht Returns folgt Spieler B usw. Nach durchgeführter Zielübung erfolgt eine Pause und die gesamte Serie (Vor- und Zielübung) wird wiederholt. Insgesamt werden drei bis vier Serien pro Spieler mit Pausen gespielt. Danach folgt die Abschlussübung.

3) Abschlussübung: Die Spieler A und B spielen einen Satz Doppel gegen die Spieler C und D. Beide Teams müssen die Returns auf den ersten und zweiten Aufschlag im Feld stehend spielen und der Punkt wird ausgespielt.

Zielübung:

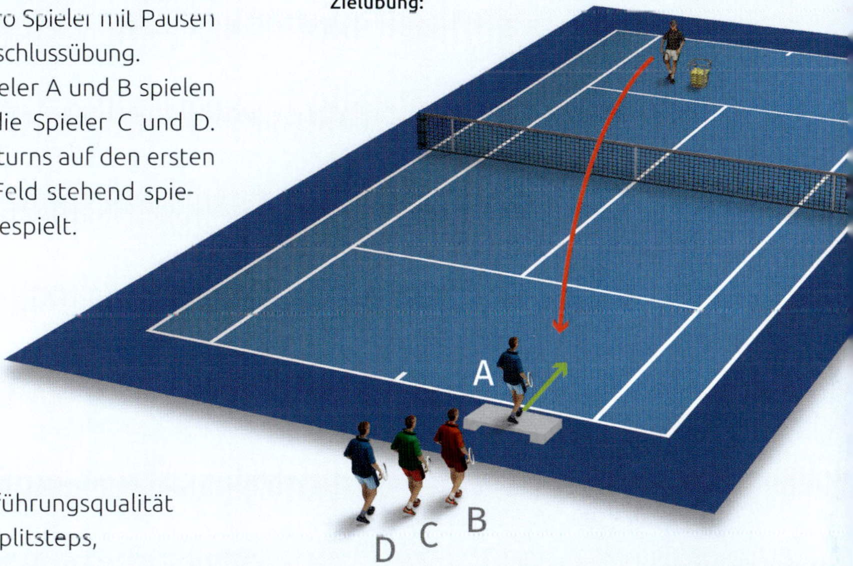

Anzahl der Spieler: 4

Gesamtdauer:
ca. 30 Minuten

Hinweise und Tipps:
- Trainer achtet auf die Ausführungsqualität beim Return (Timing des Splitsteps, Kompaktheit).
- Auf ausreichende Pausen muss geachtet werden.
- Mit Zielbereichen arbeiten (cross, longline oder Mitte).
- Trainer serviert nur auf eine Schlagseite.
- Trainer variiert die Aufschlaggeschwindigkeit.

Variationen:
- Zielübung wird auf die Vorteilsseite durchgeführt.
- Trainer serviert bei der Zielübung von verschiedenen Aufschlagpositionen.
- Returnpositionen können aufgrund der Spielstärke variiert werden (von schwer zu leicht).
- Es wird stets nach zwei Returns auf dem Steppbrett gestartet, wobei der zweite Splitstep und Return weiter vorne im Feld durchgeführt werden muss.

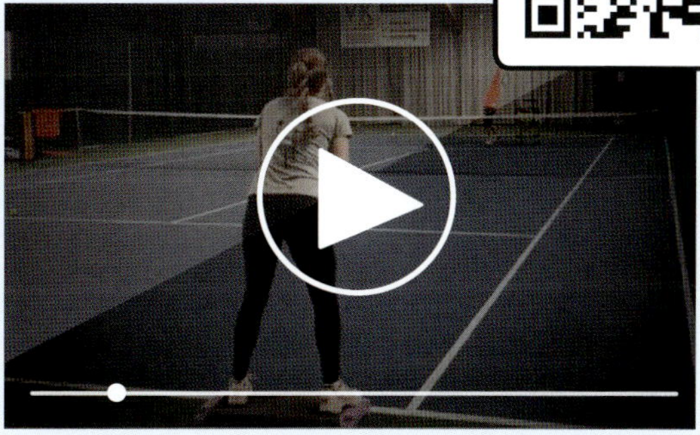

- Bei der Abschlussübung mit Belohnung und/oder Bestrafung arbeiten.

Grundliniensituation

Denken Sie daran, dass taktisch wie auch technisch die zeitliche Komponente für das erfolgreiche Grundlinienspiel nicht außer Acht gelassen werden darf. Das Spiel ist druckvoller geworden und spielt sich zunehmend in der Nähe der Grundlinie ab. Der Ball wird in allen Positionen härter und teilweise frühzeitig nach dem Aufsprung des Balles geschlagen. Derzeit hat es im Spitzentennis höchste Priorität, dem Gegner so wenig Zeit wie möglich zu geben und diesen zu zwingen, außerhalb seiner eigenen „Komfortzone" Bälle zu spielen. Zudem sind die Parameter Länge und Platzierung auch weiterhin für jeden Ballwechsel bedeutsam.

Durch die nachfolgend beschriebenen Komplextrainingsformen werden verschiedene Trainingsziele (z. B. Erhöhung der Schlagkraft, koordinativer Transfer etc.) verfolgt, um die technische und athletische Konstitution des Spielers für sämtliche Spielsituationen an der Grundlinie zu verbessern.

Ausreichende Vorbereitung und Erwärmung des Körpers sind wichtige Voraussetzungen für das Komplextraining.

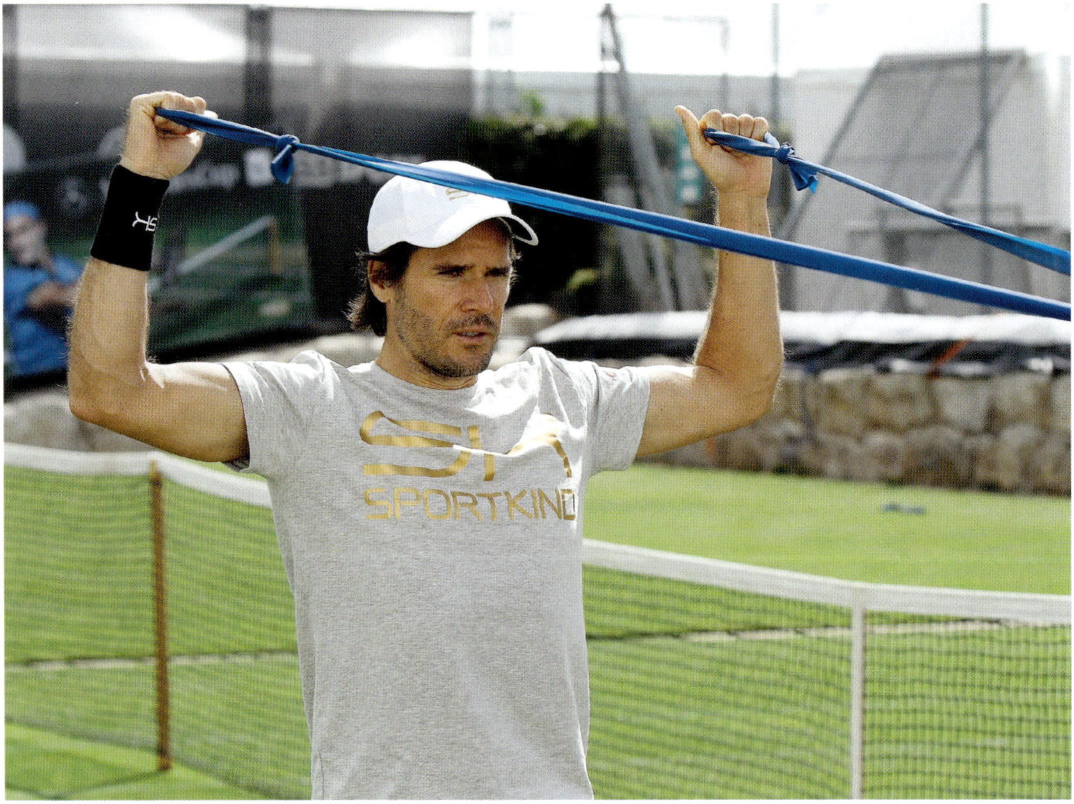

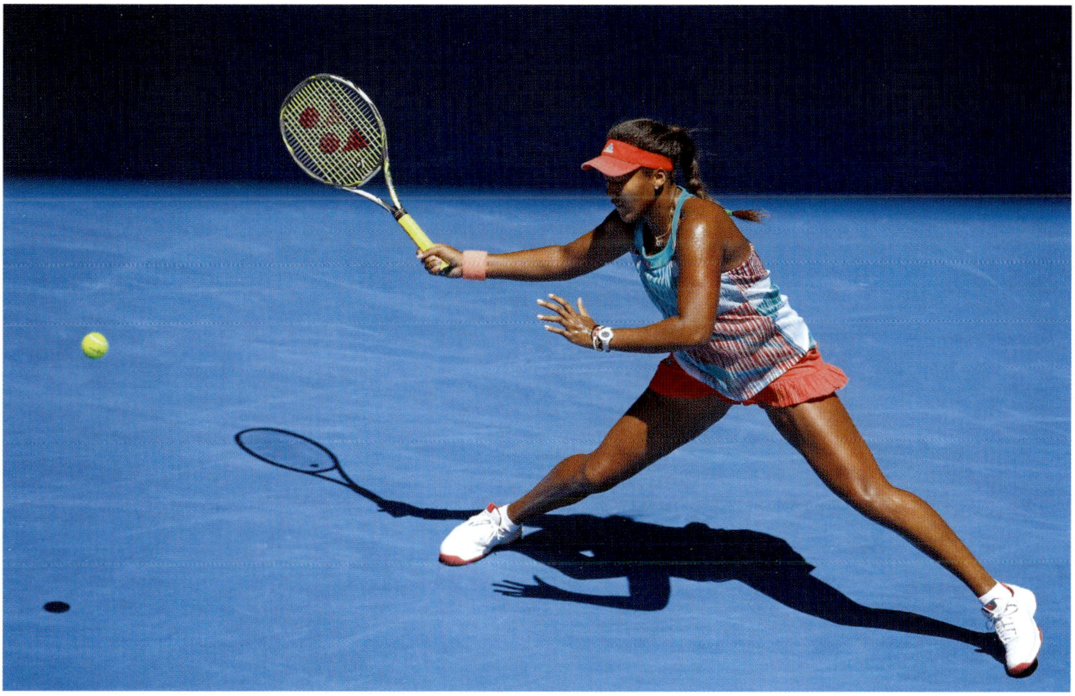

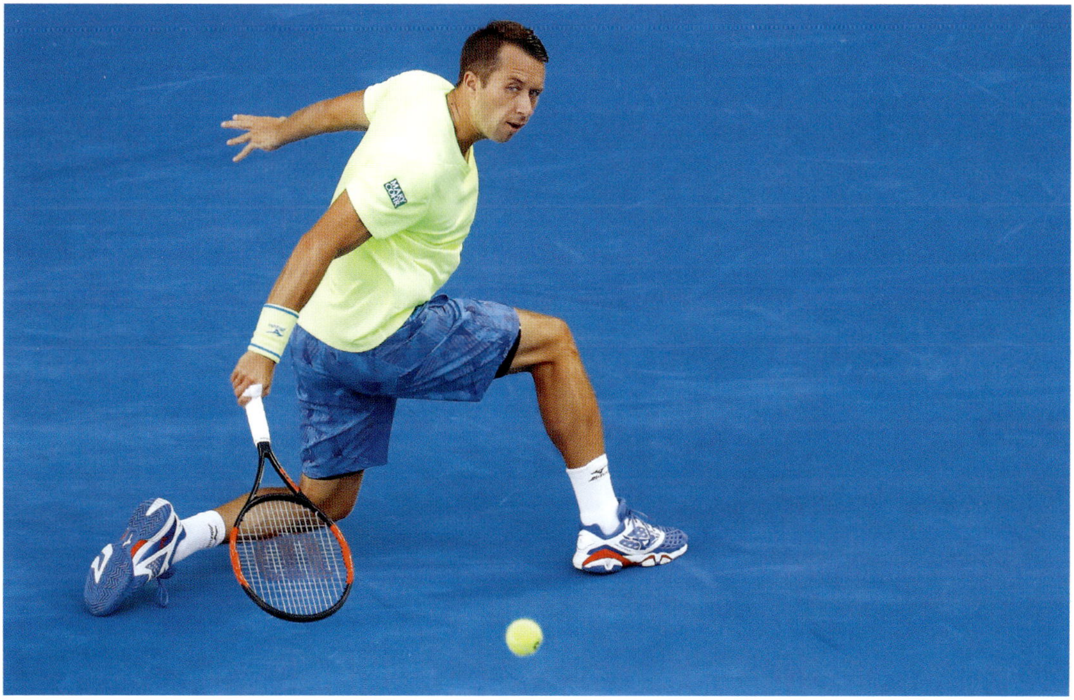

Für komplexe Spielsituationen an der GL müssen auch im Profitennis die richtigen Lösungen gefunden werden.

Komplextraining der Aktionsschnelligkeit bei den Grundschlägen

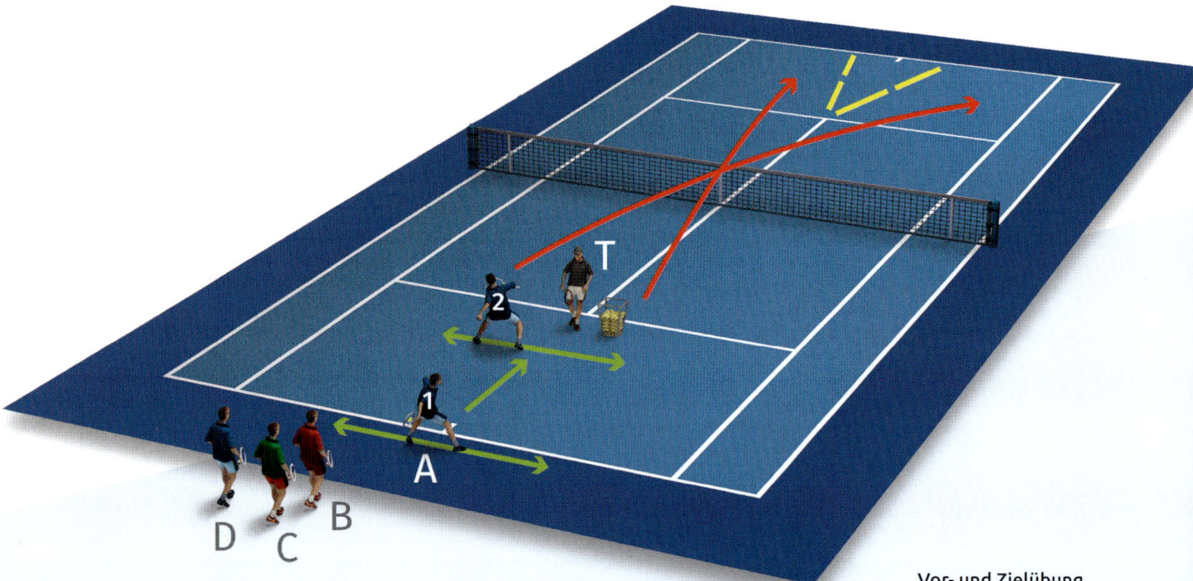

Vor- und Zielübung

Trainingsziele: Erhöhung der Schlagkraft und Geschwindigkeit bei Grundschlägen, Arm schnell machen durch viele explosive Einsätze des DVZ, Muskelvorspannung und Zusammenspiel zwischen Oberkörper, Hüfte und unteren Extremitäten verbessern.

Beschreibung:

1) Vorübung: Spieler A steht dem Trainer frontal gegenüber (ca. zwei Meter Abstand) und startet mit der Pre-Stroke-Übung (sechs bis acht VH-/RH-Schwünge abwechselnd) an der GL. Danach führt Spieler B dieselbe Übung mit dem Pre-Stroke durch etc. Nach der ersten Serie begeben sich die jeweiligen Spieler unmittelbar zur Zielübung.

2) Zielübung: Spieler A führt nun sechs- bis achtmal Topspin-Volleys (VH/RH abwechselnd) mit maximaler Geschwindigkeit im Feld aus. Danach ist Spieler B an der Reihe. Diese Übungsform wird auf Cross-Zielfelder gespielt. Die Spieler stehen hintereinander in einer Reihe und bekommen die Bälle zwischen T-Linie und GL durch den Trainer (T) angespielt. Nach durchgeführter Zielübung erfolgt eine Pause und die gesamte Serie (Vor- und Zielübung) wird wiederholt. Insgesamt werden drei bis vier Serien pro Spieler mit Pausen gespielt.

3) Abschlussübung: Es spielt das Team aus Spieler A und C gegen das Team aus Spieler B und D bis 11 Punkte. Danach werden die Seiten gewechselt und ein zweiter Satz wird ausgespielt. Der Trainer spielt das Zuspiel halbhoch in Richtung Midcourt-GL an. Nun muss Spieler A als ersten Ball einen Topspin-Volley spielen. Danach ist der Ballwechsel frei. Die Punkte werden einzeln im Team ausgespielt. Bei Fehler erfolgt ein sofortiger Wechsel im Team und es dürfen maximal drei Punkte hintereinander gespielt werden. Für jeden Winner im Ballwechsel erhält der Spieler immer drei Punkte für sein Team.

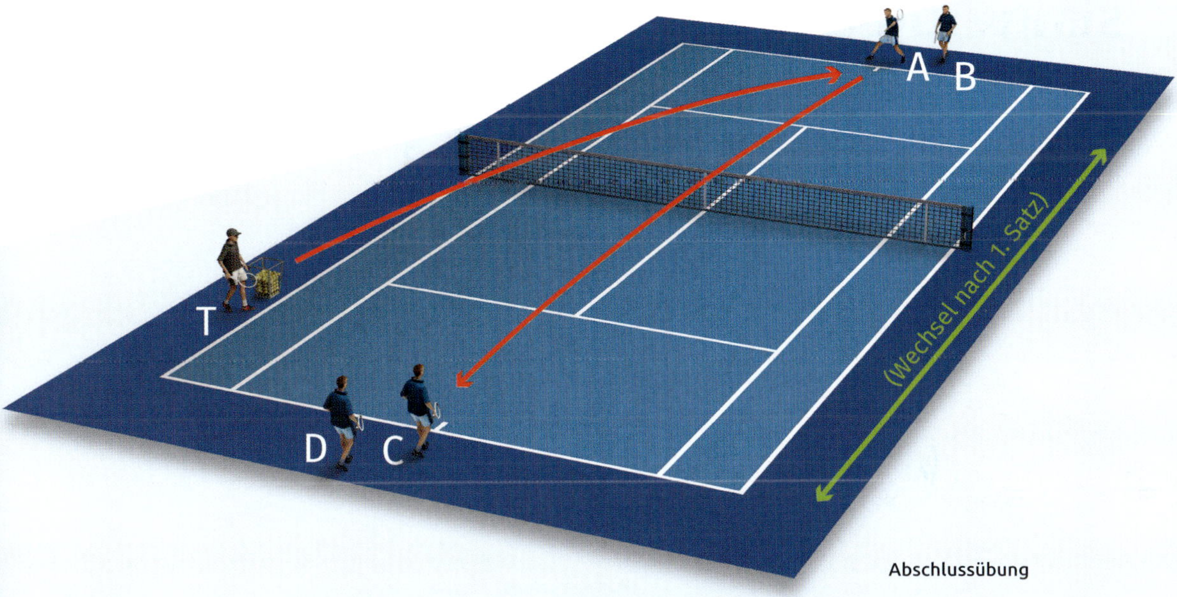

Abschlussübung

Anzahl der Spieler: 4

Gesamtdauer: ca. 30 Minuten

Hinweise und Tipps:

- Mit Zielbereichen (longline oder cross) arbeiten.
- Trainer achtet auf Ausführungsqualität in der Beinarbeit und den Schlägen.
- Trainer achtet auf ausreichende Pausen.
- Bei der Abschlussübung sollten bestmöglichst die geübten schnellen Schläge in den Ballwechseln zum Einsatz kommen.
- Abschlussübung wird mit zwei Halbzeiten bis 11 Punkte gespielt.
- In der Abschlussübung darf jeder Einzelspieler maximal drei Punkte hintereinander spielen. Falls ein Fehler passiert, wird im Team sofort gewechselt.

Variationen:

- Abschlussübung wird als „Himmel und Hölle" mit Topspin-Volley als ersten Schlag gespielt.
- Übungen werden isoliert, z. B. nur für den Vorhandschlag, durchgeführt.
- Zielübung wird mit Methodikbälle (orange oder grün) gespielt.
- Bei Vor- und Zielübung wird mit Gewichtsmanschetten trainiert.

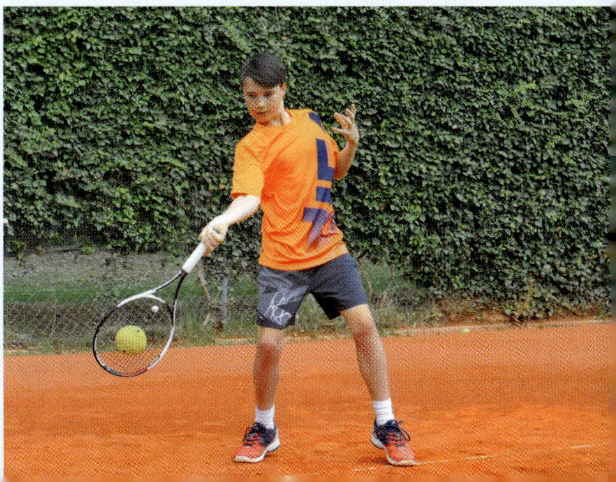

Übungsausführung mit dem Prestroke als Hilfsmittel.

Komplextraining der Grundlinien-situation unter besonderer Beachtung der Koordination und Schnelligkeit der Richtungswechsel

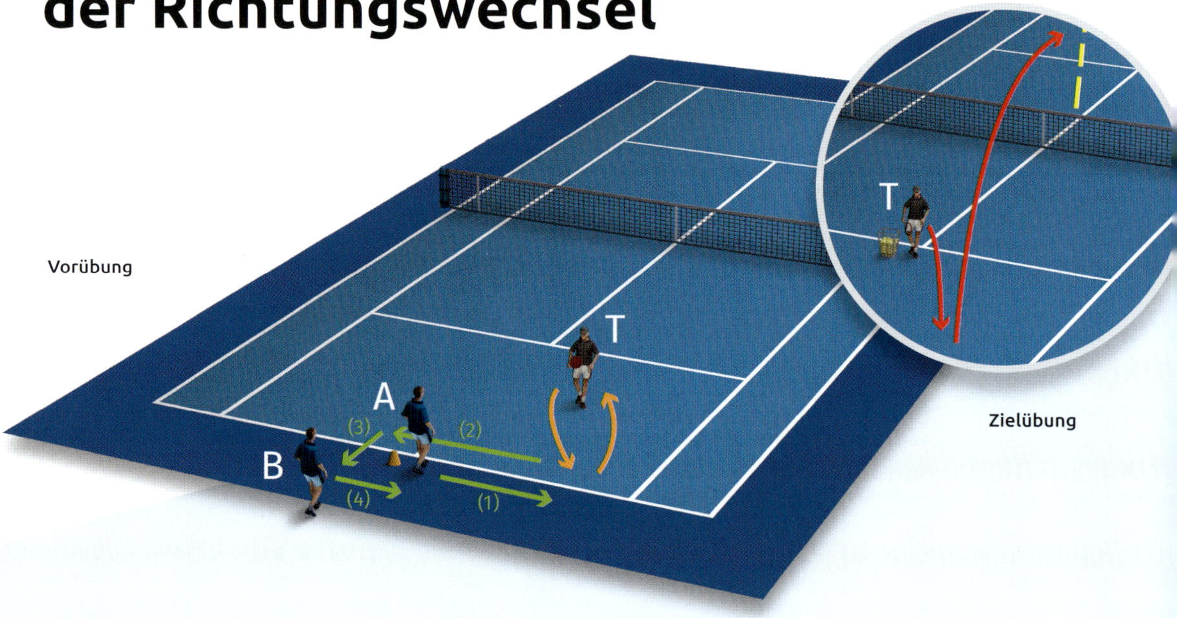

Trainingsziele: Optimierung der Beinarbeit und Koordination der Richtungswechsel mit Einsatz der situativen Schlagtechnik, Erhöhung der Schlaggeschwindigkeit bei Grundschlägen.

Beschreibung:

1) Vorübung: Spieler A steht dem Trainer frontal gegenüber, etwa zwei Meter nach rechts versetzt. Mit einem Splitstep startet Spieler A und der Trainer (T) wirft dem Spieler einen Medizinball (0,5–1 kg) in Richtung der Vorhandseite zu. Spieler A wirft den Ball sofort zurück und muss schnellstmöglich aus der Ecke wieder zum Ausgangspunkt und dort um die Markierung vorne herum laufen, wo sich dann dasselbe wiederholt. Es werden sechs bis acht Wiederholungen absolviert. Nach der ersten Serie begibt sich der jeweilige Spieler unmittelbar zur Zielübung.

2) Zielübung: Spieler A steht dem Trainer wieder frontal gegenüber in der gleichen Ausgangsposition. Der Spieler startet nun mit einem Splitstep. Der Trainer (T) wirft einen Tennisball zum Spieler und dieser schlägt den Ball mit der Vorhand cross in den Zielbereich. Danach muss Spieler A schnellstmöglich aus der Ecke zum Ausgangspunkt und dort um die Markierung vorne herum laufen, wo sich dann dasselbe wiederholt. Es werden sechs bis acht Wiederholungen absolviert. Nach durchgeführter Zielübung erfolgt eine Pause und die gesamte Serie (Vor- und Zielübung) wird wiederholt. Insgesamt werden drei bis vier Serien pro Spieler mit Pausen gespielt.

Abschlussübung

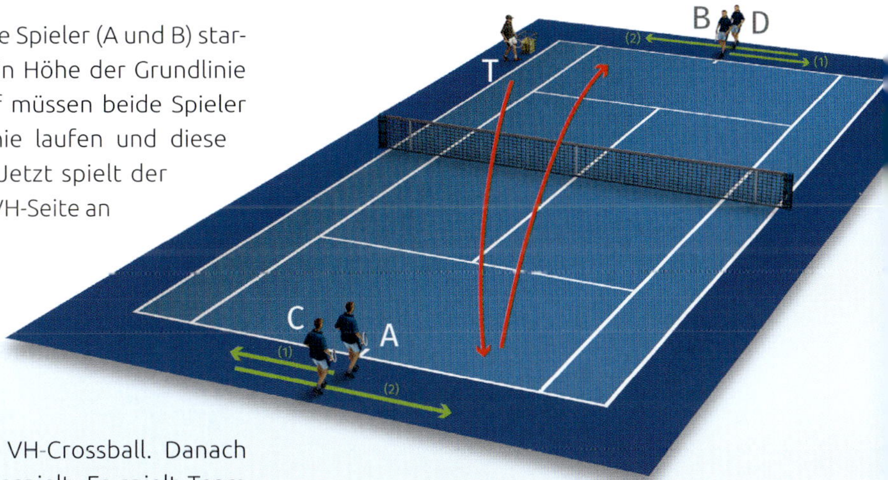

3) Abschlussübung: Beide Spieler (A und B) starten mit einem Splitstep in Höhe der Grundlinie (Skizze). Auf Trainerzuruf müssen beide Spieler in Richtung RH-Außenlinie laufen und diese mit dem Fuß berühren. Jetzt spielt der Trainer den Spieler A zur VH-Seite an und dieser spielt einen VH-Crossball. Danach wird der Punkt frei ausgespielt. Es spielt Team (A+C) gegen Team (B+D) bis 11 Punkte. Danach werden die Seiten gewechselt und ein zweiter Elfer wird ausgespielt.

Anzahl der Spieler: 2–4

Gesamtdauer: ca. 40 Minuten

Hinweise und Tipps:

- Mit Zielbereichen arbeiten.
- Trainer achtet auf Ausführungsqualität in der Beinarbeit und den Schlägen.
- Bei der Vorübung wird der Medizinball in entsprechender Schlagstellung (offen oder halboffen) zum Trainer geworfen.
- Bei der Abschlussübung wird die Außenlinie mit dem Fuß berührt (offene oder seitliche Stellung).
- In der Abschlussübung darf jeder Einzelspieler maximal drei Punkte hintereinander spielen. Falls ein Fehler passiert, wird sofort im Team gewechselt.
- Abschlussübung wird auf zwei Gewinnsätze gespielt

Variationen:

- Es wird mit Gewichtsmanschetten trainiert.
- Mit Belohnung und Bestrafung arbeiten.
- Als alternative Zielübung: Spieler A startet mit einem Splitstep und darauffolgenden 8er-Lauf (ca. sechs bis acht Sekunden) um die beiden gelben Pylonen. Danach erfolgt der Start in der Mitte der Grundlinie mit einem Splitstep und einem RH-Trockenschlag. Nun erfolgt das Zuspiel auf die VH durch den Trainer. Die Vorhand muss cross gespielt werden. Anschließend bewegt sich der Spieler durch die Mitte des Feldes hinaus. Danach folgt der nächste Spieler. Nach der ersten Serie begeben sich die jeweiligen Spieler unmittelbar zur alternativen Zielübung.
- Als alternative Abschlussübung: Spieler A startet wiederum mit einem Splitstep und darauffolgenden 8er-Lauf (ca. sechs bis acht Sekunden) um die beiden gelben Pylonen. Danach erfolgt der Start in der Mitte der Grundlinie mit einem Splitstep und einem RH-Trockenschlag. Jetzt erfolgt das Zuspiel auf die Vorhand des Spielers. Der erste Ball muss Vorhand cross gespielt werden und danach kann der Punkt (einzeln) frei gegen Spieler D ausgespielt werden. Wer von den Spielern (A bis C) zuerst drei Punkte erzielt, darf den Spieler D ablösen. Gewinner ist derjenige Spieler, welcher auf der Einzelseite (Startseite von Spieler D) sieben Punkte erzielt hat.

Komplextraining der Aktionsschnelligkeit (Startschnelligkeit) durch den Widerstandsgurt

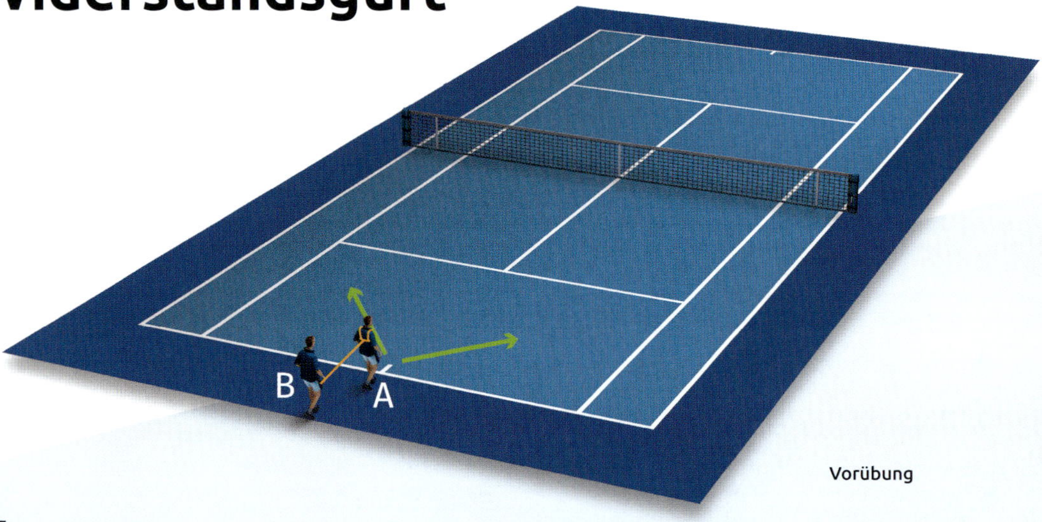

Vorübung

Trainingsziele: Erhöhung der Aktionsschnelligkeit (Startschnelligkeit) durch Einsatz des Widerstandsgurtes und des dadurch gegebenen Nachwirkungseffektes, Gewinnung an Explosivität, optimaler Transfer der Vorübung in die Zielübung und Stärkung des Core-Bereichs.

Beschreibung:

1) Vorübung: Der Spieler startet mittig an der GL und ist an einem Widerstandsgurt befestigt. Dahinter befindet sich ein weiterer Spieler, der den Gurt auf Spannung hält. Nun führt der vordere Spieler einen Splitstep aus, simuliert VH/RH abwechselnd mit einem Medizinball (jeweils auf Höhe der Midcourt-Grundlinie) und kehrt nach jedem Schlag zur Grundlinie zurück. Hinter der GL wird stets ein Splitstep durchgeführt. Nach ca. sechs bis acht Wiederholungen wechselt der Spieler den Medizinball mit dem Tennisschläger aus und simuliert wieder sechs bis acht Schläge. Nach der ersten Serie mit beiden Vorübungen begibt sich der Spieler unmittelbar zur Zielübung.

2) Zielübung: Nun erfolgt die gleiche Übung mit Zuspiel des Trainers. Dabei steht dieser auf der anderen Platzhälfte. Alle Schläge müssen longline in die Zielflächen gespielt werden (sechs bis acht Schläge pro Spieler). Danach wird sofort der Widerstandsgurt abgenommen und der gleiche Spieler spielt erneut sechs bis acht Schläge im Wechsel. Nach durchgeführter Zielübung erfolgt eine Pause und die gesamte Serie (Vorübungen und Zielübung) wird wiederholt. Insgesamt werden drei bis vier Serien pro Spieler mit Pausen gespielt.

3) Abschlussübung: In der Abschlussübung spielt stets ein Einzelspieler gegen zwei Spieler (diese spielen gleichzeitig) Punkte gegeneinander im Einzelfeld aus. Die Spieler C und D sowie A und B bilden jeweils ein Team. Nun startet der Einzelspieler C drei Meter hinter der Grundlinie. Er steht mit jeweils einem Bein in einem Reifen und springt schnell vom linken Bein auf das rechte Bein. Der Trainer (T) spielt den Ball entweder in die Vorhandseite oder in die Rückhandseite an. Der Spieler muss explosiv starten und den Ball auf

Höhe der Midcourt-Grundlinie spielen. Der Punkt wird danach frei ausgespielt. Nach dem Ballwechsel ist Spieler D an der Reihe und startet in der Ausgangsstellung in den Reifen. Es werden Punkte bis sieben im Team ausgespielt. Danach werden die Seiten gewechselt.

Zielübung

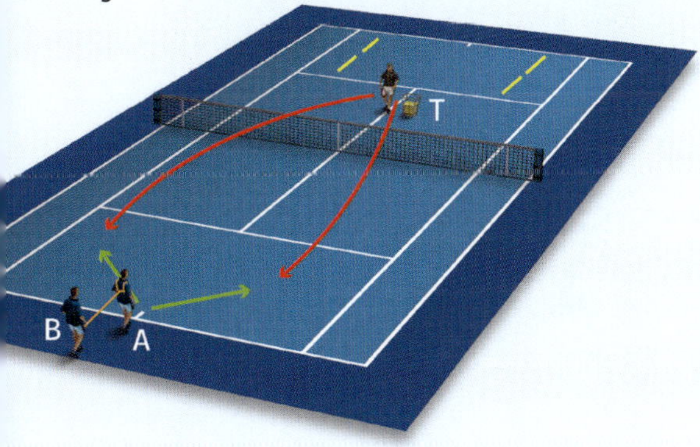

Abschlussübung

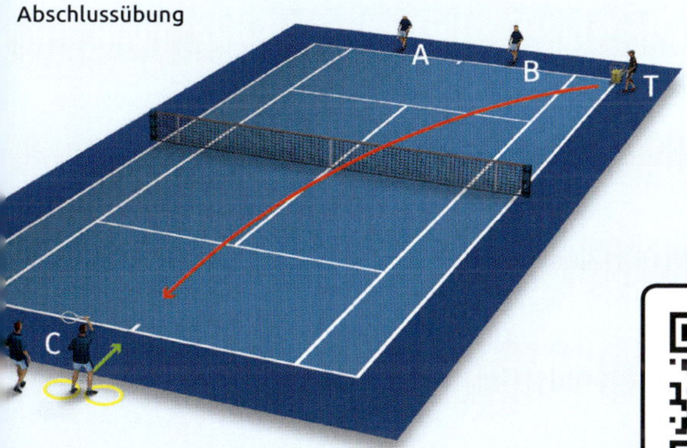

Anzahl der Spieler: 3–4

Gesamtdauer: ca. 30 Minuten

Hinweise und Tipps:

- Trainer achtet auf die Ausführungsqualität in der Vorübung (explosiver Start, saubere Durchführung).
- Trainer achtet darauf, dass stets Spannung auf dem Widerstandsgurt ist.
- Für die Vorübung kann auch nur eine Übung anstatt zwei verwendet werden.
- In der Abschlussübung sind die Reifen nebeneinander aufgestellt, sodass der Spieler immer gezwungen ist, sich vom jeweiligen Bein seitlich abzustoßen.
- Halbhohes Zuspiel auf Höhe der Midcourt-GL durch den Trainer.
- Auf ausreichende Pausen muss geachtet werden.
- Mit Zielbereichen arbeiten.

Variationen:

- Schläge können mit Pre-Stroke simuliert werden.
- Schläge können longline oder cross gespielt werden.
- In der Zielübung kann ein unregelmäßiges Zuspiel des Trainers erfolgen.
- In der Abschlussübung können die Reifen auch hintereinander liegen und die Sprünge werden vorwärts/rückwärts durchgeführt.
- Abschlussübung mit Belohnung und/oder Bestrafung spielen.

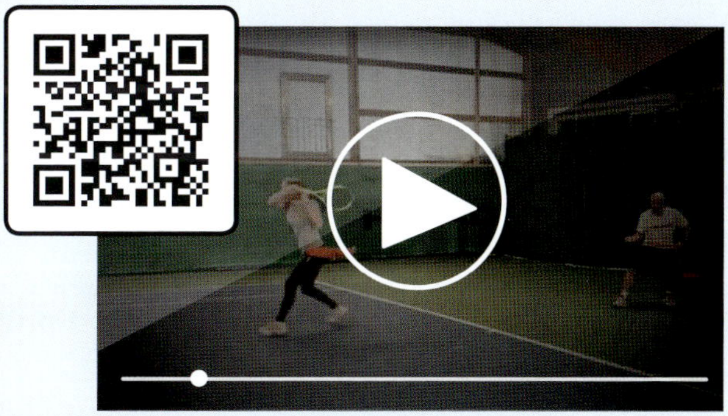

Komplexe Passierbälle in Verbindung mit Schnellkrafttrainingsformen

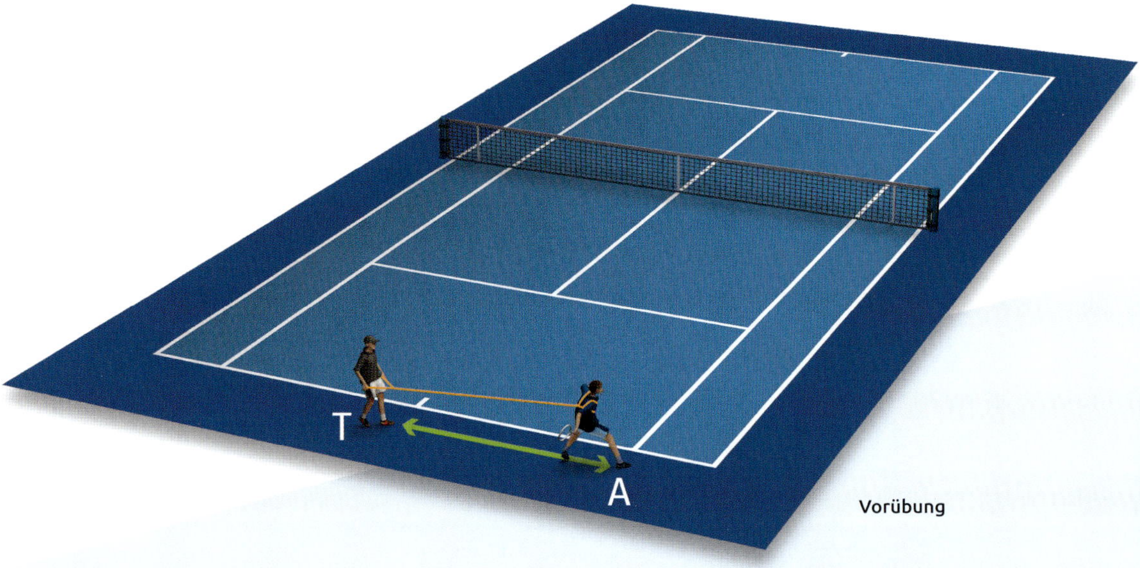

Vorübung

Trainingsziele: Verbesserung der Situationslösung bei Passierbällen nach einem maximal schnellen Sprint, Koordination der Richtungswechsel und Optimierung der Beinarbeit.

Beschreibung:

1) Vor- und Zielübung: An der Grundlinie startet Spieler A seinen seitlichen Lauf (mit Widerstandsgurt) zur Vorhandseite. Der Trainer steht dabei neben dem Spieler und versucht, die Spannung mit dem Widerstandsgurt zu halten. Nach dem VH-Trockenschwung mit maximaler Geschwindigkeit bewegt sich der Spieler wieder zur Platzmitte (Crossover, Sidestep) und der Ablauf wiederholt sich sechs- bis achtmal pro Spieler. Direkt im Anschluss spielt derselbe Spieler als Zielübung VH-Passierbälle mit maximaler Geschwindigkeit. Dabei startet Spieler A in der Platzmitte zu einem weit nach außen gespielten Ball, den er gerade noch erreichen kann und spielt einen VH-Passierball. Anschließend erfolgt ein schnellstmöglicher Richtungswechsel mit einem Sprint zu einer Markierung in der Platzmitte. Auch dieser Ablauf wiederholt sich sechs- bis achtmal. Nun startet Spieler B mit gleicher Übungsabfolge. Insgesamt werden drei bis vier Serien mit Pausen gespielt.

2) Abschlussübung: Es wird „Himmel und Hölle" mit Anspiel durch den Trainer zum VH-Passierball ausgespielt. Auf der Himmelsseite ist immer ein Spieler, der am Netz startet. Die anderen Spieler stehen hintereinander an der Grundlinie. Spieler A startet aus der Platzmitte an der GL und spielt entweder einen VH-Passierball cross oder longline. Es wird der Punkt gegen den Netzspieler B ausgespielt. Danach ist der nächste Spieler auf

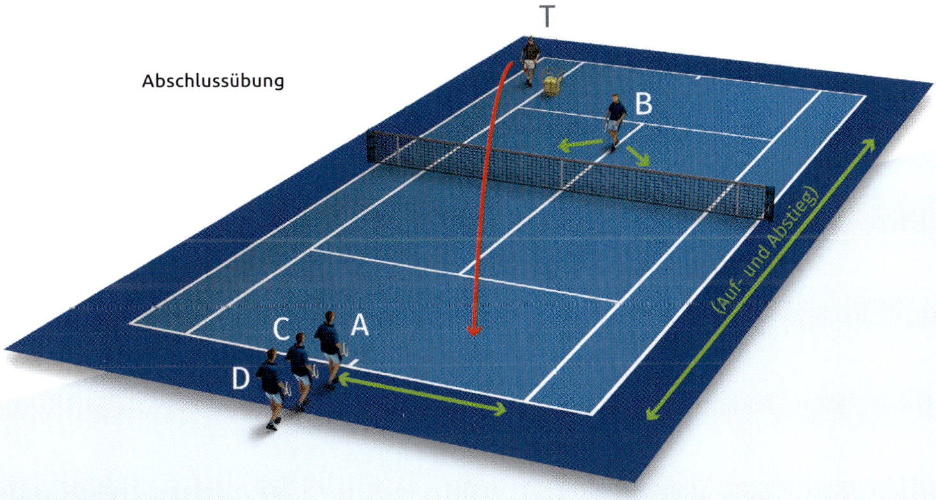

Abschlussübung

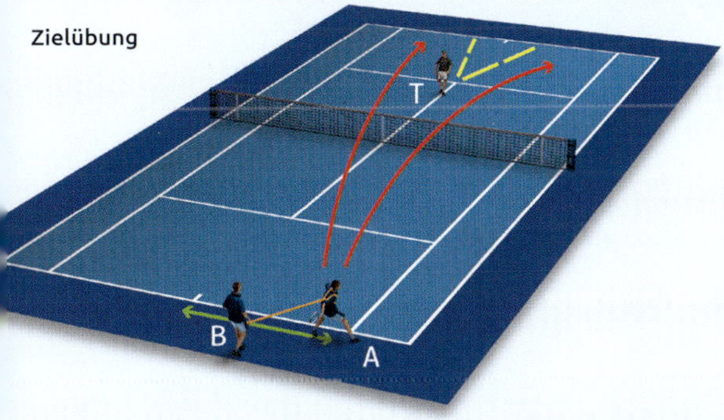

Zielübung

der Passierballseite (Höllenseite) an der Reihe. Wer zuerst drei Punkte als Passierballspieler erreicht, darf auf die Himmelsseite ans Netz. Gewinner ist derjenige Spieler, der zuerst als Netzspieler zwölf Punkte erreicht hat.

Anzahl der Spieler: 4

Gesamtdauer: ca. 30 Minuten

Hinweise und Tipps:

- Trainer achtet auf Ausführungsqualität in der Beinarbeit und den Schlägen.
- Trainer achtet auf ein flaches und aggressives Zuspiel zum Passierball.
- Passierball kann longline oder cross gespielt werden.
- Passierballspieler startet erst auf Zeichen des Trainers.
- Spieler absolviert während den Übungen stets die gleichen Laufwege.
- Vorübung erfolgt jeweils mit sechs bis acht Schlägen pro Spieler.
- Zielübung kann mit Anwerfen oder mit Zuspiel durch den Trainer erfolgen.
- Zielübung kann mit oder ohne Widerstandsgurt gespielt werden.
- Bei der Abschlussübung sollte der Passierball bestmöglich zum Einsatz kommen.

Variationen:

- Bei der Abschlussübung erfolgt der Start auf der Passierballseite ca. ein Meter seitlich von der Platzmitte versetzt auf der RH-Seite.
- Übungen werden für die RH-Seite durchgeführt.
- Vorübung mit Widerstandsgurt wird zusätzlich mit Pre-Stroke im Schläger durchgeführt.
- Vorübung mit Widerstandsgurt wird anstatt mit Schläger mit zugeworfenen Medizinball ausgeführt.
- Anstatt mit Widerstandsgurt wird mit Gewichtsmanschetten trainiert.

Komplextraining der tennisspezifischen Ausdauer in der Grundliniensituation

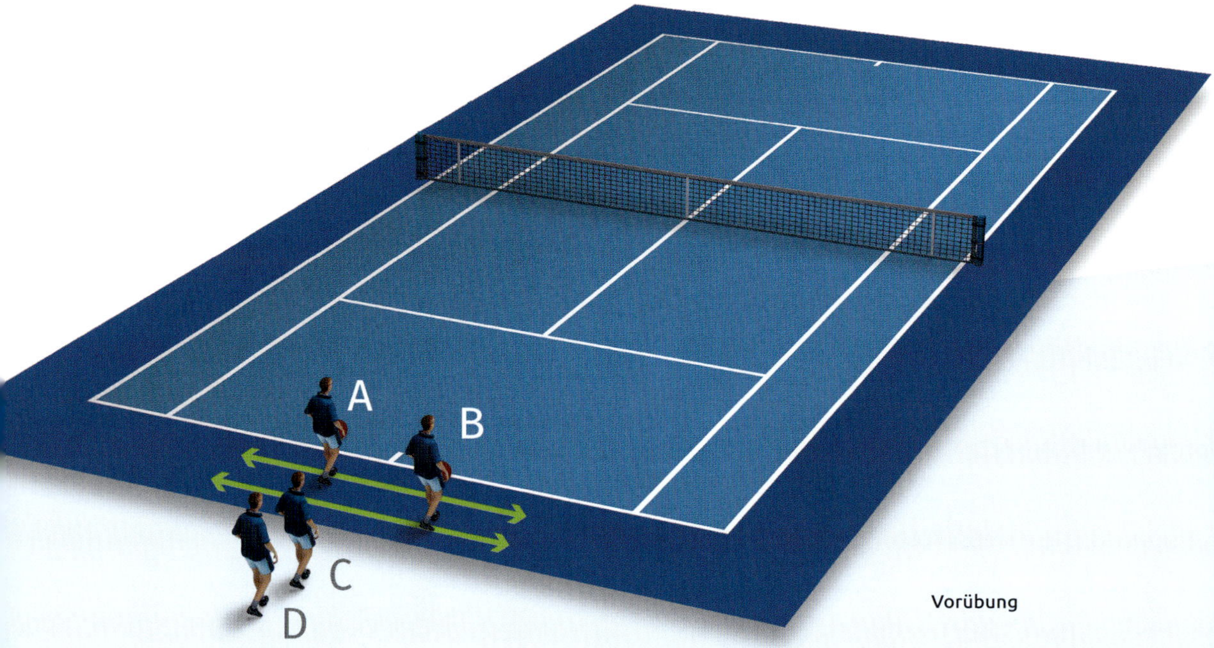

Vorübung

Trainingsziele: Verbesserung der tennisspezifischen Ausdauer, Erhöhung des Ermüdungswiderstands.

Beschreibung:

1) Vorübung: Spieler (A-D) stehen hintereinander auf einer Spielfeldhälfte. Die ersten beiden Spieler (A) und (B) starten seitlich versetzt und hintereinander stehend, wobei (B) in der VH-Ecke und (A) in der RH-Ecke beginnen. Beide Akteure halten einen Medizinball und simulieren jeweils einmal VH (Vorhandecke) und einmal RH (Rückhandecke). Insgesamt werden acht bis zwölf Schläge simuliert. Nach der ersten Serie begeben sich die jeweiligen Spieler unmittelbar zur Zielübung.

2) Zielübung: Die beiden Spieler müssen acht bis zwölf Bälle cross in die Zielflächen spielen. Danach erfolgt stets eine Pause und die gesamte Serie (beide Übungen) werden wiederholt. Nun folgen die Spieler C und D. Insgesamt werden drei bis vier Serien pro Spielerpaar mit Pausen gespielt. Das Trainerzuspiel erfolgt stets über ein Double Feed für beide Spieler auf den verschiedenen Schlagpositionen.

3) Abschlussübung: Es wird ein „Touch the Fence" mit Vorbelastung (Skippings, Kängurus etc.) ausgespielt. Nach Zuspiel des Trainers spielt das Team aus Spieler A und Spieler B gegen das Team aus Spieler C und Spieler D einen Punkt im Doppelfeld aus. Falls ein Fehler, z. B. durch

Zielübung

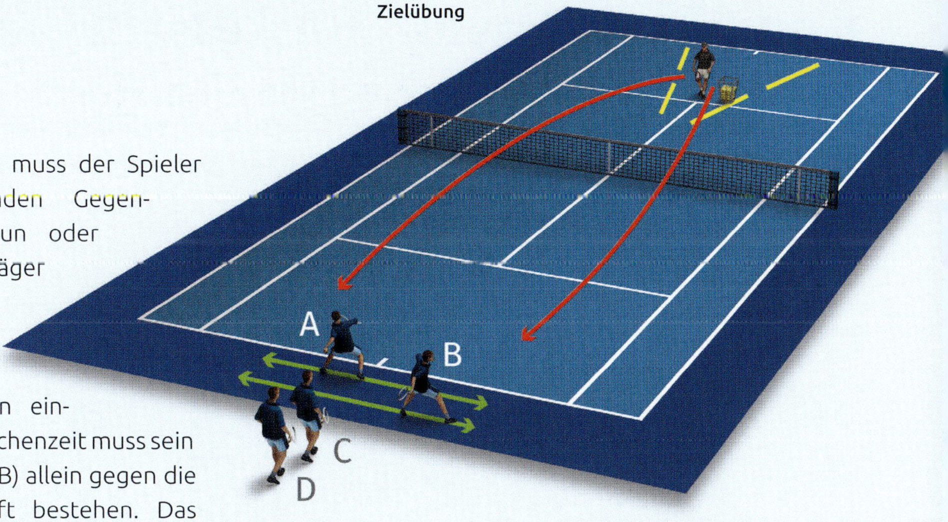

Spieler A passiert, muss der Spieler den nächstliegenden Gegenstand (Wand, Zaun oder Netz) mit dem Schläger berühren. Vorher darf Spieler A nicht mehr ins Spielgeschehen eingreifen. In der Zwischenzeit muss sein Mitspieler (Spieler B) allein gegen die andere Mannschaft bestehen. Das neue Zuspiel durch den Trainer (T) geht nun auch an das Team aus Spieler C und Spieler D. Bei Fehler dieses Teams gilt selbstverständlich derselbe Ablauf. Es zählen nur direkte Punkte, ansonsten geht der Ballwechsel weiter. Es werden Punkte bis sieben ausgespielt. Nach jedem direkten Punkt startet der neue Ballwechsel mit der Vorbelastung, die der Trainer vorab definiert.

Abschlussübung

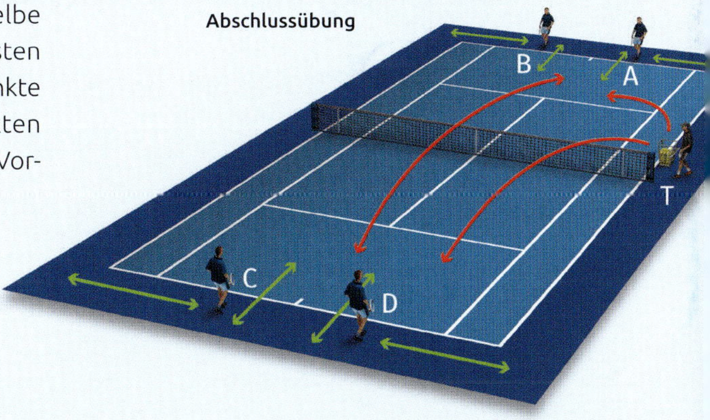

Anzahl der Spieler: 4

Gesamtdauer: ca. 30 Minuten

Hinweise und Tipps:

- Trainer achtet auf die Ausführungsqualität und hohe Intensitäten.
- Auf ausreichende Pausen muss geachtet werden.
- Mit Zielbereichen arbeiten (Schläge können longline oder cross gespielt werden).
- Double Feed bedeutet ein zeitversetztes paralleles Zuspiel.
- In der Abschlussübung darf das Trainerzuspiel nicht aus der Luft gespielt werden.
- In der Abschlussübung beginnen alle vier Spieler stets nach direktem Punktgewinn auf der Ausgangsstellung an der GL.

Variationen:

- Schläge können mit Pre-Stroke simuliert werden (Vorübung).
- Mit Gewichtsmanschette in der Vorübung zusätzlich trainieren.
- Abschlussübung kann mit Aufschlag und Return als Auftakt gespielt werden.
- Ziel- und Abschlussübung mit Belohnung und/oder Bestrafung spielen.

Angriffssituation und Netzspiel

Auf Seite 56 war bereits die Rede davon, dass ein sicheres Agieren am Netz und in der Angriffssituation immer noch wichtige Bestandteile für ein erfolgreiches Spiel sind. Viele Ballwechsel enden am Netz und müssen mit einem Volley, Smash oder Halbflugball abgeschlossen werden. Wichtige Faktoren sind dabei wiederum Präzision, Beinarbeit, Reaktionsvermögen und die jeweilige Ausführungsqualität des Schlages. Auch in diesem Abschnitt werden verschiedene Trainingsziele verfolgt und in den entsprechenden komplexen Trainingsformen umgesetzt.

Transition-Komplex

Trainingsziele: Kräftigung der Muskulatur (besonders Oberschenkelvorder- und rückseite) für das Volleyspiel, Optimierung des Übergangs vom Angriffsball zum Netz.

Beschreibung:

1) Vorübung: Spieler A befindet sich in einer Spielfeldhälfte auf Höhe der Midcourt-Grundlinie und steht auf einem Steppbrett (mittig). Die Spieler B und C stehen auf der anderen Platzhälfte nebeneinander hinter der GL. Nun macht Spieler A einen Splitstep vom Steppbrett und führt einen seitlichen Ausfallschritt in die Vorhandseite und nach einem weiteren Splitstep den zweiten Ausfallschritt in die Rückhandseite aus. Dabei wird auf beiden Seiten jeweils ein Volleyschlag simuliert. Nach dem zweiten Ausfallschritt spielt Spieler A selber einen Angriffsball aus der Hand beliebig an, rückt auf und spielt gegen Spieler B und C einen Ballwechsel (ohne absichtliche Lobs) auf Rhythmus aus. Bei einem Fehler folgt Spieler D, der ebenfalls vom Steppbrett aus startet. Die Spieler B und C dürfen in dieser Übungsform nur mittig (Mittelkorridor) und ohne Lobs spielen. Nach fünf Minuten werden die Positionen gewechselt und die Spieler B und C greifen an.

2) Zielübung: Der Spieler (A) startet mittig ca. 1 Meter hinter der GL mit dem ersten VH-Trockenschwung als Angriffsball. Der Fokus liegt dabei auf einer links-links Kombination (Rechtshänder) im Absprung und in der Landung. Der zweite VH-Trockenschwung als Angriffsball erfolgt nunmehr auf Höhe der GL. Nach diesen beiden Bewegungsausführungen erhält (A) ein Zuspiel durch den Trainer, welches mit dem bereits trainierten Bewegungsmuster (links-links) beantwortet werden muss. Mit diesem Angriffsball startet auch der Punkt gegen das Team (B+C). Die Spieler (A+D) bilden ein Team und spielen stets als Einzelspieler einen Punkt gegen das Doppelpaar (B+C) aus. Es werden Punkte bis fünfzehn im Team gespielt. Der Ballwechsel wird auf das verkleinerte Feld (Angriffsseite) und im Einzelfeld (Doppelpaar) ohne absichtliche Lobs ausgespielt.

3) Abschlussübung: In der finalen Übung bilden die Spieler A und D sowie die Spieler B und C erneut Mannschaften. Spieler A beginnt mittig auf Höhe der Midcourt-GL. Der Spieler darf einen zweiten Aufschlag beliebig auf die Vorhand- oder Rückhandseite ins gesamte Einzelfeld servieren und muss ans Netz aufrücken. Die Akteure B und C müssen den Aufschlag mittig returnieren und der Punkt wird auf das ganze Einzelfeld (beide Seiten) ausgespielt. Dabei sind Lobbälle ab dem zweiten Schlag der Returnspieler erlaubt. Danach folgt Spieler D gegen die Spieler C und B. Es werden Punkte bis fünfzehn ausgespielt und danach gibt es einen Seitenwechsel.

Vorübung

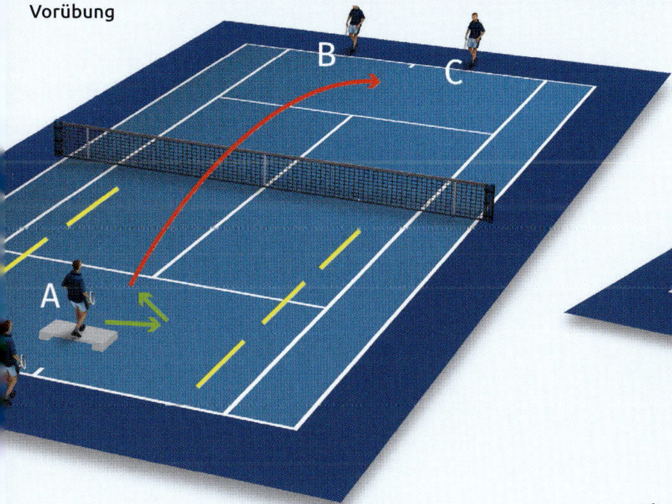

Zielübung

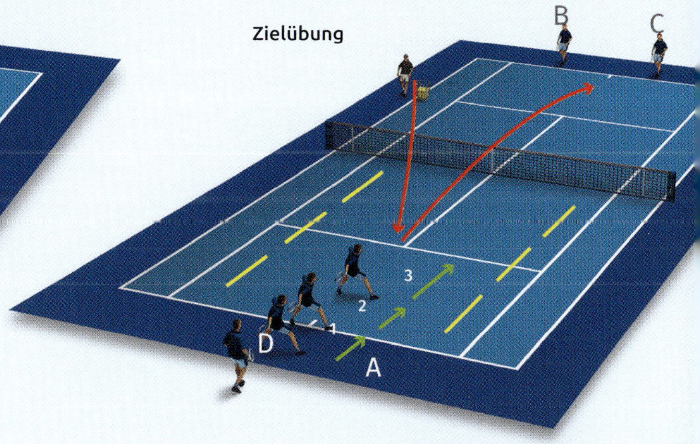

Abschlussübung

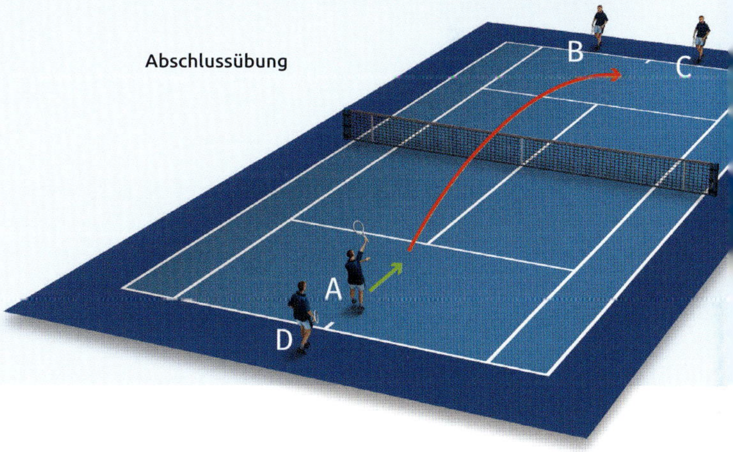

Anzahl der Spieler: 4

Gesamtdauer: ca. 30–40 Minuten

Hinweise und Tipps:

- Trainer achtet auf hohe Intensitäten und Ausführungsqualität.
- Trainer achtet auf den Splitstep, tiefen Körperschwerpunkt und Balance am Netz.
- Bei der Vorübung ist Anspiel bzw. Angriffsball als Chip (direkt, indirekt) auszuführen.
- Bei der Zielübung muss nach dem Angriffsball ans Netz aufgerückt werden.
- Auf genügend Sicherheitsabstand muss geachtet werden.
- Auf ausreichende Pausen muss geachtet werden.

Variationen:

- In der Zielübung darf ab dem dritten Kontakt ein Lob angewendet werden.
- Ziel- und Abschlussübung mit Belohnung und/ oder Bestrafung spielen.
- Vorgabe für den Aufschlag in der Abschlussübung.
- Einbezug des ersten Aufschlags in die Abschlussübung.
- In Abschlussübung wird der Aufschlag von der GL ausgeführt.
- In Abschlussübung auch mit verkleinerter Spielfläche für den Einzelspieler spielen.

Komplextraining des Flugballs und Schmetterballs mit dem Schwerpunkt „Sprungkraft“

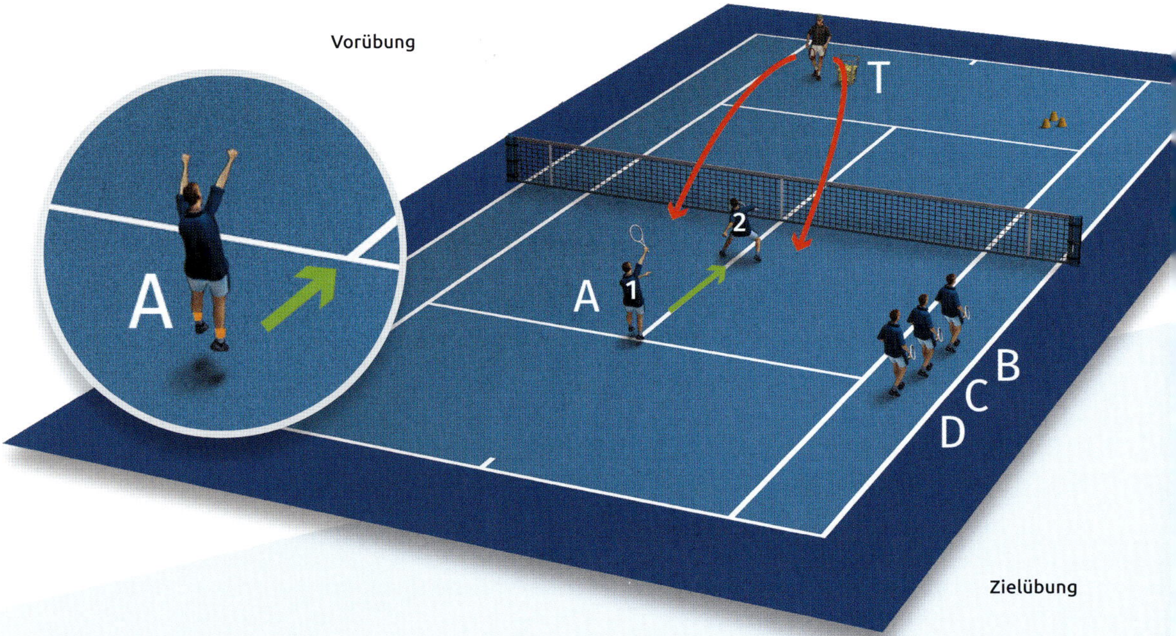

Trainingsziele: Erhöhung der Sprungkraft und Reichweite am Netz, Verbesserung der Sprungkraft in Netzsituationen.

Beschreibung:

1) Vorübung: Alle Spieler stehen auf einer Spielfeldhälfte am Netz und stellen sich hintereinander mit genügend Abstand zum Vordermann auf. Der Trainer (T) steht auf der anderen Platzhälfte ebenfalls zwischen Midcourt und Grundlinie. Nun führt Spieler A vier bis sechs maximal hohe Strecksprünge mit Gewichtsmanschetten (jeweils 0,5 kg oder 1 kg pro Bein) explosiv durch. Nach dieser ersten Serie begibt sich der Spieler unmittelbar zur Zielübung und es folgt der nächste Spieler.

2) Zielübung: Direkt im Anschluss spielt Spieler A ohne Gewichtsmanschetten sechs bis acht Bälle Volley und Schmetterball im Wechsel. Die Volleys müssen aus netznaher Position und die Schmetterbälle aus dem Sprung gespielt werden. Der Start erfolgt jeweils in Höhe der T-Linie. Nach durchgeführter Zielübung erfolgt eine Pause und die gesamte Serie (Vor und Zielübung) wird wiederholt. Insgesamt werden drei bis vier Serien pro Spieler mit Pausen gespielt.

3) Abschlussübung: Spieler A startet in Höhe der T-Linie und muss versuchen, einen vom Trainer angespielten Ball als Volley oder Schmetterball zu bekommen. Der Punkt wird gegen Spieler B im Einzelfeld ausgespielt. Danach folgt Spieler

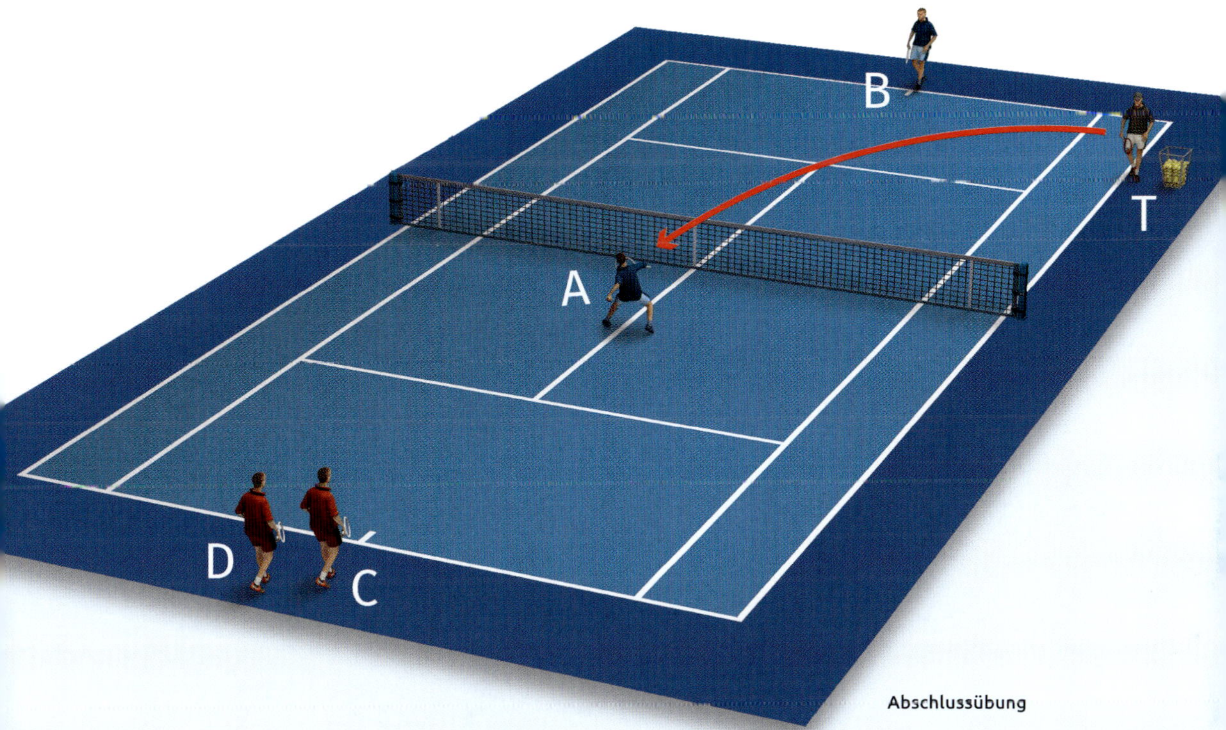

Abschlussübung

C gegen Spieler B. Superpunkte können nur auf der Seite des Spielers B erzielt werden (Himmel). Wer zuerst drei Punkte gegen Spieler B gewinnt, löst diesen ab. Mit 15 Superpunkten hat man das Spiel gewonnen.

Anzahl der Spieler: 3–4

Gesamtdauer: ca. 40 Minuten

Hinweise und Tipps:
- Trainer achtet auf hohe Intensitäten in den Übungen.
- Trainer achtet auf die Ausführungsqualität der Sprünge (explosiv).
- Sehr anforderndes Anspiel des Trainers.
- Auf ausreichende Pausen und genügend Sicherheitsabstand muss geachtet werden.

Variationen:
- Reaktivsprünge vom Kasten bzw. erhöhtes Steppbrett anstatt der Strecksprünge.
- Unregelmäßiges Anspiel des Trainers in der Zielübung.
- Abschlussübung mit Belohnung und/oder Bestrafung spielen.
- Zielübung ebenfalls mit Gewichtsmanschetten durchführen.

Komplextraining des Flugballspiels unter Einbeziehung der Reaktionsfähigkeit

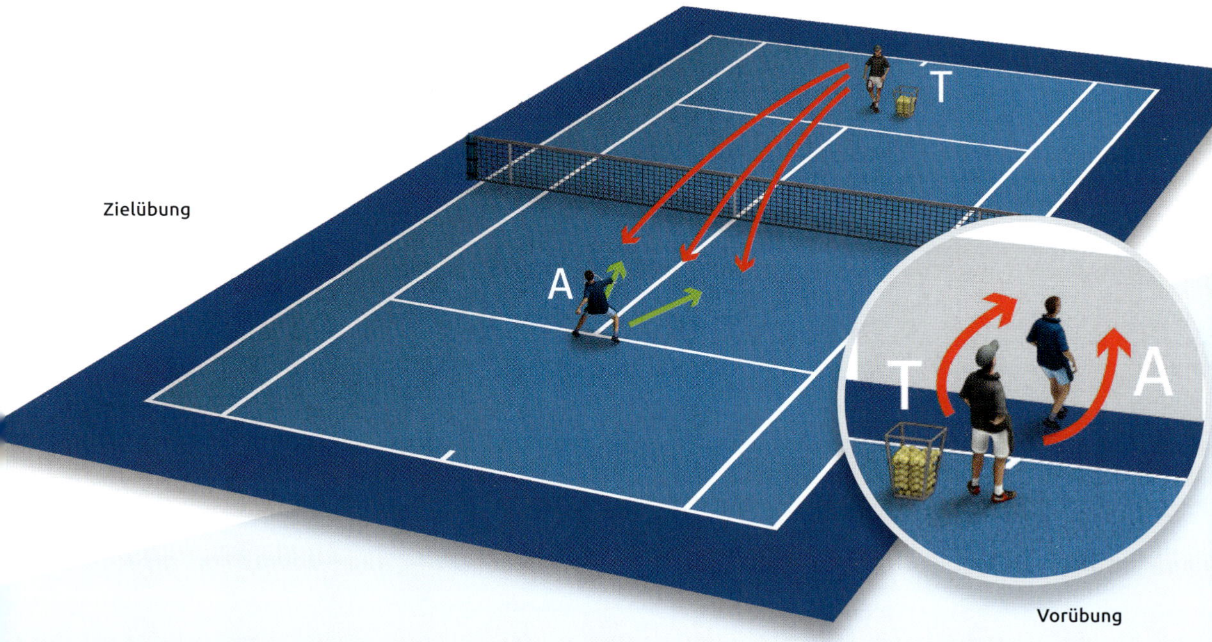

Zielübung

Vorübung

Trainingsziele: Erhöhung der Reaktionsfähigkeit und Beinarbeit am Netz, Training der Auge-Hand-Koordination.

Beschreibung:

1) Vorübung: Spieler A steht vor einer Wand. Der Trainer steht dahinter und spielt hinter dem Rücken von Spieler A Bälle an die Wand, die der Spieler fangen muss (6-8x). Nach der ersten Serie geht der jeweilige Spieler unmittelbar zur Zielübung.

2) Zielübung: Der Trainer schlägt auf und Spieler A volliert den Return innerhalb des T-Feldes als Netzspieler. Der Spieler beginnt seine Bewegung mit einer Vorwärtsbewegung und einem Splitstep. Dieser Ablauf wird dann sechs- bis achtmal wiederholt. Danach ist der nächste Spieler an der Reihe. Nach durchgeführter Zielübung erfolgt eine Pause und die gesamte Serie (Vor- und Zielübung) wird wiederholt. Insgesamt werden drei bis vier Serien pro Spieler mit Pausen gespielt. Erst danach erfolgt die Abschlussübung.

3) Abschlussübung: Zum Abschluss spielen das Team aus Spieler A und Spieler B ein Volleyduell gegen das Team aus Spieler C und Spieler D im Einzelfeld aus. Der Trainer variiert das Zuspiel mit Aufschlag oder durch ein schnelles flaches Zuspiel. Die beiden Teams starten in Höhe der T-Linie und dürfen keine Lobs spielen. Es wird ein Satz bis sechs mit bekannter Tenniszählweise gespielt und mit dementsprechenden schnellen Seitenwechsel.

Abschlussübung

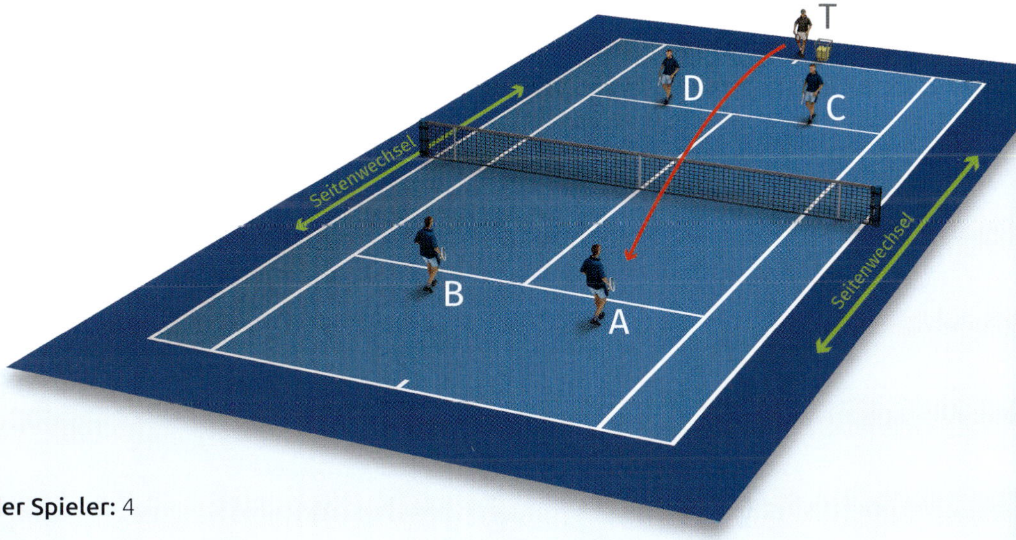

Anzahl der Spieler: 4

Gesamtdauer: ca. 40 Minuten

Hinweise und Tipps:

- Auf ausreichende Pausen muss geachtet werden.
- Bei der Vorübung kann der Spieler den Ball mit einer Hand oder mit beiden Händen fangen.
- Bei der Zielübung schlägt der Trainer von der Midcourt-GL auf.

Variationen:

- In der Vorübung schlägt der Trainer am Netz auf und kniet dabei. Zusätzlich ist das Netz mit einer Matte verdeckt, sodass der Volleyspieler nicht erkennen kann, wann und wohin der Trainer aufschlägt. Der Spieler hat die Aufgabe, alle Bälle zu vollieren. Dieser Ablauf wird dann sechs- bis achtmal wiederholt. Danach ist der nächste Spieler an der Reihe. Es sind drei bis vier Serien pro Spieler durchzuführen. Danach erfolgt die Abschlussübung.
- In der Zielübung muss der Spieler immer mit dem Rücken zum Netz beginnen. Erst nach Zuruf des Trainers springt der Spieler mit Drehung in den Splitstep.
- Trainer variiert die Aufschlagposition, Distanz und Geschwindigkeit bei der Vor- und Zielübung (Grundlinie, Midcourt und T-Feld).
- Zielübung wird als Wettbewerb ausgespielt.
- Abschlussübung mit Belohnung und/oder Bestrafung spielen.

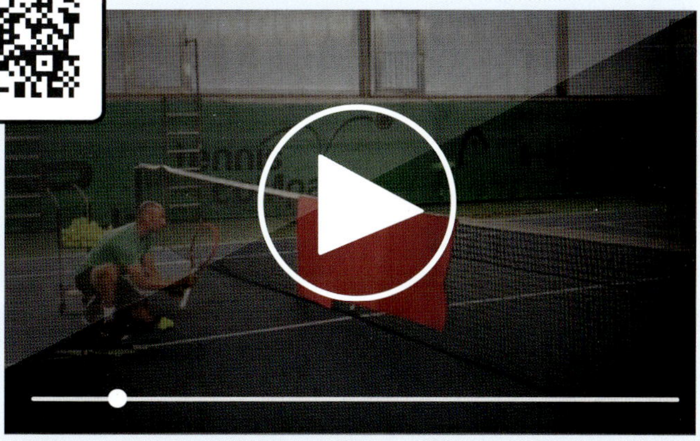

Pat the cat

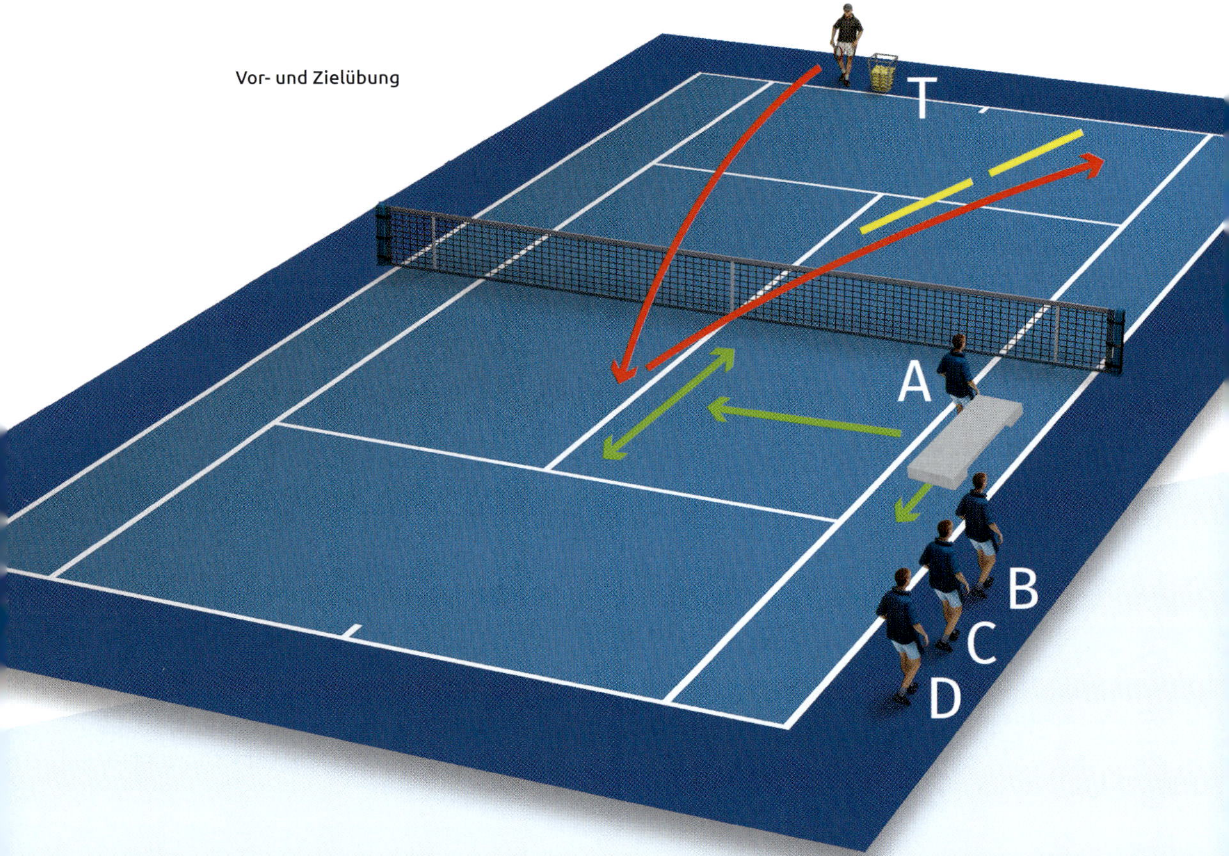

Trainingsziele: Erhöhung der Sprungkraft bei Schmetterbällen am Netz und Verbesserung der situativen Beinarbeit.

Beschreibung:

1) Vorübung: Die Spieler A bis D stellen sich auf einer Spielfeldhälfte hintereinander im Doppelkorridor auf. Spieler A ist bereits auf einem Aerobic-Stepper (längs zum Spielfeld) positioniert. Nun springt Spieler A mit einem Splitstep herunter und gleich danach wieder hinauf (Surfbrettposition). Die Gewichtsverlagerung erfolgt dabei auf das hintere Bein. Es wird rückwärts vom Stepper gesprungen und dabei ein Schmetterball imitiert. Die Landung erfolgt auf dem linken Bein (Rechtshänder). Nach vier bis sechs Sprüngen wechselt Spieler A zur Zielübung und es folgt der nächste Spieler.

2) Zielübung: Der Trainer steht auf der anderen Spielfeldhälfte auf Höhe der Grundlinie und spielt zum Schmetterball an. Dieses Zuspiel sollte nur im Sprung beantwortet werden können. Spieler A, der bereits die Sprünge durchgeführt hat, startet mittig und berührt vor jedem Smash mit dem Schläger das Netz. Er schmettert den hohen Ball in Richtung der Zielfläche und kehrt schnellstmöglich zum Netz zurück. Es werden vier bis sechs

Schmetterbälle durchgeführt. Nach durchgeführter Zielübung erfolgt eine Pause und die gesamte Serie (Vor- und Zielübung) wird wiederholt. Insgesamt werden drei bis vier Serien pro Spieler mit Pausen gespielt. Erst danach erfolgt die Abschlussübung.

3) Abschlussübung: Die Spieler A bis C spielen gegen Spieler D, wobei Spieler D an der GL mittig und Spieler A am Netz startet. Spieler A ist nunmehr der erste Spieler, der einen Einzelpunkt gegen den Verteidigungsspieler D ausspielen darf. Auf das Trainerzuspiel schmettert Spieler A aus dem Sprung in die Rückhandhälfte von Spieler D. Der Punkt wird danach frei im Einzelfeld ausgespielt. Danach folgt Spieler B usw. Derjenige Spieler, der zuerst drei Punkte erzielt, löst Spieler D auf der Superpunktseite ab. Nur auf der Grundlinienseite können die Superpunkte erspielt werden. Sieger ist derjenige Spieler, der zuerst 15 Superpunkte erzielt.

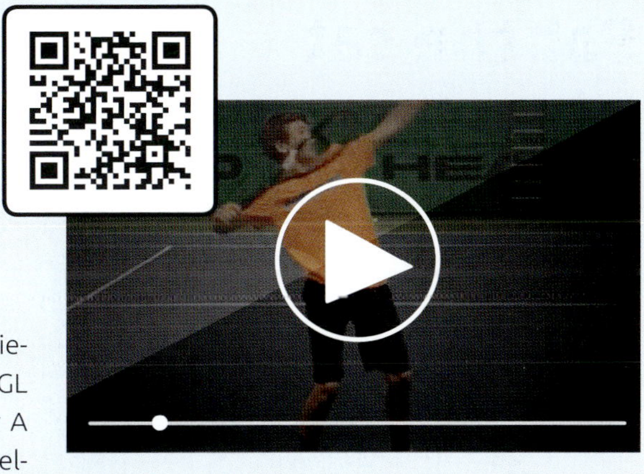

Anzahl der Spieler: 2–4

Gesamtdauer: ca. 25–30 Minuten

Hinweise und Tipps:
- Mit Zielbereichen arbeiten.
- Auf ausreichende Pausen muss geachtet werden.
- Hohe Intensitäten.
- Die Abschlussübung startet mit Netzberührung des Netzspielers.

Variationen:
- Es wird in die Vorhandecke des Gegners geschmettert.
- In der Abschlussübung spielt jeder Spieler durchgängig bis 15 Punkte alleine (Grundlinienseite), d. h. die anderen drei Mitspieler agieren als Team und zählen ihre Punkte zusammen.
- Alle Übungen werden mit RH-Smash als Alternative ausgeführt.

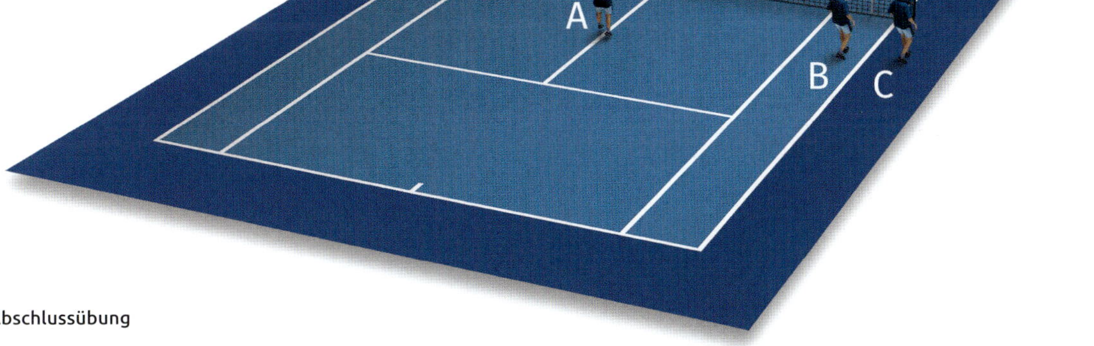

Abschlussübung

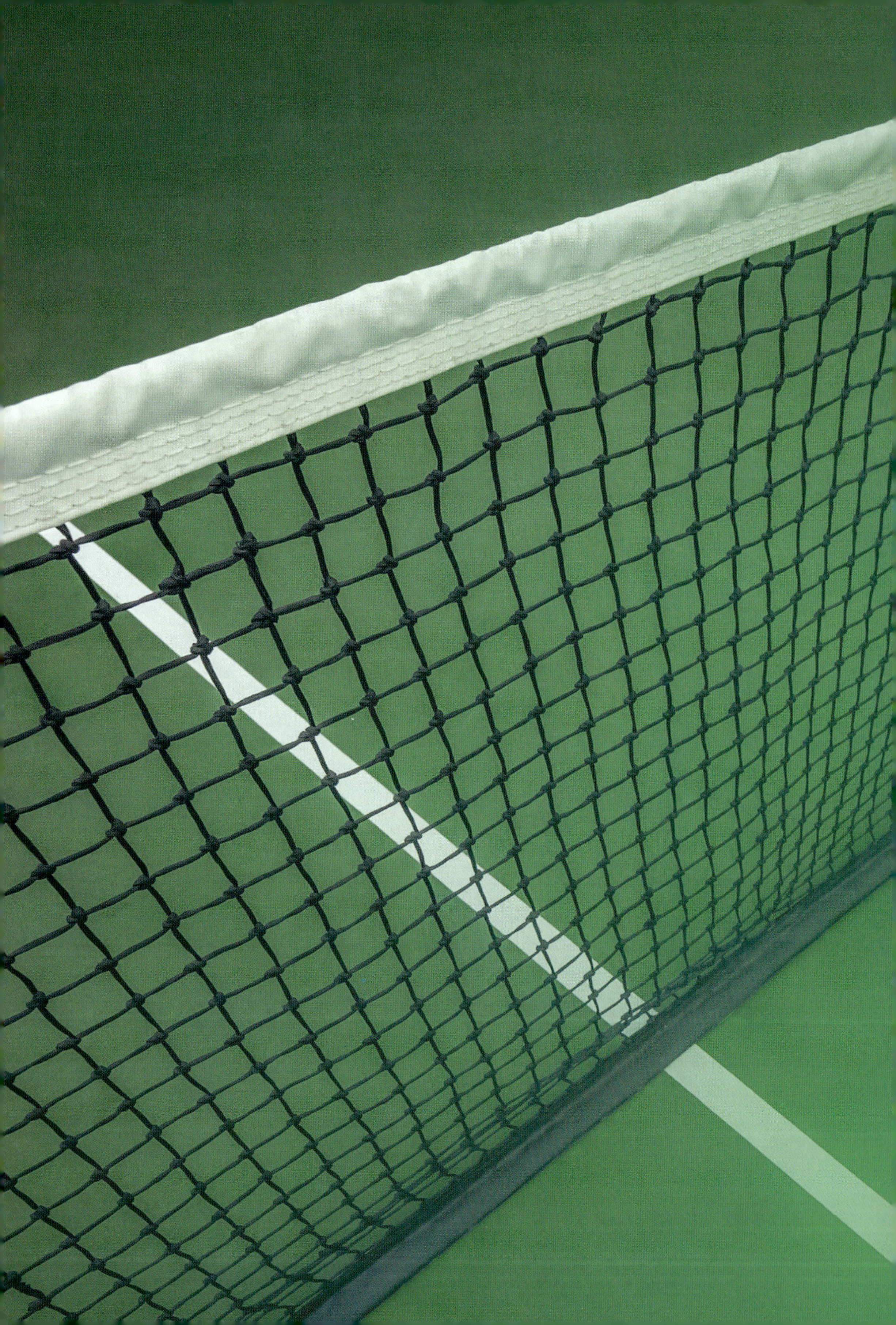

KAPITEL

4 Cardio Tennis

Einleitung

Die Idee des Cardio Tennis ist als Folge des Rückgangs des Interesses am Tennissport in den USA im Jahr 2005 entstanden. In Zusammenarbeit der Tennis Industry Association und der US Tennis Association wurde ein Konzept unter dem Label „Cardio Tennis: Heart Pumping Fitness" entwickelt und realisiert. Das Programm hat sich seitdem international verbreitet und wird erfolgreich etwa in Deutschland (DTB), Japan oder auch Australien (Tennis Australia) unter dem Namen „Cardio Tennis" umgesetzt.

Gesellschaftlich hat sich über die Jahre ein differenzierteres Bewusstsein im Umgang mit dem eigenen Körper und ein höheres Interesse für Wellness- und Sportaktivitäten entwickelt. Vielen Menschen ist inzwischen bewusst geworden, dass durch regelmäßigen Sport das Risiko von Erkrankungen, z. B. Herz-Kreislauferkrankungen, reduziert werden kann. Aufgrund dieses veränderten Bewusstseins stellt Cardio Tennis sicherlich ein hervorragendes Angebot dar, da es den aktuellen gesellschaftlichen Gesundheitstrend einbindet und hilft, durch ein gesundheitsorientiertes Fitnesstraining in einer Gruppe sportliche wie auch soziale Ziele zu erreichen. Mit anderen Worten ist Cardio Tennis ein spaß- und gesundheitsorientiertes Gruppenfitnessprogramm auf dem Tennisplatz, basierend auf Übungs- und Spielformen für Tennisspieler jeder Altersklasse und Spielstärke[4]. Leider ist mittlerweile die Idee Cardio Tennis zumindest in Deutschland wieder ein wenig eingeschlafen. Cardio Tennis wird teilweise als zusätzliches Programm in den Clubs gar nicht mehr angeboten, obwohl es doch eindeutige Chancen und Möglichkeiten für Trainer, Clubs und Spieler bietet.

Durch den Inhalt dieses Kapitels hoffen wir, dass Cardio Tennis zurück ins Bewusstsein aller Zielgruppen rückt und somit letztendlich wieder auf die Tennisplätze. An dieser Stelle möchten wir betonen, dass neben dem Einzel- und Doppelspiel Cardio Tennis den dritten Weg darstellt, um Tennis zu spielen. Die Bandbreite der Peergroups bzw. Zielgruppen reicht von den Young Grown bis zu den Senioren (Generation 60+).

Ziele und Motive

Vorrangig wird das Ziel verfolgt, durch Spaß und einen Mix aus Racketballsportart mit konditionellen und koordinativen Aspekten ein wirksames Herz-Kreislauf-Training für die entsprechenden Altersgruppen und Spielstärken zu erreichen. Wie bereits dargelegt, dient ein effektives Cardio-Training als Präventivprogramm zum Erhalt der Leistungsfähigkeit. Zudem kann durch das Training die Leistungsfähigkeit auch noch gesteigert sowie der Fettstoffwechsel optimiert werden und somit zur Steigerung der Lebensqualität jedes Einzelnen beitragen.

Als Serviceleistung bietet Cardio Tennis einen wirklichen Mehrwert durch die Möglichkeit, verschiedene Zielgruppen mit unterschiedlichen Spielstärken und Alterskategorien miteinander trainieren zu lassen. Auf diese Weise können u. a. fitnessaffine Sportler oder auch Tennis-Neulinge mit erfahrenen Tennisspielern ein gemeinsames Work-out betreiben. Ein weiterer Pluspunkt ist zudem darin zu sehen, dass Tennisinteressierte beiderlei Geschlechts insbesondere im mittleren Lebensalter gezielt durch Cardio Tennis erreicht und zusammengebracht werden können.

[4]Vgl. Noll, L. (2010): Cardio Tennis für Anfänger. TennisSport.

Letztendlich sind Gesundheit, Fitness und Spaß als zentrale Motive zu charakterisieren. Aus dem Blickwinkel von Industrie, Trainern oder Vereinen ist Cardio Tennis eine neue Gelegenheit, den entsprechenden Zielgruppen ein interessantes Zusatzangebot anzubieten. Außerdem kann Cardio Tennis eine kostengünstige Einstiegsmöglichkeit für Anfänger sein und größere Teilnehmerzahlen erreichen. Dadurch können auch neue Einnahmequellen (z. B. Mitgliedergebühren, Kursgebühr etc.) generiert werden.

DTB	Verein	Trainer
• Aufgreifen des gesellschaftlichen Trends • Schaffung eines neuen Angebots für wichtige Zielgruppen • Flächendeckendes Angebot von Cardio Tennis in möglichst vielen Vereinen • Positionierung des Tennissports auch als gesundheitsorientierte Sportart	• Positionierung des Vereins als Anbieter von Gesundheitssport • Ansprache neuer Zielgruppen • Mitgliedergewinnung • Angebotserweiterung	• Erweiterung des Angebots • Gewinnung neuer Kunden/ Vereinsmitglieder • Erschließung neuer Einnahmequellen • Zusatzqualifizierung (Abgrenzung von anderen Trainern)

Abbildung 6: Ziele der Verbände, Vereine und Trainer mit Cardio Tennis (aus Cardio Tennis Marketing Skript DTB 2016)

Bestandteile der Unterrichtseinheit

Kommen wir nun zu den „Zutaten" einer Cardio-Trainingsstunde. Cardio Tennis sollte in der Regel als Gruppentraining für sechs bis zwölf Teilnehmer angeboten und organisiert werden. Eine Trainingseinheit dauert 60 Minuten und jedes Programm besteht aus der Warm-up-, der Cardio-Work-out- und der Cool-down-Phase. In diesem Kontext ist die Trainingsstunde bestens zeitlich und methodisch zu organisieren. Was bedeutet das nun? Zum einen sind die „richtigen" – d. h. zielgruppengerechten – Trainingsformen (Tennis-Drills) auszuwählen und durch den Trainer praxisnah in der Stunde umzusetzen. Neben einer hohen Eigenmotivation sollte sich der Trainer auch durch ein souveränes Auftreten im sportlichen und sozialen Umgang mit der Trainingsgruppe auszeichnen. Zum anderen ist auch eine zielgruppenkonforme Musikauswahl für die Stimmung und Atmosphäre im Training nicht zu unterschätzen. Letztendlich bedarf es einer besonderen Kreativität und Fingerspitzengefühl, um die Musikauswahl und Gestaltung des Trainingsablaufes optimal zu treffen. Außerdem ist die Anwendung von Hilfsmitteln effizient zu planen und umzusetzen. Mit anderen Worten: Der Einsatz sollte nicht zu viel Zeit und Aufwand vor, während und nach dem Training kosten. Die folgende Aufzählung stellt Ihnen die wichtigsten Elemente für eine gelungene Tennis-Cardio-Stunde dar:

- Zertifizierter Trainer
- Drei Segmente: Warm-up, Work-out und Cool-down
- Herzfrequenzmesser (Training in der optimalen Herzfrequenzzone)
- Musik (120–150 bpm)
- Methodik-Bälle oder normale Tennisbälle
- Koordinationsleiter (Cardio Blasts, Sideline Activities)
- Einsatz methodischer Reihen
- Zuspiel aus dem Korb (drillbased) für bestimmte Übungsformen
- Spielsituative Aufgabenstellungen (gamebased) für bestimmte Spielformen
- Nachahmung und Schattentennis
- Alle Spieler sollten in Bewegung bleiben
- Übungs- und Spielformen variabel gestalten und oft wechseln
- Dosierte Anweisungen geben, d. h. kaum technische Hinweise
- Zuspiel/Anspielfrequenz und Laufwege sind entscheidend

Für ein erfolgreiches Cardio Tennis sind zudem auch Überlegungen und Fragen nach der zutreffenden und somit zielgruppengerechten Trainingsintensität zu beantworten. Dabei helfen Entscheidungsparameter wie Alter, Herzfrequenz und der jeweilige körperliche Zustand der Person. In der folgenden Abbildung 7 sind die verschiedenen Cardio-Tennis-Zonen in Verbindung mit den angesprochenen Einflussgrößen dargestellt. Für Trainer, einzelne Teilnehmer oder die gesamte Trainingsgruppe ist es zudem bedeutsam, den individuell optimalen Pulsbereich zu erkennen und festzulegen. Hierbei hilft vor dem Einstieg in das Training ein sportmedizinischer Test. Wird in diesem Pulsbereich dann auch trainiert, so kann Cardio Tennis als Präventionsprogramm zum Erhalt bzw. zur Steigerung der körperlichen Fitness bestens beitragen und verstanden werden.

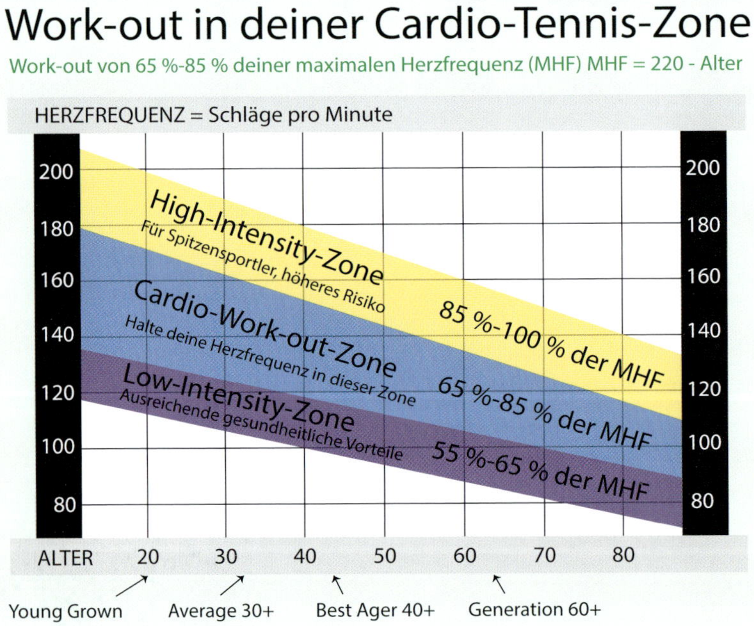

Abbildung 7: Cardio-Work-out Zone und Zielgruppen
(aus Cardio Tennis Marketing Skript DTB 2016 und eigene Bearbeitung der Zielgruppen)

Praxisteil

Warm-up

Das Aufwärmen ist als eine optimale Vorbereitung auf den Hauptteil des Cardio-Trainings zu verstehen. In einem Zeitrahmen von fünf bis zehn Minuten soll das kardiovaskuläre System und die Muskulatur dementsprechend aktiviert werden.

Nochmals zur Erinnerung: Auch hier stehen Aspekte wie Spaß, Spiel und die kontinuierliche Bewegung der Teilnehmer im Vordergrund. Dies sollte auch bei der Anwendung der hier illustrierten Trainingsformen stets im Auge behalten werden.

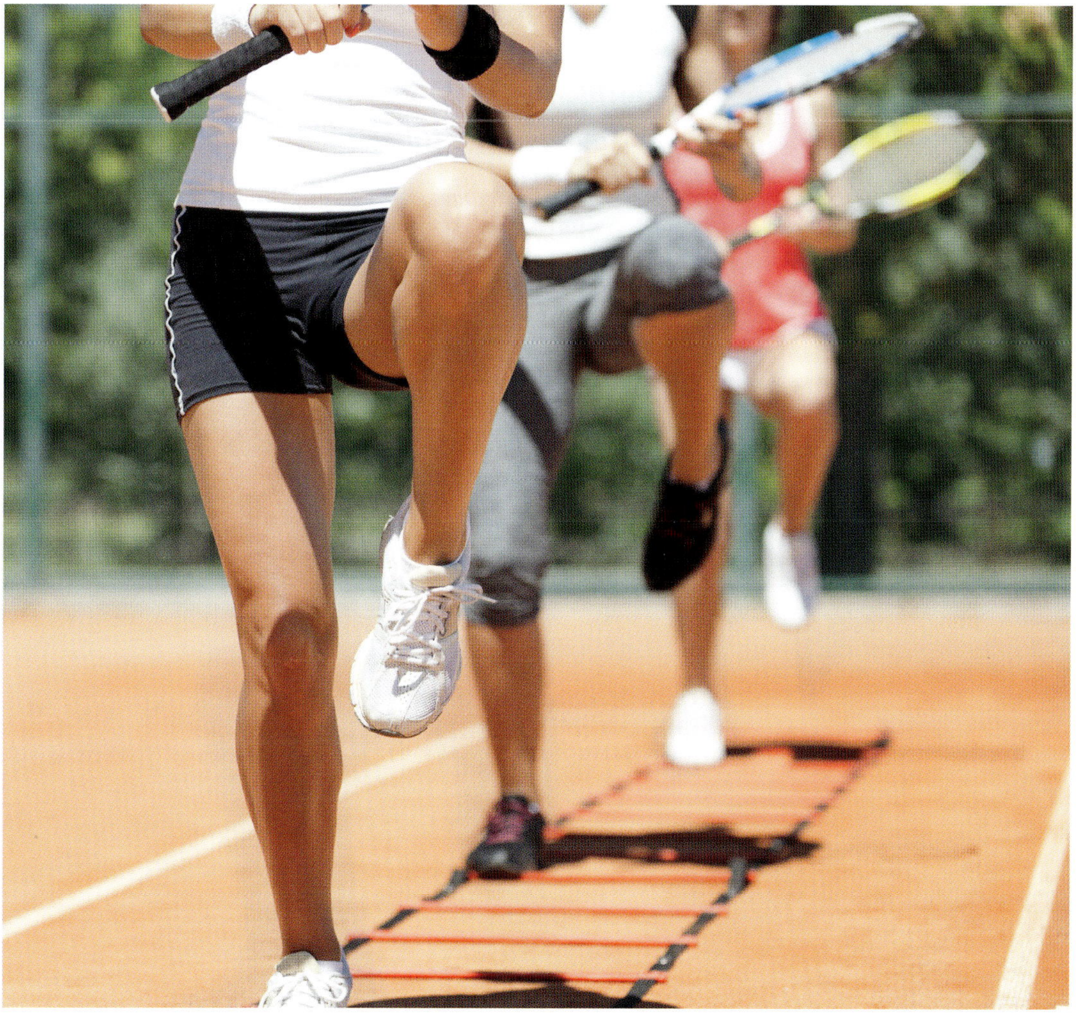

Buddy Throw

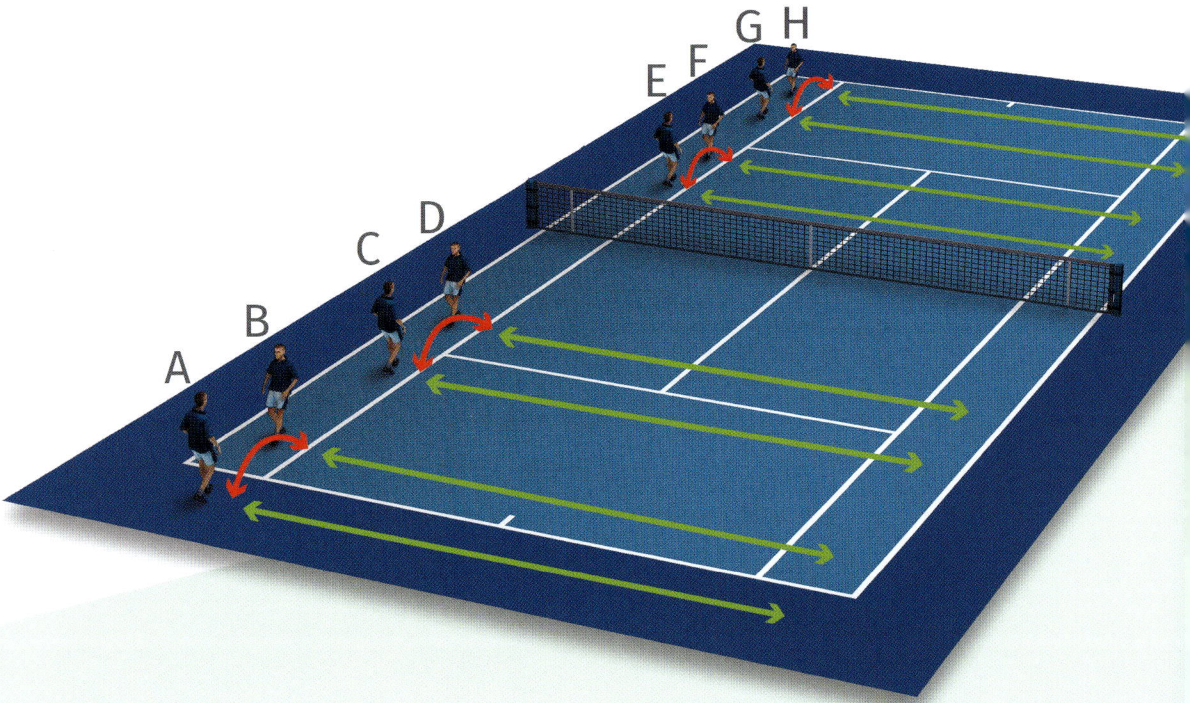

Trainingsziele: Optimierung der Auge-Hand-Koordination und Verbesserung der Rhythmisierungsfähigkeit.

Beschreibung: Partnerübung: Alle Teilnehmer stellen sich paarweise gegenüber auf. Dabei stehen die Teams einige Meter voneinander entfernt und starten an der jeweiligen Doppellinie. Nun bewegen sich die Teilnehmer in Sidesteps zur anderen Doppellinie hin und wieder zurück. Hierbei wird sich immer ein Ball hin- und hergeworfen.

Anzahl der Spieler: 6+

Gesamtdauer:
2–3 Minuten (mehrere Serien möglich)

Hinweise und Tipps:
- Beide Spielfeldhälften werden benutzt.
- Der Sicherheitsabstand muss gewährleistet werden.
- Bei ungeraden Teilnehmerzahlen bringt sich der Trainer mit ein.

Variationen:
- Der Ball wird mit Bodenkontakt gepasst.
- Lauftechnik ändert sich in Kreuzschritte.
- Es wird mit der schwachen Hand geworfen.
- Übung wird mit zwei Bällen absolviert.
- Übung wird mit verschiedenen Bällen absolviert.
- Zuspiel des Balles mit dem Fuß.

Up and down Bounce

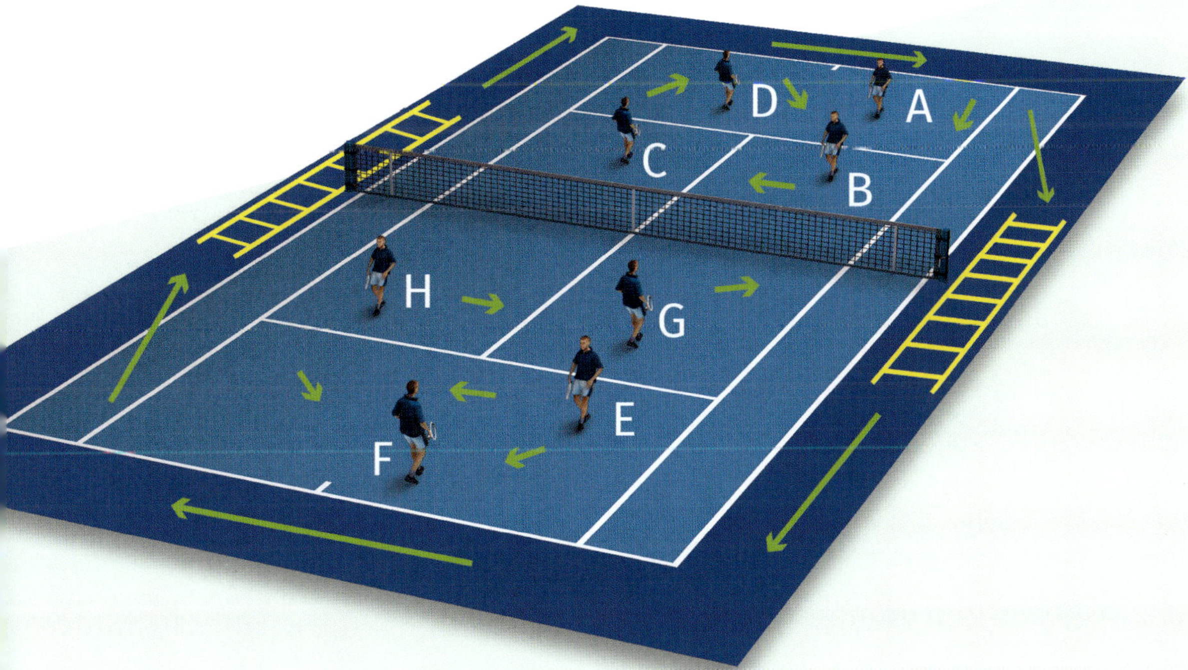

Trainingsziele: Optimierung der Auge-Hand-Koordination, Verbesserung der Orientierungs- und Umstellungsfähigkeit.

Beschreibung: Die Spieler bilden ein Team aus jeweils vier Spielern. Die Spieler A bis D müssen sich auf einer Platzhälfte mit Sidesteps bewegen. Dabei wird je ein Ball mit dem Schläger nach oben geprellt (aus der Luft). Auf der anderen Seite bewegen sich die Spieler E–G ebenso mit Sidesteps und müssen dabei einen Ball mit dem Schläger nach unten prellen. Durch Zuruf des Trainers (T) müssen die Teams die Seiten wechseln und durch die Koordinationsleiter laufen. Danach haben beide Teams die jeweils andere Aufgabe zu erfüllen.

Anzahl der Spieler: 8 +

Gesamtdauer: 2–3 Minuten (mehrere Serien möglich)

Hinweise und Tipps:
- Trainer demonstriert unterschiedliche Laufvariationen für die Koordinationsleiter.
- Der jeweilige Ball wird bei Seitenwechsel mitgenommen.
- Sicherheitsabstand muss gewährleistet werden.

Variationen:
- Lauftechnik ändert sich in Kreuzschritte etc.
- Es darf nur mit der schwachen Hand gespielt werden.
- Nach einmaligen Aufsprung wird der Ball nach oben geprellt.

Give a ball

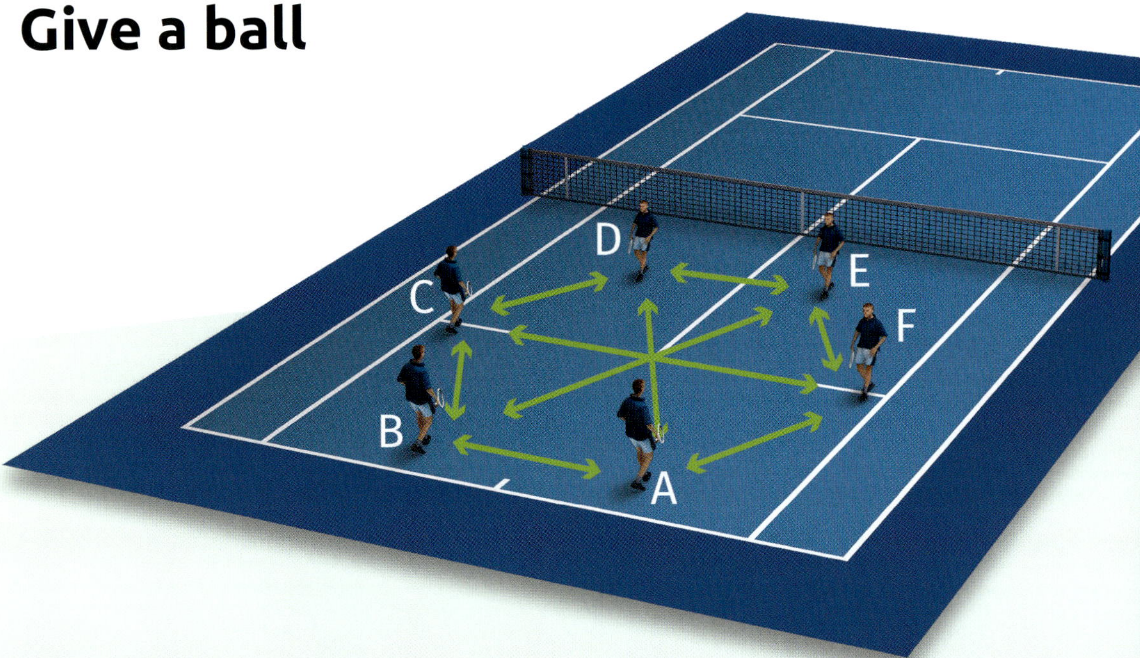

Trainingsziele: Schulung der Wahrnehmung und Kombinationsfähigkeit, Aktivierung des Herzkreislaufsystems.

Beschreibung: Alle Teilnehmer stellen sich auf einer Platzhälfte mit Tennisschläger in einem Kreis auf. Jeder Spieler hat drei Bälle auf seinem Schläger, welcher auf dem Boden liegt. Auf das Startkommando des Trainers (T) versuchen die Spieler einen ihrer Bälle auf den Schläger eines Mitspielers zu legen. Danach laufen die Spieler zu ihrem Schläger zurück und holen den nächsten Ball. Der Ball darf nicht zweimal nacheinander zur selben Person bzw. auf den gleichen Schläger befördert werden. Gewonnen hat der Spieler, der als erster keine Bälle mehr auf seinem Schläger hat.

Anzahl der Spieler: 3+

Gesamtdauer: 30–45 Sekunden (mehrere Serien möglich)

Hinweise und Tipps:

- Es sind mindestens drei Spieler erforderlich.
- Falls ein Ball nicht auf dem Schläger liegen bleibt, so muss dieser zuerst von demselben Spieler auf den Schläger gelegt werden.
- Auf die richtigen Abstände bzgl. Sicherheit und Laufwege der Spieler achten.

Variationen:

- Es wird ein Zeitlimit festgesetzt.
- Gegebenenfalls Erhöhung oder Reduzierung der Anzahl der Bälle.
- Unterschiedliche Lauftechniken werden durch Trainer vorgegeben.

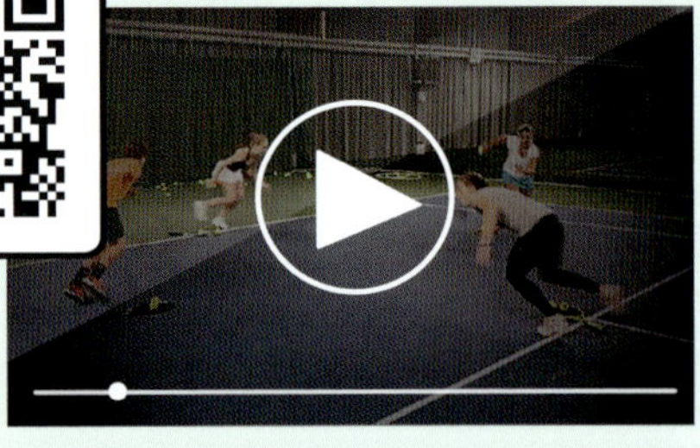

Hit and tap the net

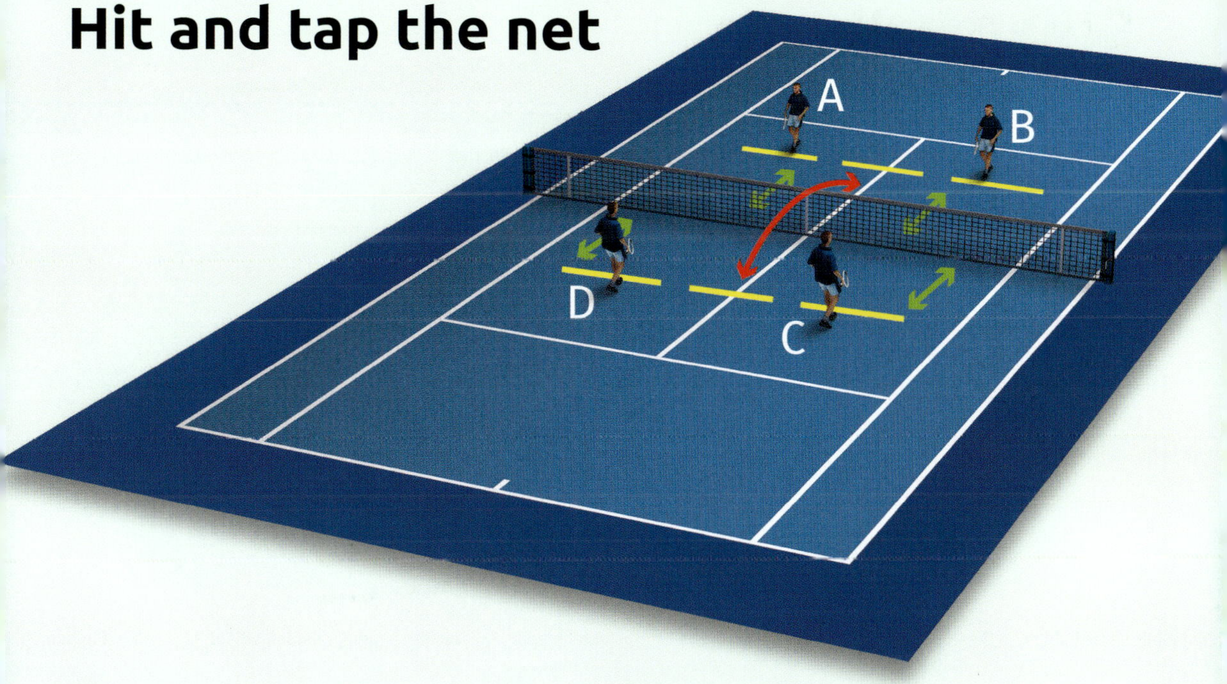

Trainingsziele: Verbesserung der Beinarbeit und der Wahrnehmung, Schulung der Orientierungsfähigkeit und des Ballgefühls.

Beschreibung: Die Spieler A und D sowie B und C spielen jeweils im halben Aufschlagfeld miteinander hin und her und müssen nach jedem Schlag das Netz mit dem Schläger berühren. Das Anspiel wird durch die Spieler selbst durchgeführt.

Anzahl der Spieler: 2+

Gesamtdauer: ca. 1 Minute (mehrere Serien möglich)

Hinweise und Tipps:
- Stage-3-Tennisbälle werden empfohlen.
- Kontrollschläge (ein bis zwei Stück) werden eingebaut, um das Tempo zu drosseln.
- Spieler spielen auf einem verkürzten Spielfeld (kann auch vergrößert werden).

Variationen:
- Es wird hintereinander gespielt und die Übung wird auf das komplette Aufschlagfeld gespielt.
- Spiel auf Zeit: Wer schafft die meisten Kontakte?
- Spieler müssen nach jedem Schlag die T-Linie mit einer Hand berühren.
- Spieler müssen mit der Nicht-Schlaghand spielen.
- Spieler A-D spielen gemeinsam im halben Aufschlagfeld mit einem Ball hin und her. Dabei spielt das eine Paar nur longline und das andere Paar nur cross. Derjenige Spieler, der gerade einen Ball geschlagen hat, muss dementsprechend das Netz mit dem Schläger auf seiner Position berühren.
- Spieler müssen erst nach jedem zweiten oder dritten Schlag die T-Linie oder das Netz berühren.

Schattentennis

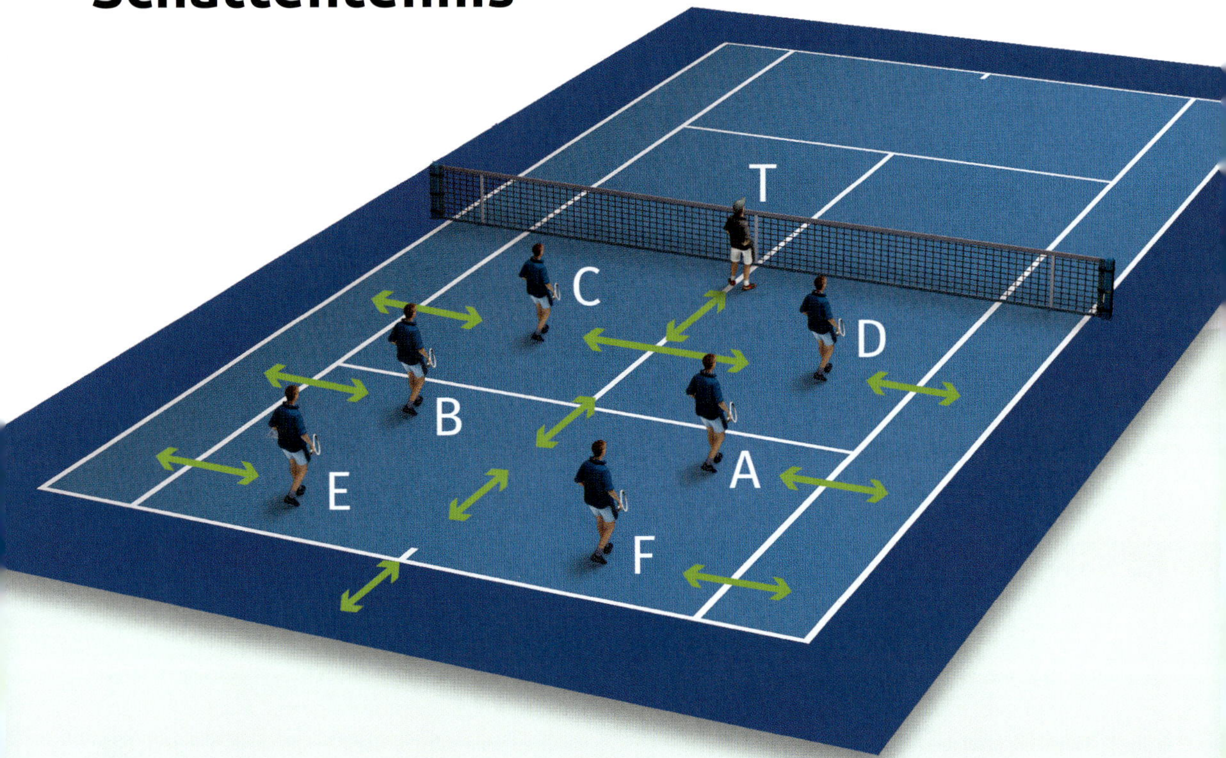

Trainingsziele: Training verschiedener Bewegungsabläufe, Verbesserung der Wahrnehmungsfähigkeit und Aktivierung des Herzkreislaufsystems.

Beschreibung: Der Trainer sowie alle Spieler stehen auf einer Spielfeldhälfte mit Blick in Richtung Netz. Der Trainer simuliert unterschiedliche Schläge (z. B. VH/RH etc.) und sagt diese zeitgleich an. Alle Spieler imitieren die Bewegungen des Trainers. Nach einer gewissen Zeit müssen alle Spieler auf Handzeichen oder Ruf des Trainers eine Runde laufen und dann wieder auf die jeweilige Ausgangsstellung zurückkehren.

Anzahl der Spieler: 4+

Gesamtdauer: 1–2 Minuten (mehrere Serien möglich)

Hinweise und Tipps:

- Intensität startet langsam und wird sukzessive erhöht.
- Sicherheitsabstand zwischen den Spielern muss gewährleistet werden.

Variationen:

- Ein Spieler übernimmt die Funktion des Trainers.
- Die Schläge werden absichtlich falsch angesagt, jedoch muss die Schlagbewegung richtig nachgemacht werden.
- Schattentennis findet auf beiden Platzhälften statt, wobei die eine Seite immer spiegelverkehrt nachahmt.

Quattro stagioni

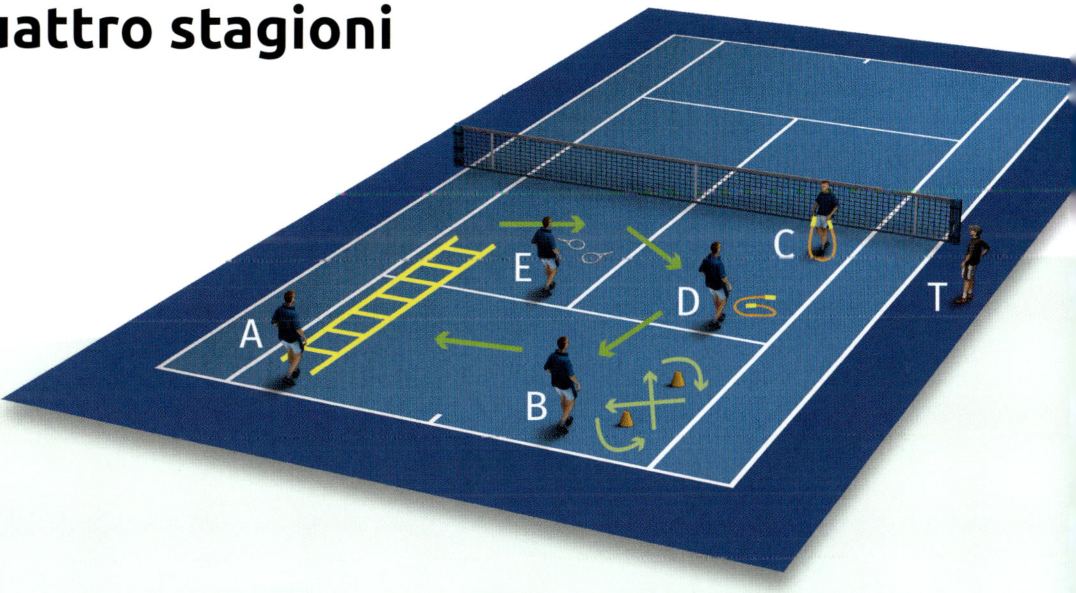

Trainingsziele: Verschiedene Übungsformen als Vorbereitung für den Hauptteil der Cardio-Stunde, Erhöhung der Umstellungsfähigkeit und Aktivierung des Herzkreislaufsystems.

Beschreibung: Es werden vier verschiedene Stationen auf einer Platzhälfte aufgebaut:

1. Sprungseile
2. Zwei Hütchen
3. Koordinationsleiter
4. Tennisschläger (auf dem Boden liegend)

Auf das Startkommando des Trainers wird auf der ersten Position Seil gesprungen und auf der zweiten Position werden Achterläufe durch die beiden Hütchen ausgeführt. Der Spieler auf der dritten Position muss mit Sidesteps durch die Koordinationsleiter laufen. Auf der letzten Position werden Trockenschwünge für VH/RH absolviert. Nach vorgegebener Zeit wird direkt zur nächsten Übung gewechselt.

Anzahl der Spieler: 4+

Gesamtdauer: 30–45 Sekunden pro Station, insgesamt 3–5 Minuten

Hinweise und Tipps:

- Anhand der Gruppengröße erweitert oder reduziert sich die Anzahl der Stationen.
- Anhand der Gruppengröße erweitert oder reduziert sich die Anzahl der Spieler pro Station.
- Trainer erleichtert oder erschwert die jeweilige Position mit anderen Bewegungsvorgaben.

Variationen:

- Weitere Stationen (z. B. Hampelmänner, Burpees) werden hinzugefügt.
- Reizdauer wird erhöht.

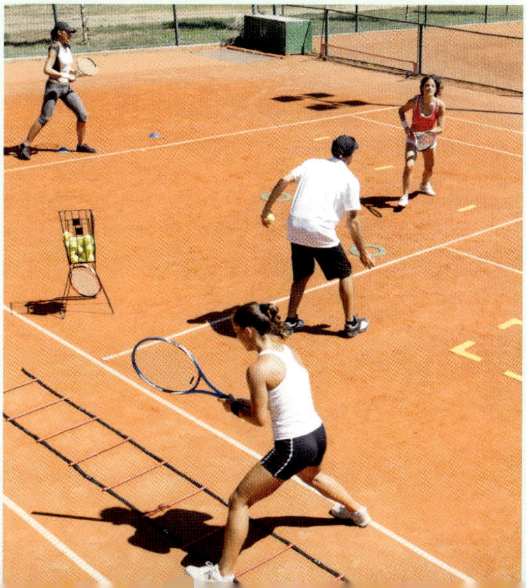

Work-out

Spieleröffnung (Aufschlag und Return)

Wie bereits zum Thema Spieleröffnung im Kapitel Komplextraining geschildert, spielt dieser sogenannte „Kick-off" eine beträchtliche Rolle im Verlauf eines Ballwechsels und somit auch für den Verlauf eines Matches. Als Trainer geht es nun darum, auch zum Thema Cardio-Training kreative Trainingsformen zu entwickeln, die diese Spielsituation in einer abwechslungsreichen Art und Weise integrieren. In diesem Abschnitt sind entsprechende Spiel- und Übungsformen dargestellt, die verschiedene Trainingsziele verfolgen.

Serve-Drill

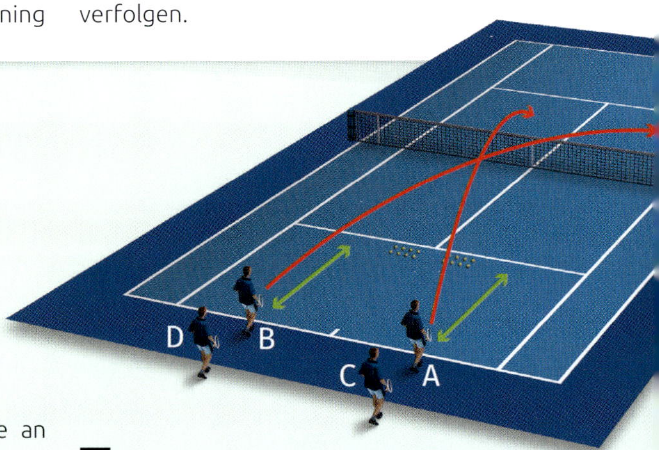

Trainingsziele: Stabilisierung und Optimierung des Aufschlages nach Vorbelastung.

Beschreibung: Auf einer Spielfeldhälfte an der GL stellen sich die Teilnehmer in zwei Reihen hintereinander auf. Es befinden sich sechs bis acht Bälle auf der Höhe der T-Linie. Die Spieler A und B servieren nun jeweils einen zweiten Aufschlag ins Aufschlagfeld und sprinten anschließend zur T-Linie. Danach nehmen sich diese Spieler einen neuen Ball und laufen vorwärts wieder zur GL. Nun erfolgt der gleiche Ablauf. Wenn alle Bälle geholt und somit aufgeschlagen wurde, verlassen die Spieler A und B das Feld und laufen eine lockere Runde um den Platz. Jetzt folgen die Spieler C und D mit dem gleichen Ablauf.

Anzahl der Spieler: 4+

Gesamtdauer: 5–10 Minuten

Hinweise und Tipps:
- Bei Aufschlagfehler gibt es eine zusätzliche Strafe (Burpees).
- Netzfehler sollten vermieden werden.
- Wartende Spieler bewegen sich zunächst „tänzelnd" auf der Stelle und wechseln auf Kommando des Trainers die Aufgabe auf der Warteposition.
- Sicherheitsabstand muss gewährleistet werden.

Variationen:
- Übung wird nur mit Slice-Aufschlag und/oder Kick-Aufschlag gespielt.
- Nach dem Ball holen wird rückwärts (Brust zeigt zum Netz) zur GL zurückgelaufen.
- Zusätzlich mit Koordinationsleiter arbeiten.

Serve and Volley

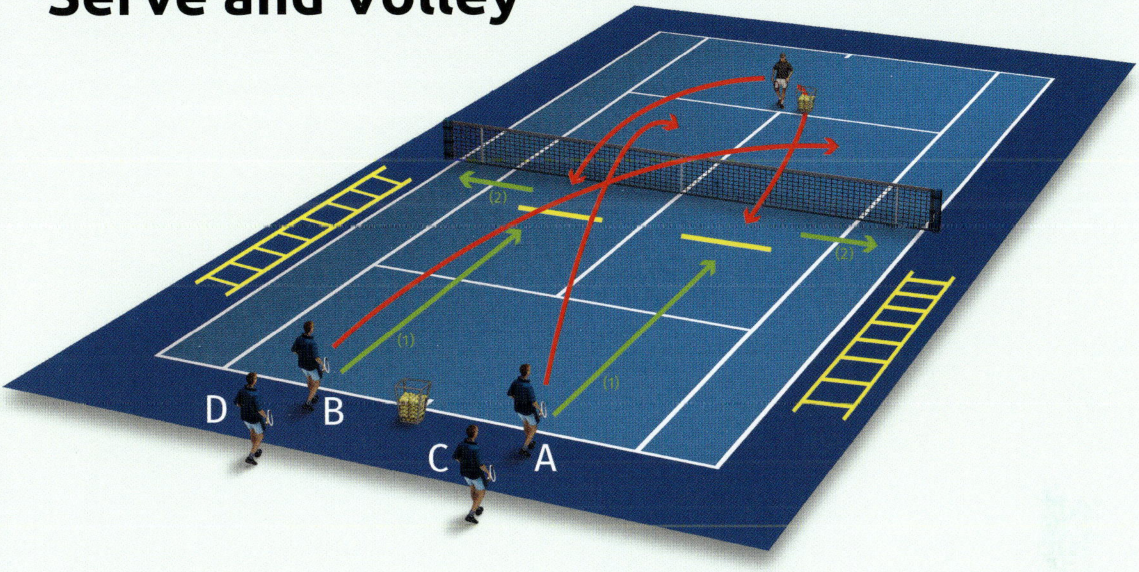

Trainingsziele: Stabilisierung der Aufschlagtechnik, Verbesserung des schnellen Übergangs zum Netz und Optimierung des Volleyspiels aus der Bewegung.

Beschreibung: Alle Spieler stellen sich auf einer Spielfeldhälfte an der GL in zwei Reihen nebeneinander auf. Es befindet sich ein Ballkorb mittig hinter der Grundlinie, sodass sich jeder Spieler einen Ball nach gespielter Runde besorgen kann. Der Trainer steht mit einem Ballkorb auf der anderen Platzhälfte mittig auf der Höhe der Midcourt-GL. Die Spieler A und B servieren nun je einen zweiten Aufschlag ins Aufschlagfeld und sprinten danach zur Markierungslinie (Splitstep), um hier einen angespielten Ball als Volley zu spielen. Beide Spieler verlassen daraufhin seitlich das Feld über die jeweilige Doppellinie und kehren durch die Koordinationsleiter zurück. Nun folgen anschließend die Spieler C und D. Nach jedem Durchgang werden die Positionen beim Aufschlag gewechselt.

Anzahl der Spieler: 4+

Gesamtdauer: 5–10 Minuten

Hinweise und Tipps:

- Bei Aufschlagfehler wird trotzdem weitergespielt.
- Beide Spieler versuchen, relativ zeitgleich mit Aufschlag zu starten.
- Netzfehler sollten vermieden werden.
- Double Feed (d.h. ein zeitversetztes paralleles Zuspiel) wird empfohlen.
- Lauftechnik durch die Koordinationsleiter variiert.
- Wartende Spieler bewegen sich zunächst „tänzelnd" auf der Stelle und wechseln auf Kommando des Trainers die Aufgabe auf der Warteposition.
- Sicherheitsabstand muss gewährleistet werden.

Variationen:

- Übung wird nur mit Slice-Aufschlag und/oder Kick-Aufschlag gespielt.
- Flugbälle werden als Topspin-Volleys gespielt.
- Übung wird mit drittem Ball (Volley) beendet.
- Übung wird mit drittem Ball (Smash) beendet.

A + R + 1

Trainingsziele: Stabilisierung der Spieleröffnung und Optimierung des Angriffsspiels aus der Vorwärtsbewegung.

Beschreibung: Die Spieler stehen auf einer Spielfeldhälfte an der GL in zwei Reihen nebeneinander. Der Trainer steht mit einem Ballkorb auf der anderen Platzhälfte mittig auf Höhe der Midcourt-GL. Spieler A schlägt nun einmal einen zweiten Aufschlag auf und macht sofort einen Splitstep, um einen Return zu spielen. Dabei kommt das Zuspiel durch den Trainer mit Aufschlag. Nach dem Return läuft Spieler A seitlich zur Doppelaußenlinie und berührt diese mit der Hand (offene Fußstellung). Nun spielt Spieler A einen RH-Angriffsball und läuft Richtung Netz und berührt das Netz. Erst jetzt schlägt Spieler B von der Vorteilsseite auf und startet somit die Übungsabfolge. Spieler B spielt nach dem Return einen VH-Angriffsball. Beide Spieler bewegen sich nach der Übung jeweils seitlich aus dem Feld und laufen eine Runde um den Platz mit einer Aufgabe an der Koordinationsleiter. Jetzt folgen die Spieler C und D. Nach jedem Durchgang wird die Aufschlagseite gewechselt.

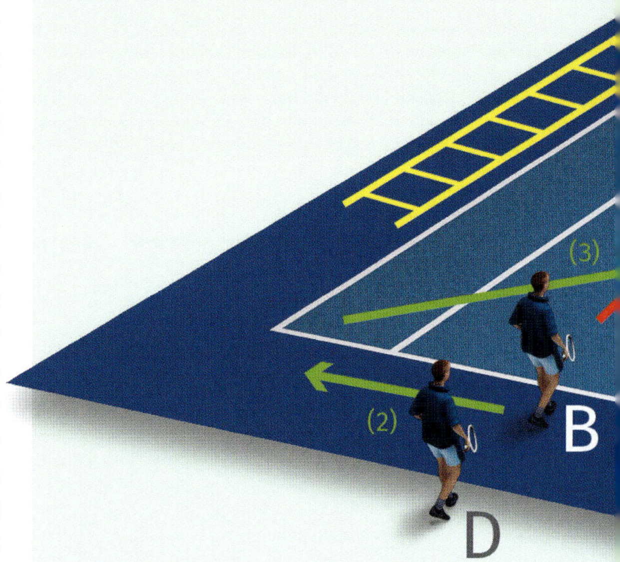

Anzahl der Spieler: 4+

Gesamtdauer: 5–10 Minuten

Hinweise und Tipps:

- Bei Aufschlagfehler wird trotzdem weitergespielt.
- Netzfehler sollten vermieden werden.
- Lauftechnik durch die Koordinationsleiter variiert.
- Wartende Spieler bewegen sich zunächst „tänzelnd“ auf der Stelle und wechseln auf Kommando des Trainers die Aufgabe auf der Warteposition.

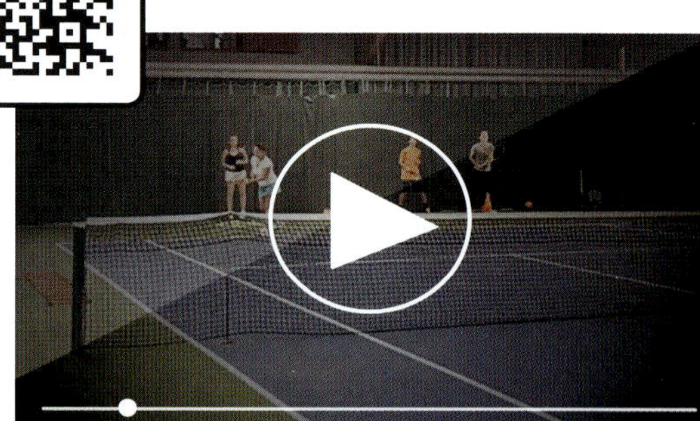

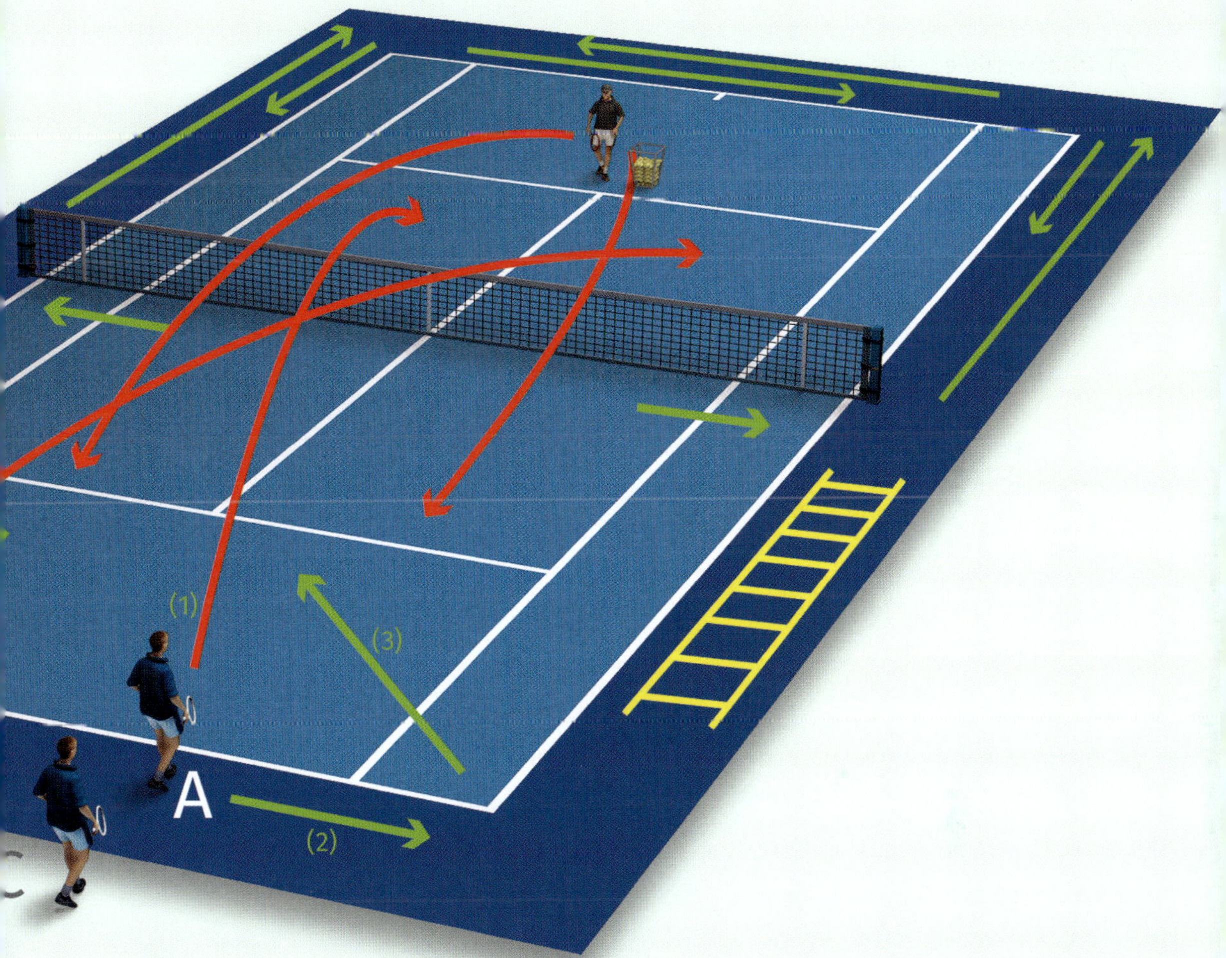

- Sicherheitsabstand muss gewährleistet werden.
- Es werden zwei Reifen hinter die wartenden Spieler gelegt, in denen sich die Bälle zum Aufschlagen befinden.
- Nach dem Return sprinten die Spieler nicht zur jeweiligen Doppelaußenlinie, sondern zu einer seitlich aufgestellten Pylone und berühren diese mit der Hand (offene Fußstellung) oder mit dem Schläger (seitliche Fußstellung).

Variationen:

- Übung wird nur mit Slice-Aufschlag und/oder Kick-Aufschlag gespielt.
- Übung wird ausschließlich mit erstem Aufschlag durchgeführt.
- Vor dem Aufschlag bekommen die Spieler eine Zusatzaufgabe (Kängurus etc.).
- Angriffsball wird auf beiden Seiten mit Slice ausgeführt.

Grundlinien-situation

Auch für das Spiel im Bereich der Grundlinie kann Cardio Tennis sinnvoll eingesetzt werden. Es werden dabei cardiospezifische, taktische und auch technische Ziele verfolgt und miteinander verknüpft. Die dargestellten Trainingsformen verfolgen diese Prämisse.

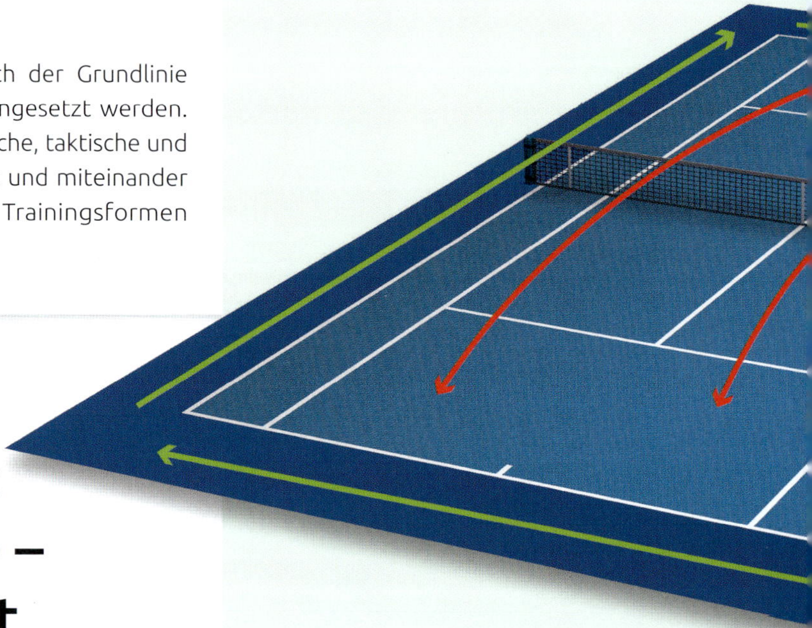

Work-out (drillbased): Wide – wide – short – short

Trainingsziele: Verbesserung der Startschnelligkeit und optimale Lösung der Schlagbewegung in anspruchsvollen Positionen.

Beschreibung: Die Teilnehmer A bis C und D bis F starten hinter den Markierungslinien, die auf beiden Spielfeldern aufgelegt sind. Der Trainer (T) stellt sich auf der gegenüberliegenden Spielfeldhälfte zwischen den beiden Plätzen auf. Nun spielt der Trainer mit einem Double Feed jeweils die offene Ecke an und daraufhin folgt ein Double Feed als Stoppball in die andere Ecke. Nachdem Spieler A und Spieler D zwei Bälle geschlagen haben, bewegt sich Spieler A durch die Koordinationsleiter und Spieler D läuft um beide Plätze herum. Jeder Spieler stellt sich nach dem Durchgang auf der anderen Seite an. Danach folgen die Spieler B und E.

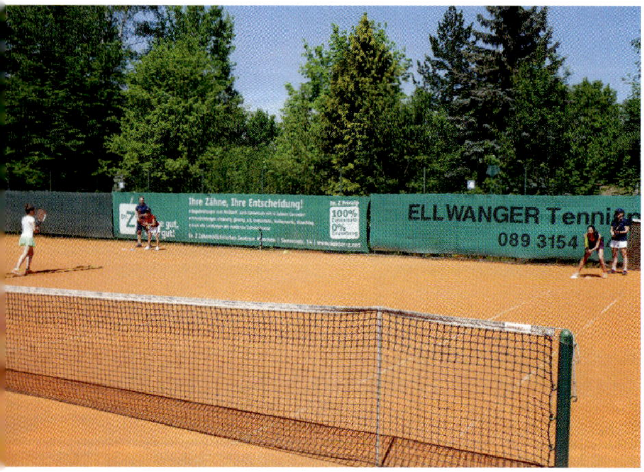

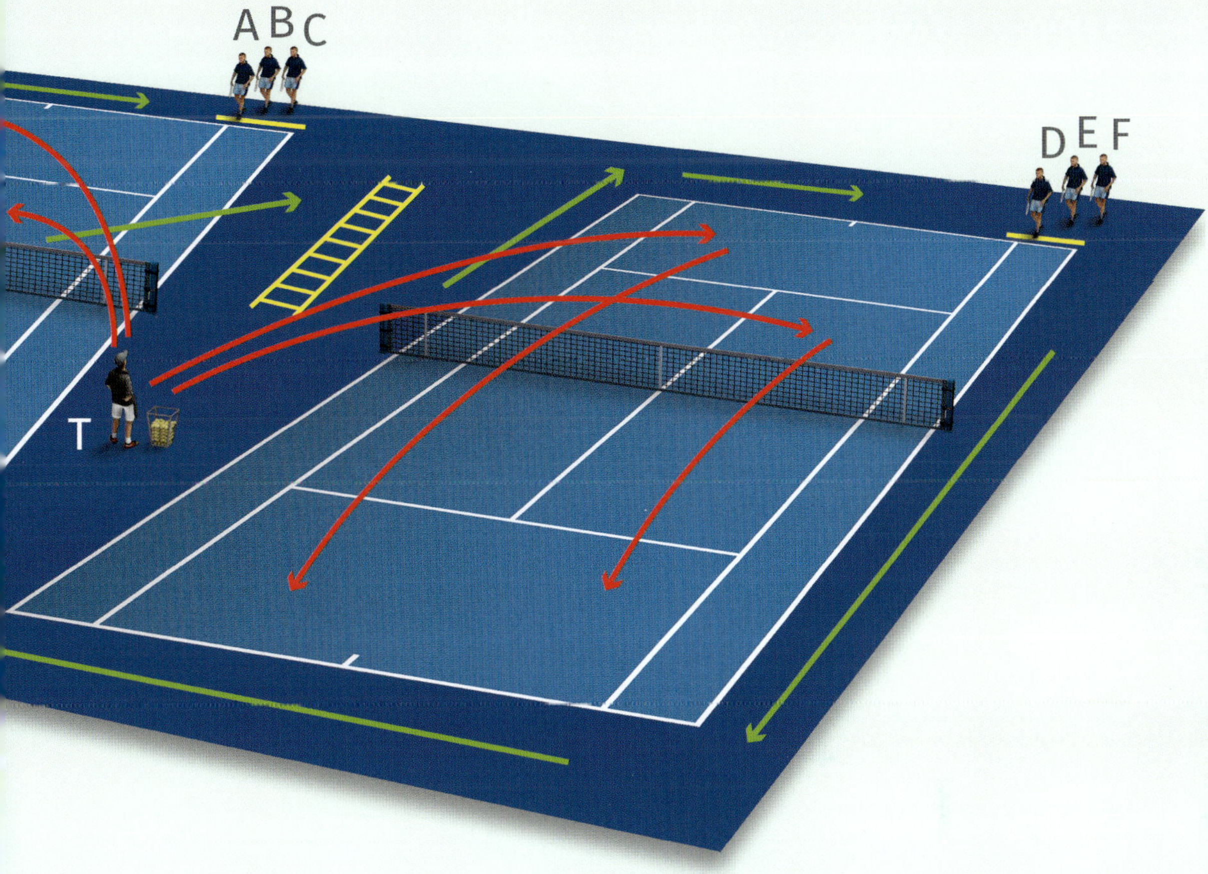

Anzahl der Spieler: 6+

Gesamtdauer: 5–10 Minuten

Hinweise und Tipps:

- Wartende Spieler bewegen sich zunächst „tänzelnd" auf der Stelle und wechseln auf Kommando des Trainers die Aufgabe auf der Warteposition.
- Auf Sicherheitsabstand in den Gruppen achten.
- Lauftechnik durch die Koordinationsleiter variiert.
- Double Feed bedeutet ein zeitversetztes paralleles Zuspiel.
- Pro Netzfehler müssen zusätzlich fünf Liegestütze absolviert werden.

Variationen:

- Übung startet aus der Vorhandecke.
- Stoppball muss als tiefer Volley gespielt werden.
- Bei Kleingruppen kann ein zusätzlicher Schmetterball – als dritter Schlag – hinzugefügt werden.

Work-out (drillbased) – 2 balls across the baseline

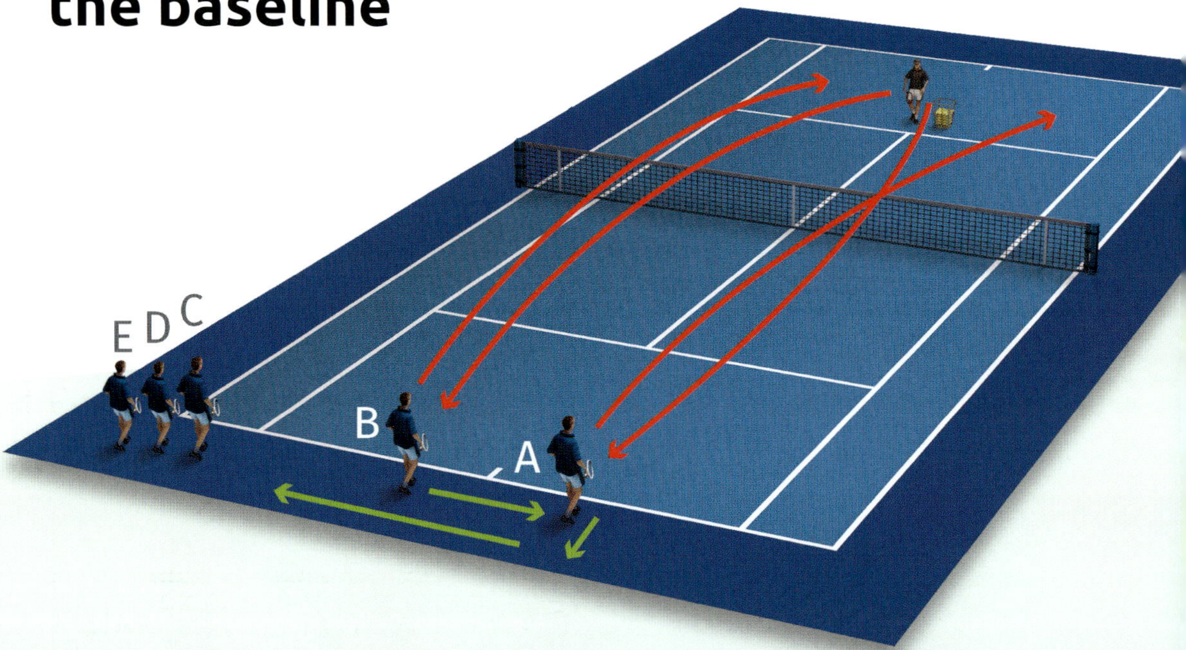

Trainingsziele: Erhöhung der Präzision der Grundschläge aus der Bewegung, Angestrebte Herzfrequenz im Bereich der Cardio-Work-out-Zone für die entsprechende Zielgruppe.

Beschreibung: Der Trainer spielt von der T-Linie stehend mit einem Double Feed zu. Auf der anderen Seite bilden die wartenden Spieler C bis E eine Reihe hinter der Markierungslinie. Spieler A steht hinter der GL auf der Einstandseite und Spieler B befindet sich hinter der GL auf der Vorteilseite. Spieler A spielt den Ball longline und begibt sich an das Ende der Reihe. Spieler B spielt den Ball ebenfalls longline und läuft zur Position, die Spieler A verlassen hat und Spieler C rückt auf der Vorteilseite nach.

Anzahl der Spieler: 4+

Gesamtdauer: ca. 5–10 Minuten

Hinweise und Tipps:

- Sicherheitsabstand muss gewährleistet werden.
- Double Feed bedeutet ein zeitversetztes paralleles Zuspiel.

Variationen:

- Übung wird mit der Rückhand durchgeführt.
- Es ist ein Triple Feed mit drei Schlagpositionen möglich.
- Hinter der Grundlinie liegt eine Koordinationsleiter, die durchlaufen werden muss.
- Grundschlag plus Volley anstatt zwei Grundschläge.

Work-out (drillbased) – Schnelles Hin-und-Her

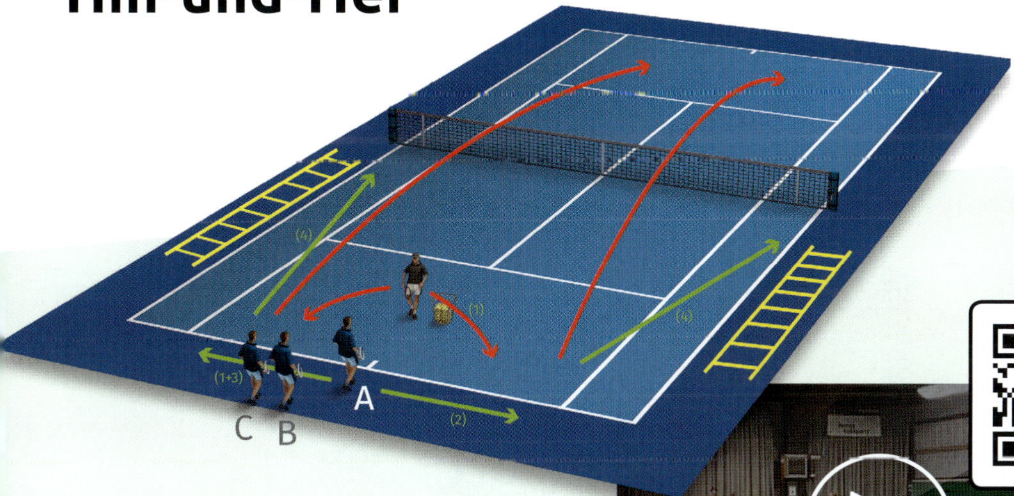

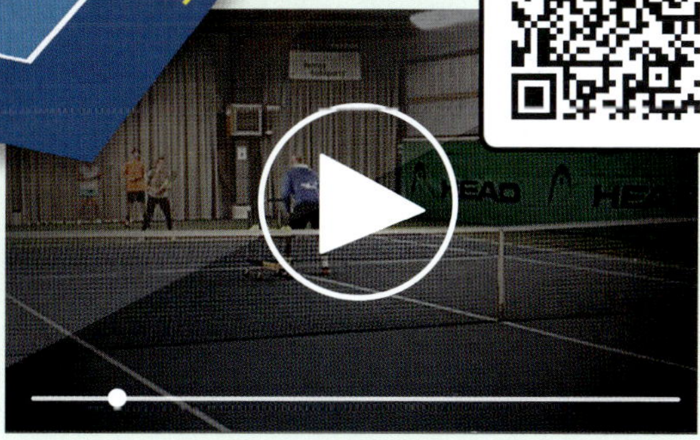

Trainingsziele: Erhöhung der Startschnelligkeit und Verbesserung der Grundschläge nach einer Vorbelastung.

Beschreibung: Spieler A startet mittig an der Grundlinie. Es wird in die Rückhandecke gesprintet und die Einzelaußenlinie mit dem Schläger berührt. Daraufhin wirft der Trainer einen Ball in die Vorhandecke, der longline gespielt werden muss. Abschließend wird ein zweiter Ball in die Rückhandecke geworfen, der ebenfalls longline gespielt wird. Nach dem zweiten Schlag läuft der Spieler A durch die Koordinationsleiter und stellt sich danach am Ende der Reihe wieder an. Jetzt folgt Spieler B usw.

Anzahl der Spieler: 3+

Gesamtdauer: ca. 5–10 Minuten

Hinweise und Tipps:

- Zweiter Ball wird kürzer angeworfen, damit der nächste Spieler bereits starten kann.
- Lauftechnik durch die Koordinationsleiter variiert.
- Pro Netzfehler werden fünf Liegestütze absolviert.
- Sicherheitsabstand muss gewährleistet werden.

Variationen:

- Übung wird mit einem Sprint in die Vorhandecke gestartet
- Übung wird abwechselnd in die Vorhand- und Rückhandecke gestartet.
- Bälle müssen als Topspin-Volleys geschlagen werden.
- Spieler starten aus der Liegestützposition.
- Sprint wird bis zur Doppellinie ausgeführt.

Work-out (drillbased) – Hit and run

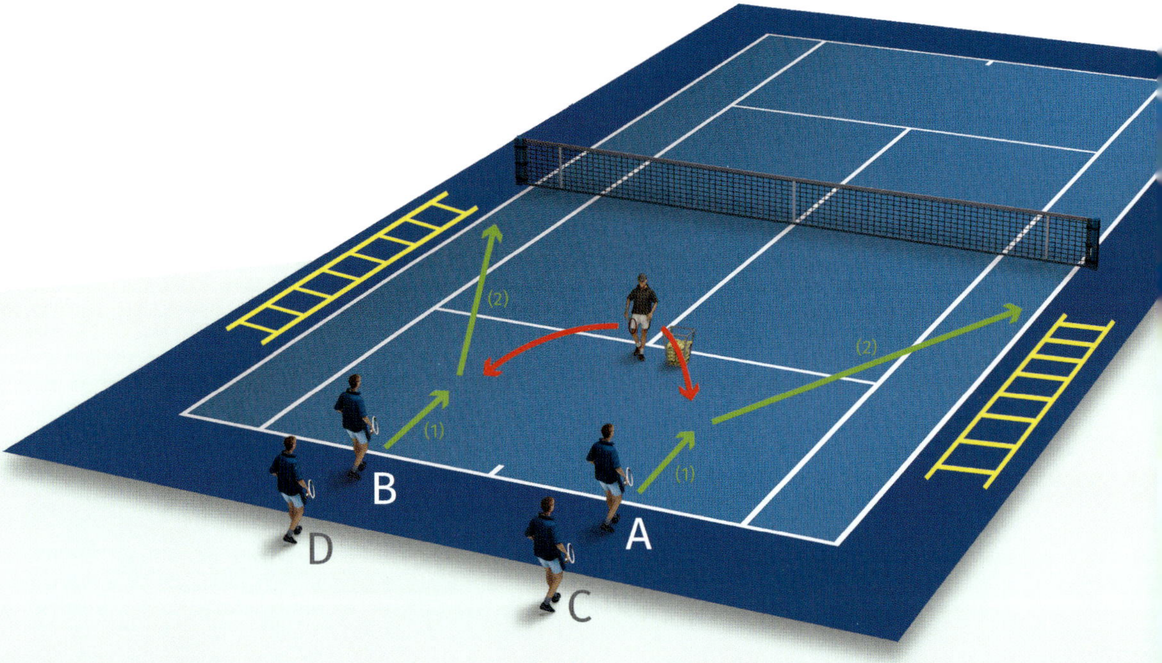

Trainingsziele: Angestrebte Herzfrequenz im Bereich der Cardio-Work-out-Zone für die entsprechende Zielgruppe, Optimierung der Angriffsbälle aus der Vorwärtsbewegung.

Beschreibung: An der Grundlinie stellen sich die Spieler auf einer Spielfeldhälfte in zwei Reihen nebeneinander an. Der Trainer positioniert sich mittig an der T-Linie und wirft zwei Bälle zeitgleich (kurz) an. Spieler A spielt Vorhand (Rechtshänder) longline und Spieler B Rückhand longline. Nach jedem Schlag wird der jeweilige Netzpfosten berührt. Auf beiden Außenseiten liegt eine Koordinationsleiter, die beim Zurücklaufen durchquert werden muss. Nach jedem Schlag wird die Seite gewechselt. Danach folgen die nächsten Spieler und alle wartenden Spieler tippeln auf der Warteposition.

Anzahl der Spieler: 4+

Gesamtdauer: ca. 5-10 Minuten

Hinweise und Tipps:

- Trainerzuspiel variiert anhand der Teilnehmerzahl.
- Wartende Spieler bewegen sich zunächst „tänzelnd" auf der Stelle und wechseln auf Kommando des Trainers die Aufgabe auf der Warteposition.
- Bei sehr großen Gruppen kann eine Zusatzposition vor der Koordinationsleiter eingeführt werden.

Variationen:

- Jeder Spieler erhält zwei zugeworfene Bälle.
- Koordinationsleiter wird mit unterschiedlichen Vorgaben durchlaufen.
- Wettkampfformen auf Zielbereiche durchführen.

Work-out (gamebased) – Tischtennisdoppel

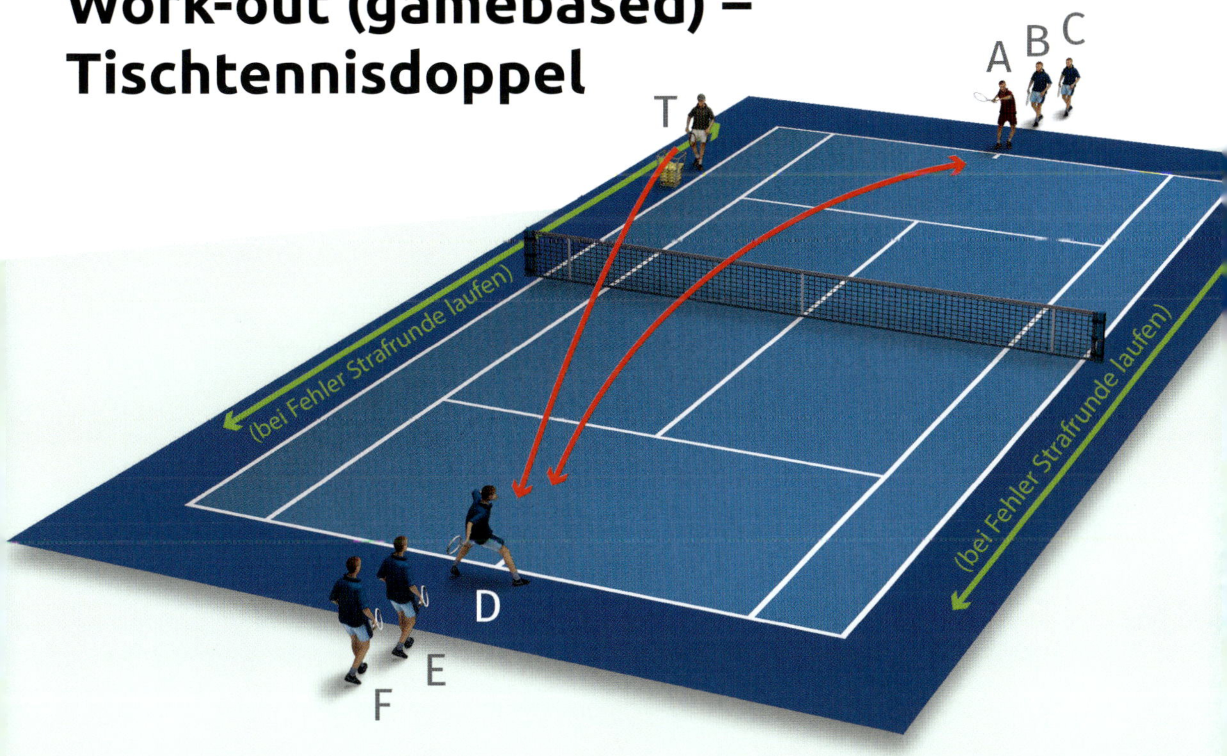

Trainingsziele: Spielform zur Förderung von Spaß, Motivation und Teamwork, Stärkung der Grundschläge und Verbesserung der Orientierungsfähigkeit.

Beschreibung: Die Teilnehmer werden in zwei Mannschaften aufgeteilt. Es wird nach Tischtennisdoppelregeln gespielt, d. h. jeder Spieler hat einen Schlag und stellt sich danach wieder hinten an. Bei jedem Fehler muss der entsprechende Spieler eine Runde um den Platz laufen, bis er wieder bei seiner Gruppe angekommen ist. Es wird bis 15 Punkte auf das Einzelfeld gespielt.

Anzahl der Spieler: 4+

Gesamtdauer: ca. 5–10 Minuten

Hinweise und Tipps:

- Sicherheitsabstand zwischen den Spielern muss eingehalten werden.
- Sollten ungleiche Teamgrößen zustande kommen, erhält ein Spieler aus dem kleineren Team ein Bonusleben.

Variationen:

- Spiel kann zum Aufwärmen durch die Mitte des Platzes auf Wiederholungen gespielt werden.
- Jedes Team spielt nur mit einem Schläger, der weitergereicht werden muss.
- Jeder Spieler besitzt fünf Leben und scheidet bei Verlust aller Leben aus.
- Es wird mit der Nicht-Schlaghand gespielt.
- Es dürfen keine Winner-Schläge gespielt werden.

Angriffssituation und Netzspiel

Bei diesem Thema ist zu beachten, dass wichtige Aspekte wie Reaktionsvermögen oder Beinarbeit im Fokus der entsprechenden Trainingsformen stehen. Zudem werden cardiospezifische Trainingsziele verfolgt und durch den Aufbau der Trainingsformen ein reibungsloser Ablauf sichergestellt.

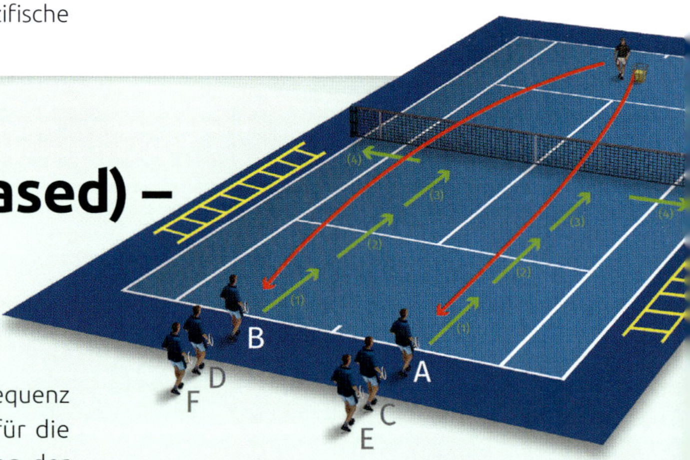

Work-out (drillbased) – Transition

Trainingsziele: Angestrebte Herzfrequenz im Bereich der Cardio-Work-out-Zone für die entsprechende Zielgruppe, Optimierung der Differenzierungsfähigkeit und Stabilisierung des Übergangs zum Netz.

Beschreibung: Der Trainer steht in Höhe der Midcourt-GL auf einer Spielfeldhälfte. Die Spieler A und B sowie alle weiteren Spieler stehen gegenüber an der GL in zwei Reihen (rechts, links). Das Zuspiel des Trainers erfolgt abwechselnd (Double Feed), sodass jeder Spieler einen Schlag durchführt und genügend Zeit hat, die nächste Position zu erreichen. Die Spieler A und B bekommen dabei ein Zuspiel jeweils einmal als Angriffsball, einmal als Volley und nach der Berührung des Netzes einmal als Schmetterball. Nach dem jeweiligen Smash müssen die Spieler A und B durch die jeweilige Koordinationsleiter in vorgegebener Lauftechnik zurückkehren und wechseln auf die andere Warteposition.

Anzahl der Spieler: 4+

Gesamtdauer: ca. 10 Minuten

Hinweise und Tipps:
- Bei hoher Teilnehmerzahl muss nach dem Smash zusätzlich eine Runde um den Platz gelaufen werden.
- Wartende Spieler bewegen sich zunächst „tänzelnd" auf der Stelle und wechseln auf Kommando des Trainers die Aufgabe auf der Warteposition.
- Sicherheitsabstand in den Gruppen beachten.

Variationen:
- Lauftechnik an der Koordinationsleiter muss immer variiert werden.
- Pro Netzfehler fallen fünf Liegestütze an.
- Pro Netzfehler fallen fünf Burpees an.
- Übungsform auf verschiedene Zielbereiche spielen lassen.

Work-out (drillbased) – Around the world-Volley

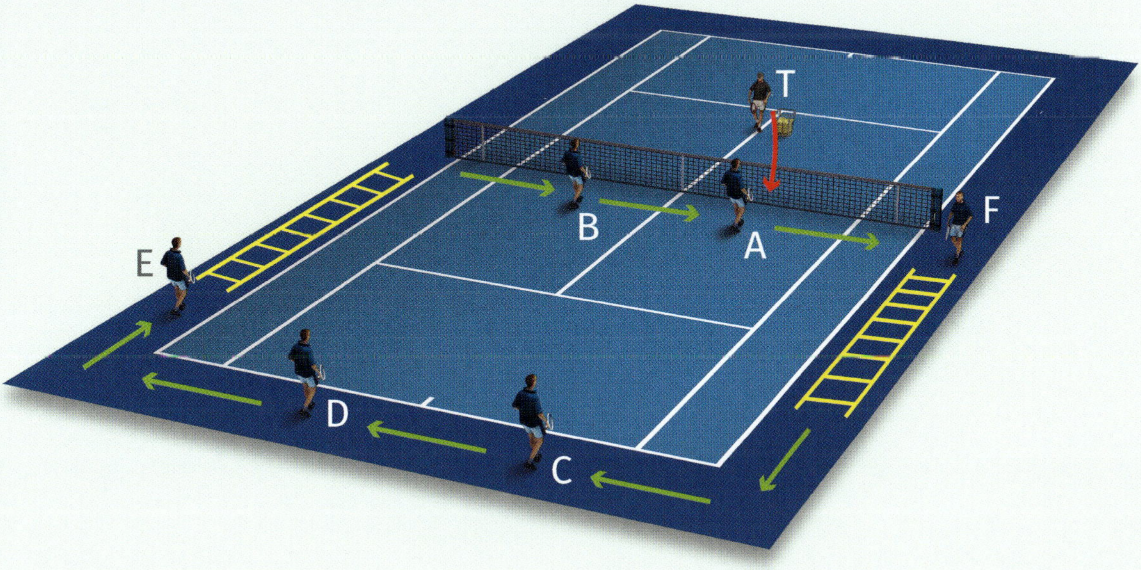

Trainingsziele: Schulung der Rhythmisierungsfähigkeit, Stabilisierung der Volleytechnik nach einer Vorbelastung und Verbesserung der Orientierungsfähigkeit am Netz.

Beschreibung: Alle Teilnehmer stellen sich in Form eines Rechtecks auf einer Platzhälfte (siehe Skizze) auf. Der Trainer (T) positioniert sich auf der anderen Spielfeldhälfte und spielt jeweils den Spieler in der Einstandseite stehend (Netz) an. Danach folgen die Spieler B bis F usw. Jeder Spieler erhält nur einen Flugball. Nach jedem Volley laufen die Teilnehmer zunächst durch die Koordinationsleiter, dann an der GL in Sidesteps entlang und daraufhin wieder durch die Koordinationsleiter, bevor sie den nächsten Volley spielen.

Anzahl der Spieler: 6+

Gesamtdauer: 3–5 Minuten

Hinweise und Tipps:
- Anspiel muss so gestaltet werden, dass die Belastung nicht zu hoch ist, jedoch alle Spieler in Bewegung bleiben.
- Es muss genügend Sicherheitsabstand eingehalten werden.
- Bei Schmetterbällen verändert sich die Position des Trainers nach hinten.

Variationen:
- Teilnehmer spielen nur RH-Volleys.
- Teilnehmer spielen nur Schmetterbälle.
- Teilnehmer erhalten mehrere Zuspiele über Double Feed oder Triple Feed.

Work-out (gamebased) – Doppelrotation

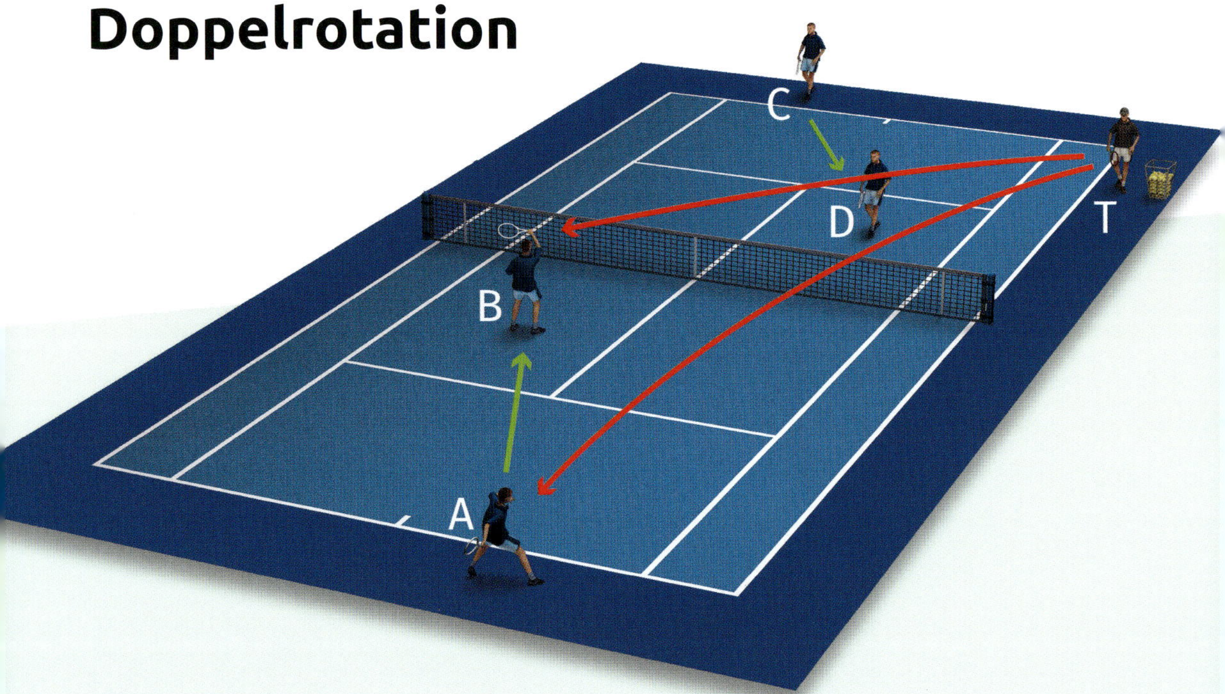

Trainingsziele: Verbesserung der Übersicht und Platzabdeckung im Doppel, Spielform zur Erhöhung der Motivation und Stärkung von Teamwork.

Beschreibung: Die Spieler A und B spielen in der klassischen Doppelaufstellung gegen die Spieler C und D, die ebenfalls in der klassischen Doppelaufstellung starten. Dabei bekommt Spieler A als erster Spieler das Anspiel durch den Trainer auf die Einstandseite zugespielt und der Punkt wird im Doppelfeld ausgespielt. Nach jedem Punkt müssen die Spieler A und B sowie die Spieler C und D die Positionen wechseln. Es wird bis 15 Punkte gespielt.

Anzahl der Spieler: 4+

Gesamtdauer: ca. 5–10 Minuten

Hinweise und Tipps:

- Trainer spielt zügig nach jedem Punkt den nächsten Ball an.
- Bei mehreren Teilnehmern werden Wartepositionen mit Zusatzaufgaben eingebaut.
- Spielfeld ist das Doppelfeld.

Variationen:

- Traineranspiel erfolgt auf die Vorteilseite.
- Es darf nur auf das Einzelfeld gespielt werden.
- Es darf kein Lob gespielt werden.
- Punktverdoppelung bei „Winner".
- Sanktionen bei direktem Fehler auf das Anspiel.
- Übungsform wird mit sechs oder mehr Personen gespielt. Wartende Spieler stehen hinter der GL und es wird immer gegen den Uhrzeigersinn nach jedem Punkt gewechselt.
- Mit zwei Halbzeiten und mit Seitenwechsel spielen.

Work-out (gamebased) – Offense vs. Defense

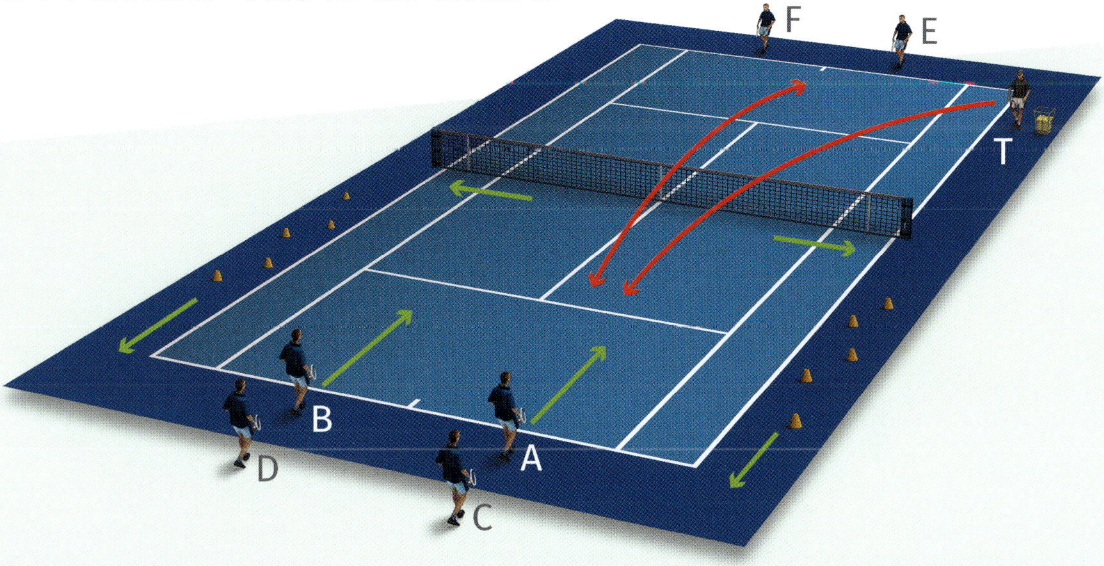

Trainingsziele: Schulung des Stellungsspieles und des Transferverhaltens im Doppel, Spielform zur Förderung von Kommunikation und Teamwork im Doppel.

Beschreibung: Auf Trainerzuspiel zur T-Linie werden Doppelpunkte im Doppelfeld ausgespielt. Die Spieler A und B bilden dabei die „Offense" und laufen gemeinsam nach vorne, spielen einen Angriffsball und daraufhin den Punkt gegen die „Defense" (Spieler E und F) aus. Danach folgen die Spieler C und D als „Offense". Das Angriffsteam, welches zuerst insgesamt drei Punkte erzielt (muss nicht nacheinander sein), nimmt die Verteidigungsposition ein. Das Verteidigungsteam mit zehn erreichten Punkten gewinnt. Nach Beendigung eines Punktes bewegen sich die Angreifer nach vorgegebener Lauftechnik durch je einen Hütchenparcours zurück zur Grundlinie.

Anzahl der Spieler: 6+

Gesamtdauer: ca. 7–10 Minuten

Hinweise und Tipps:

- Bei drei, vier oder fünf Teilnehmern kann das Spiel auch als Einzel durchgeführt werden.
- Wartende Spieler (Großgruppe) bekommen Zusatzaufgaben, damit sich die Wartezeit verringert.

Variationen:

- Angriffsball wird als Volley gespielt.
- Bei direktem Punktgewinn erhält das Team zwei Punkte.
- Bei einem direkten Fehler der „Offense" müssen beide Spieler fünf Liegestütze ausführen.
- Mit zwei Mannschaften als „Defense" hintereinander spielen, d. h. das Team steigt ab, welches auf der Seite „Defense" bei Wechsel die wenigsten Punkte erzielt hat, somit starten bei einem Aufstieg alle Teams auf beiden Seiten wieder bei null.

Work-out (gamebased) – Volley zu Volley

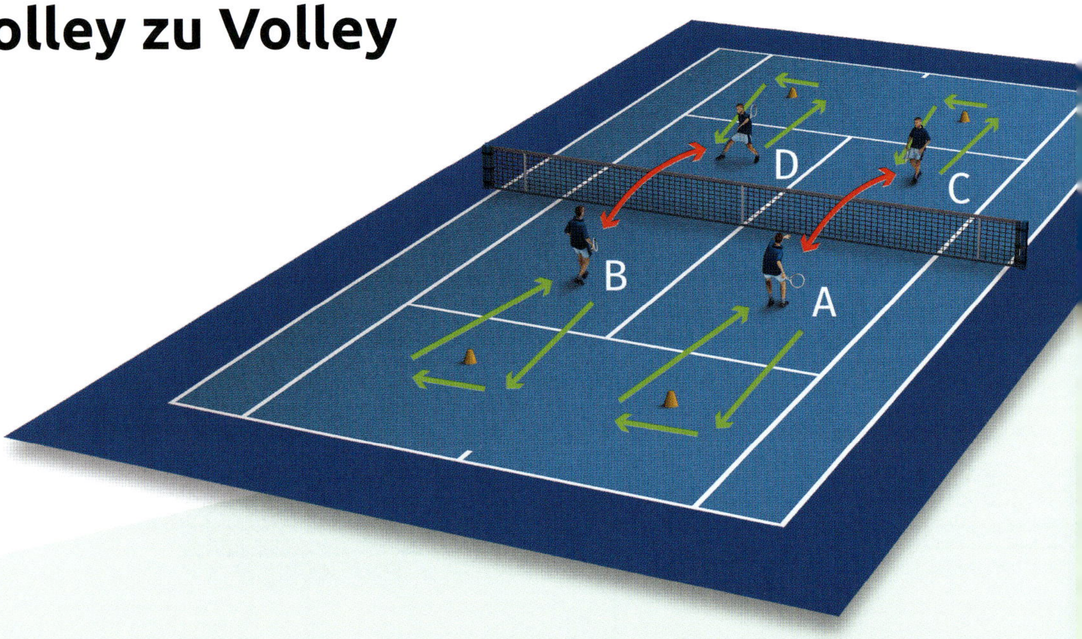

Trainingsziele: Erhöhung der Rhythmisierungsfähigkeit, Reaktionstraining am Netz und Stabilisierung des Volleyspiels.

Beschreibung: Die Teilnehmer spielen in 2er-Teams zusammen und stehen sich gegenüber im T-Feld. Die Spieler versuchen, einen Ballwechsel von Volley zu Volley (ohne Aufsprung) zu spielen. Ca. drei Meter hinter jedem Spieler befindet sich ein Hütchen. Bei jedem Fehler müssen beide Spieler um das jeweilige Hütchen laufen und starten neu aus der Ausgangsposition. Das Anspiel erfolgt über die Spieler selbst.

Anzahl der Spieler: 4+

Gesamtdauer: ca. 5–10 Minuten

Hinweise und Tipps:

- Zur Erleichterung darf der Ball auch nach einem Bodenkontakt geschlagen werden.
- Spielen auf Zeit (z. B. fünf Minuten) steigert die Motivation.
- Volleys werden miteinander und auf Rhythmus gespielt.
- Bei ungerader Teilnehmerzahl spielt der Trainer mit.
- Übung kann auch mit drei oder vier Paaren am Netz gespielt werden (auf Sicherheitsabstand und Nutzung des Doppelfeldes achten).

Variationen:

- Abwechselnd mit VH und RH Volley spielen.
- Volleys mit Kontrollschlag.
- Distanz kann vergrößert werden, d. h. Hütchen werden weiter in Richtung GL aufgestellt.
- Wettkampf kreieren, z. B. scheidet bei insgesamt sechs Fehlern das betroffene Team aus.

Work-out (gamebased) – Triples – Der Klassiker

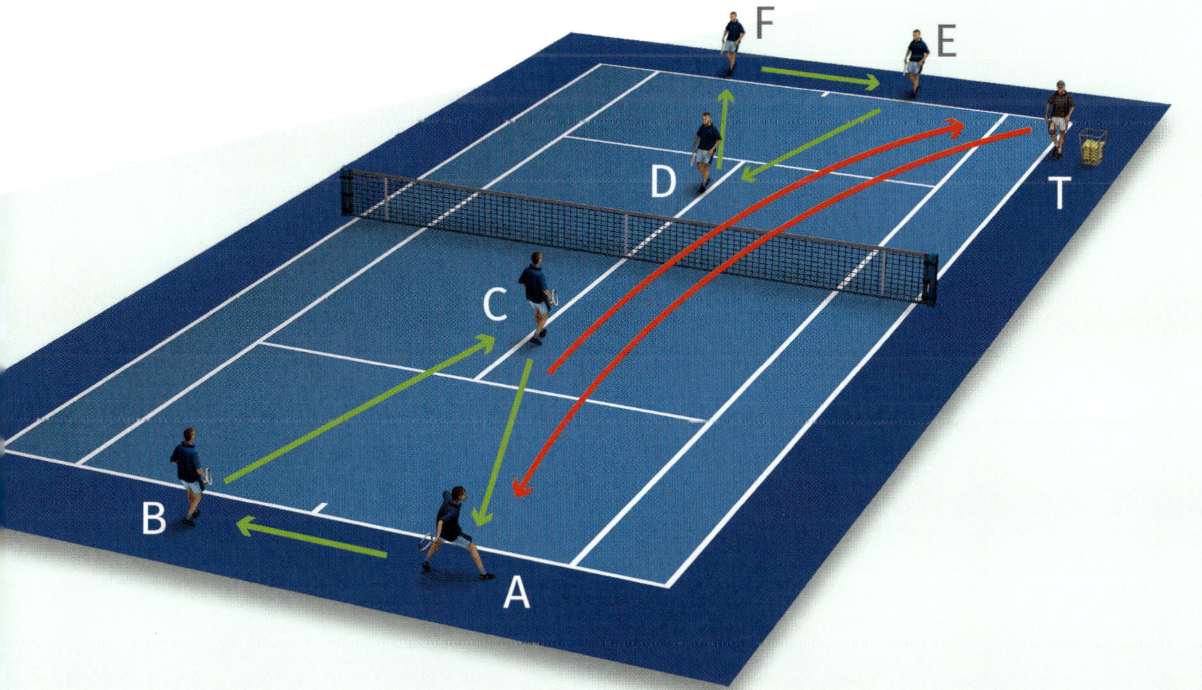

Trainingsziele: Optimierung des Wahrnehmungsverhaltens unter Drucksituationen im Doppel und Verbesserung des „Wilderns" am Netz.

Beschreibung: Die Spieler A bis C spielen im Doppelfeld Punkte gegen die Spieler D bis F aus. Dabei starten die Spieler in den vorgegebenen Positionen (siehe Skizze). Der Trainer spielt die Angabe jeweils auf den Spieler auf der Einstandseite an. Nach jedem Punkt wird auf beiden Seiten im Uhrzeigersinn rotiert. Gewonnen hat das Team, welches zuerst 15 Punkte erreicht.

Anzahl der Spieler: 6+

Gesamtdauer: ca. 5–10 Minuten

Hinweise und Tipps:
- Direkter Fehler auf das Anspiel wird mit fünf Burpees bestraft.
- Bei sieben oder mehr Teilnehmern werden Wartepositionen mit Sonderaufgaben eingebaut.

Variationen:
- Höhe, Richtung und Länge des Trainerzuspiels kann variiert werden.
- Erster Ball muss als Volley auf Höhe der Midcourt-GL gespielt werden.
- Anspiel erfolgt nur in die Vorteilseite.
- Immer nach zwei Punkten wird auf beiden Seiten im Uhrzeigersinn rotiert.

Cool-down

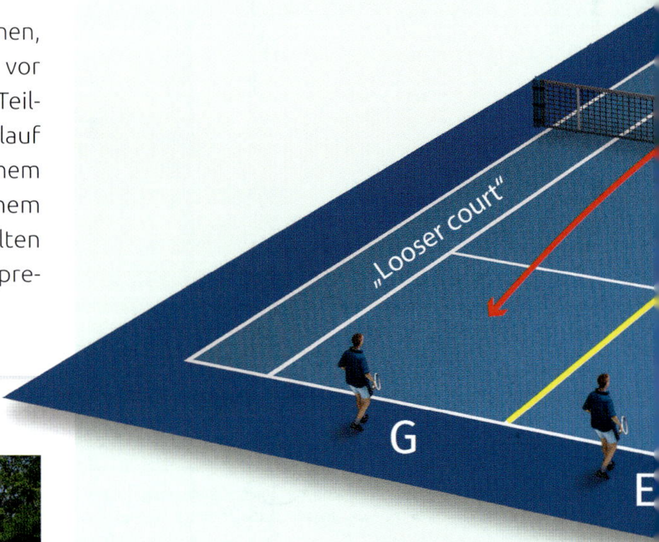

Wir möchten an dieser Stelle nochmals erwähnen, dass das Cool-down als Stundenausklang vor allem die Regeneration und Erholung der Teilnehmer unterstützt. Zudem wird der Kreislauf langsam heruntergefahren und dies dient einem harmonischen Ende einer Stunde. In einem Zeitrahmen von fünf bis zehn Minuten sollten die Trainingsformen mit Spaß, Spiel und entsprechender Bewegung ausgeübt werden.

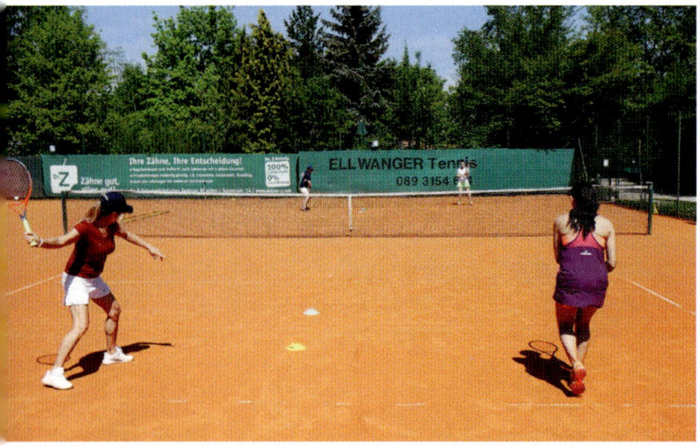

Bomb up, Bomb down

Trainingsziele: Taktikschulung auf dem verkleinerten Spielfeld, Spielform mit Spaß zum Stundenausklang.

Beschreibung: Auf beiden Spielfeldern werden die Platzhälften mit Markierungslinien unterteilt (siehe Skizze). Das jeweilige Spielfeld erstreckt sich nun von den Markierungslinien bis zur Doppelaußenlinie. Alle Teilnehmer stellen sich nun gegenüber auf. Es werden Punkte longline gegeneinander gespielt, wobei das Anspiel (von unten) und Rückspiel fehlerfrei und fair erfolgen muss (abwechselnde Angabe). Nach Ablauf der vorgegebenen Zeit ruft der Trainer: „Wechsel." Die Gewinner begeben sich dann in Richtung des Spielfeldes der Spieler A und B („Winner court"). Die Verlierer hingegen begeben sich in Richtung des Spielfeldes der Spieler G und H („Looser court"). Es werden mehrere Runden absolviert und in der Tie-Break-Zählweise gezählt. Der Spieler, der nach Ablauf der letzten Runde auf dem „Winner court" gewinnt, ist der Sieger.

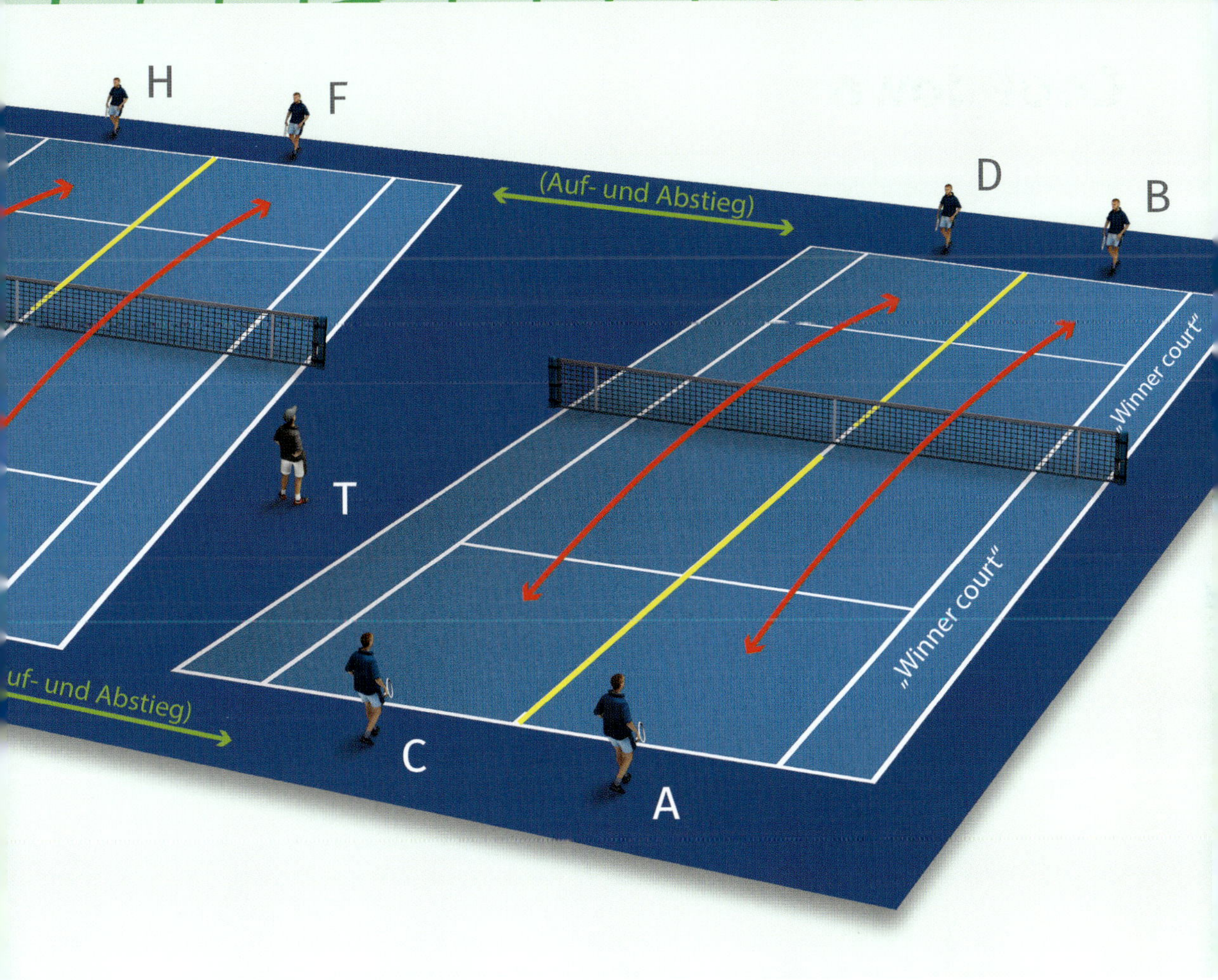

Anzahl der Spieler: 8+

Gesamtdauer: 5–10 Minuten

Hinweise und Tipps:

- Bei fünf Teilnehmern bekommt der wartende Spieler eine Zusatzaufgabe (Seilspringen, Burpees) oder führt Dehnübungen aus.
- Bei sieben Teilnehmern bringt sich der Trainer mit ein und spielt mit.
- Gewinner steigen jeweils immer einen Platz bzw. Spielhälfte auf und Verlierer steigen dementsprechend ab.

Variationen:

- Es dürfen keine Winner gespielt werden.
- Es dürfen keine Volleys gespielt werden.
- Es wird mit der Nicht-Schlaghand gespielt.
- Doppel oder Mixed (pro Platz ein Spielfeld) werden gespielt.
- Mit Musik spielen und Trainer beendet jede Spielrunde durch Abschalten der Musik.

Team Serving

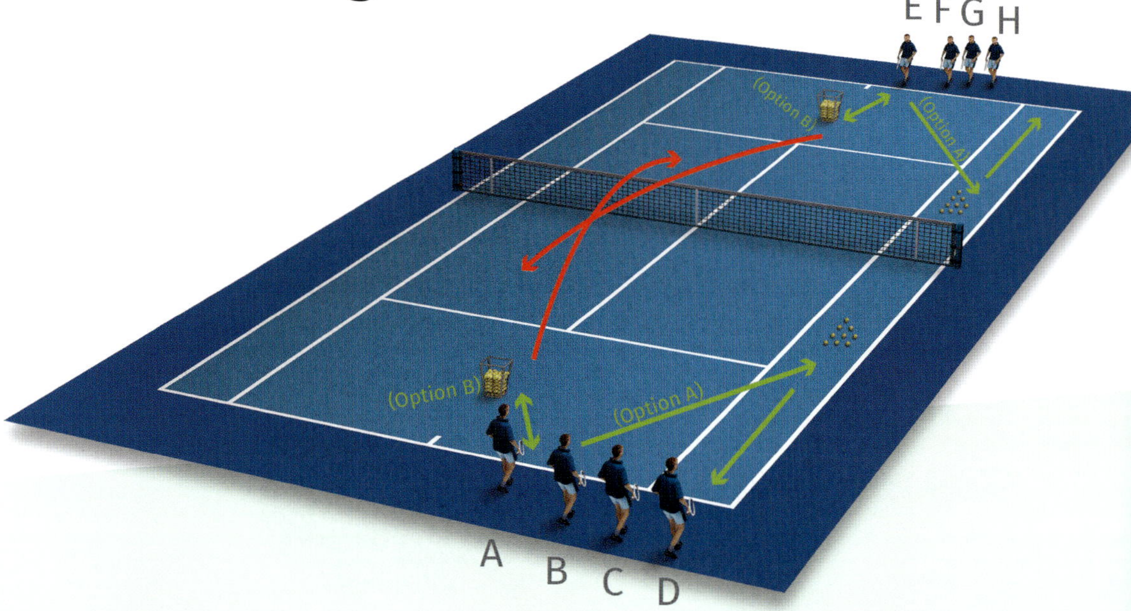

Trainingsziele: Sicherheit im Aufschlag unter Wettkampfbedingungen, Spielform mit Spaß zum Stundenausklang.

Beschreibung: Zwei Mannschaften aus mindestens drei Spielern starten an der Grundlinie. Ein Team schlägt von der Einstandseite auf und das andere Team von der gegenüberliegen Seite von der Vorteilseite. Der jeweilige Ballkorb steht zentral in Höhe der Midcourt-Grundlinie. Jedes Team hat ein Depot mit jeweils neun Bällen im Doppelfeld (z.B. auf Schläger) platziert. Die ersten Spieler der Teams starten gleichzeitig mit Aufschlag. Trifft der Spieler ins Feld, nimmt er einen Ball vom Depot und gibt den Ball dem nächsten Spieler seines Teams. Macht er einen Fehler, so muss der Spieler einen Ball aus dem Korb holen und so lange aufschlagen, bis er ins Aufschlagfeld trifft. Gewinner ist das Team, welches zuerst das Balldepot vollständig geräumt hat.

Anzahl der Spieler: 6+

Gesamtdauer: 3–5 Minuten

Hinweise und Tipps:

- Auf genügend Sicherheitsabstand achten.
- Mehrere Runden können absolviert werden.

Variationen:

- Nur erste Aufschläge dürfen gespielt werden.
- Nur zweite Aufschläge dürfen gespielt werden.
- Mit Zielbereichen oder Pylonen als Ziel beim Aufschlag trainieren, d. h. falls Pylone getroffen wird, hat das Team sofort gewonnen.

Done

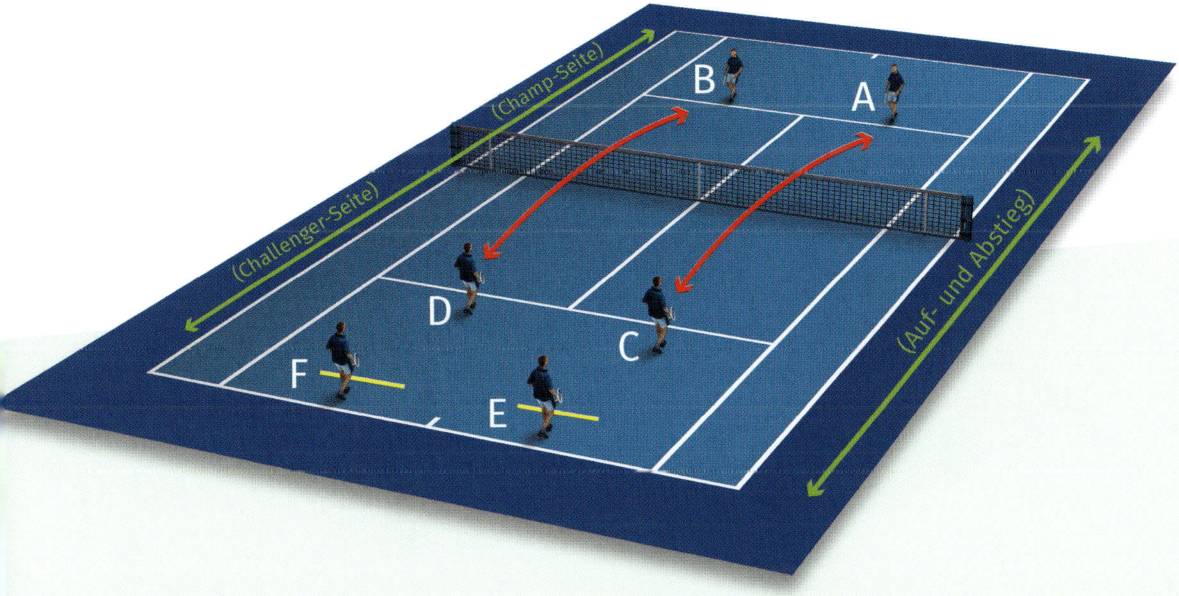

Trainingsziele: Spielform mit Spaß zum Stundenausklang, Verbesserung des Ballgefühls im T-Feld.

Beschreibung: Es werden gleichzeitig zwei separate Einzelwettkämpfe in beiden Hälften des T-Feldes ohne Doppelkorridor gespielt. Auf einer Spielfeldhälfte reihen sich weitere „Challenger" hinter einer Markierungslinie auf. Die Spieler spielen nun Punkte gegeneinander aus. Auf der Seite der „Challenger" wird nach jedem Punkt gewechselt, egal ob dieser gewonnen oder verloren wird. Gewinnt ein „Challenger" insgesamt 3 Punkte, schreit er „Done" und nimmt die Position auf der Champ-Seite ein. Der Champ-Spieler, der besiegt wurde, wechselt nunmehr auf die Challenger-Seite. Nach einem erfolgten Wechsel starten alle Spieler auf der Challenger-Seite wieder bei null Punkten. Gewinner ist derjenige Spieler, der nach Ablauf der Zeit auf der Champ-Seite die meisten Punkte erzielt hat.

Anzahl der Spieler: 6+

Gesamtdauer: 5 Minuten

Hinweise und Tipps:

- Ein Zeitlimit wird vorgegeben.
- Volleys, Stoppbälle und Lobs sind erlaubt.
- Topspin-Schläge (Winner) sind nicht erlaubt.
- Wartende Spieler führen Dehnübungen aus.

Variationen:

- Nur rote (orange oder grüne) Bälle werden verwendet.
- Volleys sind nicht erlaubt.
- Nach jedem Punkt stellen sich die „Challenger" auf der anderen Bahn an.
- Mit der Nicht-Schlaghand spielen.
- Bestimmte Schlagart wird gespielt (z. B. Topspin, Slice etc.).

Golf

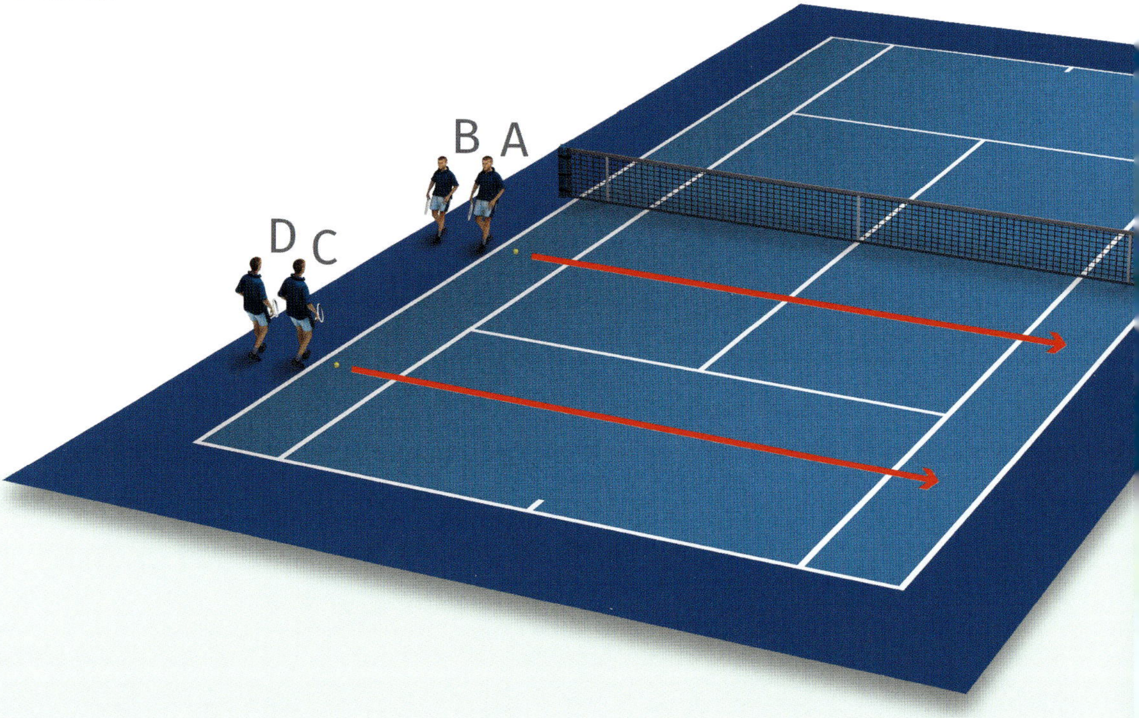

Trainingsziele: Schulung des Ballgefühls, Cool-down als Wettkampfform mit Spaß zum Stundenausklang.

Beschreibung: In dieser Partnerübung bilden die Spieler A und B das erste Team und die Spieler C und D das zweite. Beide Mannschaften stehen an der Doppellinie und versuchen, einen Ball (liegt auf der Doppellinie) mit dem Tennisschläger in das gegenüberliegende Doppelfeld zu putten. Falls der geputtete Ball im Doppelfeld liegenbleibt, bekommt das erfolgreiche Team einen Punkt. Ist dies nicht der Fall, so muss sich der nächste Spieler des Teams so schnell wie möglich diesen Ball holen und erneut versuchen, diesen ins anvisierte Doppelfeld zu putten. Nach einem erfolgreichen „Putt" kommt immer der nächste Teamspieler mit einem neuen Ball an die Reihe. Die erste Mannschaft, die drei Punkte erzielt hat, gewinnt. Das „Loser-Team" wird mit zehn Liegestützen bestraft.

Anzahl der Spieler: 4+

Gesamtdauer: 3–5 Minuten

Hinweise und Tipps:
- Bei mehreren Teilnehmern wird zusätzlich auf der anderen Platzhälfte geputtet.

Variationen:
- Bälle werden mit der Hand gerollt.
- Bälle werden mit der Nicht-Schlaghand geputtet.
- Bälle werden mit dem Fuß gekickt.

Bobsled

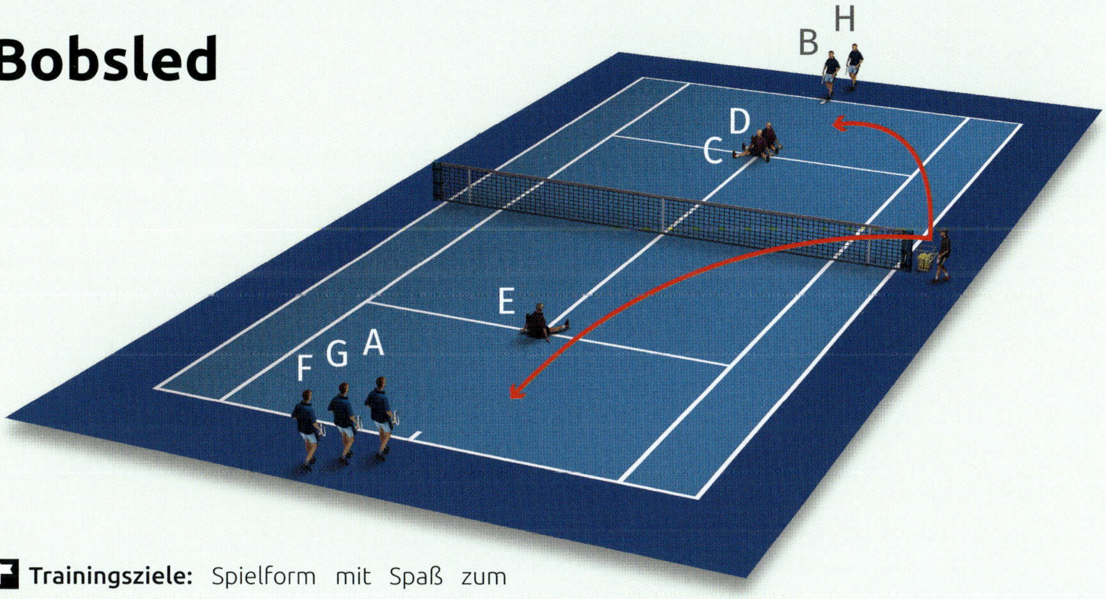

Trainingsziele: Spielform mit Spaß zum Stundenausklang, Förderung von Teamwork

Beschreibung: Die Teilnehmer werden in zwei Mannschaften aufgeteilt und stellen sich hintereinander an der jeweiligen GL an. Auf Trainerzuspiel wird der Punkt im Einzelfeld ausgespielt, wobei jeder Spieler nur einen Schlag durchführt und sich danach wieder hinten anstellt. Bei jedem Fehler muss sich der entsprechende Spieler auf die Mittellinie setzen und versuchen den ankommenden Bällen auszuweichen. Das Team, welches den Punkt gewonnen hat, erhält das nächste Anspiel. Wenn zwei Spieler (oder mehrere) auf der Mittellinie sitzen, müssen sie in die „Bobfahrer-Position" gehen (Skizze) und gemeinsam versuchen den Bällen auszuweichen. Falls ein Spieler getroffen wird gibt es einen Zusatzpunkt für die gegnerische Mannschaft und gewonnen hat das Team, das am Ende noch mindestens einen Spieler im Rennen hat. Pro Sieg bekommt das Team 3 Punkte und es wird bis 15 Punkte gespielt.

Anzahl der Spieler: 6 +

Gesamtdauer: ca. 5-10 Minuten

Hinweise und Tipps:

- Spiel wird mit Stage 1 oder Stage 2 Bällen durchgeführt.
- Der Sicherheitsabstand zwischen den Spielern muss eingehalten werden.
- Sollten ungleiche Teamgrößen zustande kommen, erhält ein Spieler aus dem kleineren Team ein Bonusleben.
- Die Schläger werden mit in den Bob genommen, dürfen jedoch nicht eingesetzt oder getroffen werden.

Variationen:

- Jedes Team spielt nur mit einem Schläger, der weitergereicht werden muss.
- Die Ballwechsel werden 1:1 komplett ausgespielt und der jeweiliger Verlierer begibt sich auf die Bobfahrerposition.
- Wettkampfform wird auf das gesamte Einzelfeld mit Stage 3 Bällen gespielt.
- Es wird nur mit der Nicht-Schlaghand gespielt.
- Es dürfen keine Winner-Schläge gespielt werden.
- Falls ein Spieler getroffen wird (Bobposition) ist das Spiel zu Ende und es beginnt eine neue Runde.

Danksagung

Zunächst richtet sich unser Dank an unseren Verlag und unseren Lektor, die diese Veröffentlichung erst ermöglicht haben.

Danksagung Sandro Costa:
Zuerst möchte ich Christian Scherer für diese Publikation danken. Ohne unsere gemeinsamen Ideen und Gespräche wäre dieses Werk nicht zustande gekommen.
Selbstverständlich geht der Dank auch an meine gesamte Familie und meine Ehefrau, die mich nicht nur auf sondern auch neben dem Platz unterstützen und viel Geduld aufgebracht haben.
Bei meiner täglichen Arbeit auf dem Tenniscourt danke ich meinen Kollegen von der tenniscoMpany und vor allem Nic Marschand, die mich stets motivieren und inspirieren.
Keinen geringen Anteil an der Fertigstellung haben auch Sascha Bajin, André Soulier und Torsten Park, denen ich ebenfalls nicht genug danken kann.

Danksagung Christian Scherer:
An erster Stelle möchte ich ein „mille grazie" an Sandro und Hendrik richten. Zudem bedanke ich mich bei allen Turnier- und Freizeitspielern für die Bereitstellung von Bildmaterial und der Bereitschaft, sich für Foto- und Videoaufnahmen zur Verfügung zu stellen.

Ebenfalls erhältlich

Literaturverzeichnis

Born, H.P. (2017). Angriffs- und Netzsituation im heutigen Tennis. Berlin: Internationaler Tenniskongress.

Born, H.P. (2015). TRAIN SMART Trainingsschwerpunkte im Leistungstraining mit 12 bis 14 jährigen Nachwuchsspieler. Berlin: Internationaler Tenniskongress.

Born, H.P. (2015). Schwerpunkte im Leistungstraining mit Junioren U14. Göttingen: Internationales DTB-Symposium.

Born, P. (2015). Lernen von den Profis - Trainieren wie die Profis. Berlin: Internationaler Tenniskongress.

Born, P. (2013). Stuttgart: A-Trainerfortbildung.

Dinoffer, J. (2006). Creative Tennis. Multimediale DVD. Dallas: Oncourt Offcourt, Ltd.

DTB (2016). Cardio Tennis. Marketing. Oberhaching. Cardio Trainerausbildung.

Ferrauti, A., Maier, P. & Weber, K. (2014). Handbuch für Tennistraining. Aachen: Meyer & Meyer Verlag.

Grosser, M. & Schönborn, R. (2001). Training im Kinder- und Jugendtennis. Aachen: Meyer & Meyer Verlag.

Grimm, N. (2016). Die Tennis Bibel. Hamburg: tredition GmbH.

Hohmann, A. (2011). Rekonstruktion subjektiver Konzepte zu erfolgreichem Nachwuchstraining. Göttingen: Internationales DTB-Symposium.

Jakubec, A. (2012). DTB Tennis-Cardio. Oberhaching. Cardio Trainerausbildung.

Marschand, N. (8/2015). So schlagen Sie zurück. www.tennismagazin.de.

Marschand, N. (5/2017). Verrücktes Spiel. www.tennismagazin.de.

Mikulec, K. (2014). Kreatives Tennistraining für Kinder – Vorhand und Rückhand. Multimediale DVD. München: Europäische Akademie für Sport & Training.

Noll, L. (2010). Cardio Tennis für Anfänger. TennisSport.

Noll, L. (2016). DTB Tennis-Cardio. Oberhaching. Cardio Trainerausbildung.

Scherer, C., Mastalerz, S. (2016). Tennis Drills. Aachen: Meyer & Meyer Verlag.

Schönborn, R. (2008). Tennis Techniktraining. Aachen: Meyer & Meyer Verlag.

Wolf, L. (2016). Vom Junior zum Profi – Taktiktrainingsformen. Oberhaching: DTB A-Trainer Fortbildung.

Internet

Bayerischer Turnverband
https://www.btv-turnen.de/fileadmin/user_upload/redaktion/service/vortraege-beitraege/Prof_Kapustin_Referat_Zielgruppen.pdf

Bottroper Sportbund - Sport und Gesundheit in bestimmten Zielgruppen
http://www.bottroper-sportbund.de/aktuelles/

Bundesinstitut für Sportwissenschaft
https://www.bisp-surf.de/Record/PU201011008403

Deutscher Tennis Bund
https://www.dtb-tennis.de/Verband/Wir-ueber-uns/Daten-Fakten

Deutsche Vereinigung für Sportwissenschaft
http://www.sportwissenschaft.de/fileadmin/pdf/dvs-Info/1999/1999_2_unghub.pdf

Gabler Wirtschaftslexikon
http://wirtschaftslexikon.gabler.de/Definition/zielgruppe.html#definition

Statistisches Bundesamt
https://service.destatis.de/bevoelkerungspyramide/#!y=2017&v=2

Universität Oldenburg – Einführung in die Bewegungswissenschaft
https://www.uni-oldenburg.de/fileadmin/user_upload/sport/download/andreasbund/07-08/00_Grundlegendes.pdf

Verheugen Elke – Generation 40+ Marketing
http://static.onleihe.de/content/businessvillage/20081001/978-3-934424-45-6/v978-3-934424-45-6.pdf

Wiemer Marco / Tennistraining
http://blog.mawi-net.de/2013/06/03/neue-zielgruppe-fur-tennistrainer-und-vereine-mini-ballschule-fur-vorschulkinder-und-kindergarten-tennis/

Komplextraining
Bayerischer Tennisverband e.V.
http://www.btv.de unter Ausbildung/Trainingstipps/Konditionstraining/Beinarbeit
http://www.btv.de unter Ausbildung/Trainingstipps/Konditionstraining/Schnellkraft
http://www.btv.de unter Ausbildung/Trainingstipps/Konditionstraining/Theraband
http://www.btv.de unter Ausbildung/Trainingstipps/Konditionstraining/Technikverbesserung/Komplextraining

Deutsche Sporthochschule Köln
https://fis.dshs-koeln.de/portal/files/708125/Memmert_2005_Komplextraining.pdf

Deutscher Squash Verband
http://bayern.dsqv.de/files/lehrwesen/schnelligkeitstraining.pdf

TenniscoMpany München
http://www.tenniscompany.de/userfiles/files/Besser%20spielen-Return.pdf

Tennis MAGAZIN
https://www.yumpu.com/de/document/view/25172998/tipps-von-der-teamchefin-die-besten-ubungen-aus-dem-

Youtube
https://www.youtube.com/watch?v=7_pL0GiJxKc
https://www.youtube.com/watch?v=_CDziv8J74s
https://www.youtube.com/watch?v=1ywm916KQq8

Westfälischer Tennisverband e.V.
http://www.wtv.de unter WTV Trainerseminar 2016/Athletik im Tennis

Österreichischer Tennisverband
http://login.tennisaustria.at/customer/3/folder/153/Praxis_Schnelligkeit_Mergner2009.pdf

Cardio Tennis
Bayerischer Tennisverband e.V.
http://www.btv.de unter Vereinsservice/Handout Cardio Tennis
http://www.btv.de unter Vereinsservice/Cardio Tennis- Schnupperstunde
http://www.btv.de unter Vereinsservice/Cardio Tennis- Ein Herz Kreislauf-Training auf dem Tennisplatz

CT – Cardio Tennis
http://www.cardiotennis.com/about/
http://www.cardiotennis.com/about/overview-videos/

Deutscher Tennis Bund
https://www.dtb-tennis.de/Aus-und-Fortbildung/Trainer/weitere-Ausbildungen/Cardio-Tennis-Motion-on-Court

Die Presse.com
http://diepresse.com/home/leben/gesundheit/410413/Herzfreundlich-und-reizvoll_CardioTennis

LTA – British Tennis
https://www.lta.org.uk/play/types-of-tennis/cardio-tennis/

Tennisnet.com
http://de.tennisnet.com/a/cardio-tennis-mit-der-pulsuhr-eine-unterhaltsame-spielerische-alternative-zum-fitness-center-29731

USPTA – Tennis Resources
http://www.tennisresources.com/

Youtube
https://www.youtube.com/watch?v=RHqwQw0znrw
https://www.youtube.com/watch?v=F0xlrT9OhDU
https://www.youtube.com/watch?v=g8btEBZCuT8
https://www.youtube.com/watch?v=eWIk-v3qCoI

Bildnachweis

picture alliance:
picture alliance/dpa Titel, picture alliance/Pressefoto Baumann S. 19 unten, picture alliance/epa S. 29, picture alliance/abaca S. 44 links, picture alliance/AP Photo S. 44 rechts, picture alliance/Sven Simon S. 57 oben, picture alliance/Xinhua S. 57 unten, picture alliance / AP Photo S. 81, picture alliance/Pressefoto Rudel S. 88, picture alliance/dpa S. 89 oben, picture alliance / AP Photo S. 89 unten

Adobe Stock:
Adobe Stock © Claireliot S. 19 mitte

Fotolia:
© seregabuch - Fotolia.com S. 2 links, S. 6-7, Kopfleiste gesamtes Kapitel 1
© VRD - Fotolia.com S. 2 rechts, S. 20-21, Kopfleiste gesamtes Kapitel 2
© Microgen - Fotolia.com S. 3 links, S. 74-75, Kopfleiste gesamtes Kapitel 3
© Myst - Fotolia.com, S. 3 rechts, S. 108-109, Kopfleiste gesamtes Kapitel 4

Christian Scherer, Sandro Costa:
Umschlag Rückseite, S. 10-13, S. 19 oben, S. 24, S. 31, S. 37, S. 46, S. 51, S. 53, S. 56, S. 63, S. 91, S. 124, S. 136

iStock.com:
iStock.com/microgen S. 113, S. 119

Impressum

Neue Wege im Tennis
Drill-, Komplex- und Cardio-Training
ISBN 978-3-96416-005-8

Autoren
Christian Scherer, Sandro Costa

Projektleitung & Redaktion
Hendrik Schulze Kalthoff, Nadine Müller, Martin Frischauf

Gestaltungskonzeption
Pars pro toto Werbeagentur, Joschka Silzle
www.parsprototo.com

Layout & Satz
Joschka Silzle, Kim Vollmer, Nadine Müller

Herausgeber
Neuer Sportverlag
Silberburgstr. 112, 70176 Stuttgart

Telefon: 0711/66614-31
www.neuersportverlag.de

Abkürzungsverzeichnis

ATP	Association of Tennis Professionals
A+R	Aufschlag + Return
Bpm	Beats per Minute
BTV	Bayerischer Tennis-Verband
DOSB	Deutscher Olympische Sportbund
DTB	Deutscher Tennis-Bund
DVZ	Dehnungsverkürzungszyklus
e.V.	eingetragener Verein
GL	Grundlinie
ITF	International Tennis Federation
LK	Leistungsklassen
LL	Longline
Max	maximal
MHF	Maximale Herz Frequenz
Min	minimal
RH	Rückhand
SABR	Sneak Attack by Roger
SS	Sommersemester
T	Trainer
USA	United States of America
VH	Vorhand
Wdhl	Wiederholung
WTA	Women's Tennis Association
ZNS	Zentrales Nervensystem